하워드 진,
교육을 말하다

하워드 진,
교육을 말하다

하워드 진 · 도날도 마세도 지음
김종승 옮김

궁리
KungRee

한국의
독자들에게

교육에 대한 제 소견을 한국의 독자들께 전할 수 있게 되어 기쁩니다. 저는 한국과 미국이 같은 문제를 겪고 있다고 믿습니다. 교육을 포함한 문화가 힘 있는 집단들에 의해 통제받고 있습니다. 양국 모두에서 우리는 이러한 문제에 저항해야 합니다. 우리는 주류의 틀을 벗어나 새로운 사상을 제시해줄, 교육에 대한 토론의 장을 만들어가야 합니다. 우리는 교육관료주의를 피해 대중들에게, 특히 미래의 주역인 젊은이들에게 독립적인 사상과 인습에서 탈피한 정보를 전해줄 필요가 있습니다.

저는 이 책이 현존하는 모든 정치, 경제, 문화 체제를 근본적으로 반추할 수 있게 해줄 창의적 사고에 도움이 되기를 희망합니다. 아울러 많은 이들에게 사상의 자유로운 교환이 가능한 새로운 평등사회에 대해 생각해보는 계기가 되기를 바랍니다.

2008년 9월 5일

하워드 진

차례

거짓을 만들어내는 미국

도날도 마세도

> 왜 부시 대통령은 이라크의 자유를 위해 전쟁을 하면서
> 우리 나라[미국]에서는 자유를 빼앗는 법을 만드는 거죠?
>
> – 아홉 살 소년 알레안드로

이 책은 학교가 일반적으로 안고 있는 모순을 분석해보는 데 그 목적이 있다. 그 모순이란 민주주의 교육에 앞장서야 할 학교들이 오히려 민주주의의 근본 원리들을 위태롭게 하는 체제를 만들어 간다는 것이다. 그 결과 학교는 필연적으로 언론, 기업이익, 학원 재단 그리고 믿기지 않겠지만 노동운동조직에 의해 생성·유지된 거짓 정치선전에 가담할 수밖에 없다. 그렇지 않고서야 거짓과 속임수를 바탕으로 이라크와 부당한 전쟁을 벌이겠다는 부시 행정부가 미국 내에서 그토록 엄청난 지지를 받았다는 사실을 어떻게 설명할 수 있겠는가?

최근 의회의 압도적인 지지 속에 시행된 애국자법^{Patriot Act}(정식 명칭은 테러대책법^{Anti-terrorism legislation}으로 9·11 테러 사건이 있은 뒤 2001년 10월 26일에 제정되었다. 테러리즘과의 전쟁이라는 명분을 내세워 수사당국의 도청 권한이 확대되는 등 미국 국민의 기본권이 제한되었다―옮긴이)이 법으로 보장된 집회와 언론의 자유를 제한하고 헌법을 손상시키는 것을 언론과―대체로 고등교육을 이수한―대다수 미국민은 눈치 채지 못하였다. 그런데 아홉 살에 불과한 한 소년이 위법적인 대이라크 전쟁에 내재된 명백한 모순을 꿰뚫어본 것은 참으로 놀라운 일이다.

대다수 미국민들은 '안보'라는 미명 아래 부시 대통령의 지시를 기꺼이 받아들여 이웃을 감시했고, 시민권자에 대한 인종적 종교적 차별을 용인했으며, 국적에 상관없이 아무런 범죄 혐의도 없는 사람들을 변호사 접견권마저 박탈한 채 투옥시켜도 모른 척했다. 《워싱턴포스트》의 월터 핀커스^{Walter Pincus} 기자는 "연방수사국^{FBI}과 법무부 수사관들이 '9·11 공격과 테러 계획에 관한 정보를 수집하기 위해서는 전통적인 시민의 자유는 유보될 수도 있다'고 말했다"고 보도했다.[1]

미국의 정치 선전기구들은 냉전 기간에 동구권 전체주의 정권들이 헌법에 보장된 권리를 부정하고 국민의 자유를 억압한다고 비난했다. 재미있게도 냉전이 한창이던 당시 우방이라 여겼던 정권의 지도자들이 국민의 기본권을 짓밟았을 경우 그 교조주의 체제는 그 명백한 모순과 거짓을 선택적으로 드러내거나 감추기 위해 필요한 이념적 눈가리개를 효과적으로 이용했다. 이러한 인권 침해 사범이자 야만적이고 전제적인 독재자들을 몇 사람만 꼽아 보면 칠레의 피노체트, 니카라과의 소모사, 필리핀의 마르코스, 이란의 팔레비 등이 있다.

칠레의 경우를 보면, "단지 '무책임한 국민들' 때문에 '마르크스주의에 물들어가는' 한 나라를 방치해야 할 이유를 모르겠다"[2]는 헨리 키신저의 의견이 민주적 절차에 따라 선출된 살바도르 아옌데Salvador Allende 정권을 전복시키기 위한 정책으로까지 발전하는 데 성공했다. 당시 칠레 주재 미국대사 에드워드 코리Edward Korry가 지지한 이 정책은 다름 아닌 "군부 쿠데타를 이끌어내기 위한 사회불안 조장, 납치 및 암살 전략"[3]이었다. 이 정책으로 칠레의 모든 민간 부문의 자유가 억압되었고 3,000명이 넘는 국민이 목숨을 잃었다. 오늘날 이라크에 요구하는 인권과 민주주의에 관한 상투적인 구호가 피노체트에게 적용되지 않았던 이유는 그가 우방의 일원이었기 때문이다.

미국 정책 내부의 명백한 모순과 거짓들은 언뜻 파악하기가 매우 어려운 것처럼 보인다. 하지만 좀더 면밀한 분석으로 학교가 전통적으로 담당해온 세뇌기관으로서의 역할을 생각해보면 왜 그럴 수밖에 없는지를 이해할 수 있다. 노암 촘스키의 말처럼, 그런 학교에서는 고등교육을 받으면 받을수록 열 살짜리도 이해할 수 있는 기초적인 사상에 대한 이해력은 더 떨어지게 된다.[4] 일례로 60퍼센트가 넘는 대학생들이 알카에다와 사담 후세인 사이에 모종의 연관이 있을 것이라고 믿었고, 그 두 사람 사이에는 아무런 관계가 없다는 온갖 증거들에도 불구하고 이라크 침공은 정당화되었다.

사실 9·11 테러에 대한 첩보 실패를 조사하기 위해 구성된 조사위원회는 두 사람 사이의 연결고리는 존재하지 않으며 그보다는 현재 미국의 동맹국인 파키스탄을 비롯한 다른 나라들이 알카에다 지원에 더 중요한 역할을 담당했다고 결론지었다. 미국 정부는 사담 후세인과 알카에다 사이에 어떤 연결고리link가 있다는 주장에서 한발 물러나, 연결고리라는 표현 대신에 모종의 관계relation가 있다는 말장난을 일삼아왔다. 부시 대통령은 사담 후세인과 알카에다 사이에 어떤 연결고리가 있다는 애초의 주장을 다음과 같은 말로 바꿀 수밖에 없었다. "내가 계속해서 이라크와 사담과 알카에다의 관계를 주장하는 이유는 과거에 이라크와 알카에다 사이에 모종의 관계가 있었기 때문이다."[5]

체니 부통령은 "대중은 …… 작은 거짓말보다는 큰 거짓말에 더 잘 넘어간다"[6]는 아돌프 히틀러의 신조에 따라 모종의 '관계'에 관한 "증거가 넘쳐난다"[7]고 주장하며, 사담 후세인과 알카에다 사이에 아무런 관련이 없다는 모든 공식적인 증거를 무시했다.

고분고분한 언론이 조직적으로 만들어낸 거짓말 세례를 비판적으로 곱씹어보면, 왜 학생들과 수많은 미국인들이 애초부터 거짓이었던 행정부의 주장을 앞뒤 재지 않고 받아들이는지 이해할 수 있다. 행정부의 거짓말은 그 주장을 뒷받침해줄 쥐꼬리만 한 증거조차 제시하지 못한 채 그 같은 연관성이 존재한다는—기적처럼 되풀이되고 거짓투성이지만 확신에 가득 찬—체니 부통령의 주장으로 생명력을 유지한다. 고도의 세뇌 작업이 아니었다면, 학생들은 언론이나 정치학자들과 더불어 어느 정도 일관성을 유지하며 이라크에 대한 폭격과 침략, 점령을 정당화하는 데 동원되었던 근거를 파키스탄에도 동일하게 적용할 것을 행정부에 요구했을 것이다. 왜냐하면 9·11 테러조사위원회에서 파키스탄은 수년간 알카에다를 지원해왔다고 발표했기 때문이다.

언론을 이용해 정치 선전 활동에 필요한 지원을 받고 전체주의 국가에서나 있을 법한 고도의 사상 주입을 학교와 학생들에게 시행하고 있는 상황에서, 하워드 진은 "대학생의 60퍼센트가 알카에다와 이라크 사이에 연관성이 있다고 생각하는 것은 놀라운 일이 아니다"라고 말한다. 또한 "학생들은 정부의 주장을 비판적으로 바라보는 교육을 한 번도 받아본 적이 없기 때문에 이것이 진실이라고 말하거나, 암시하거나, 제시하거나 연관짓는 정부의 주장을 듣고 또 들은 상황에서 대통령이 말 한마디로 그 주장을 부정한다고 해도 이미 산을 이룬 거짓말들을 간파할 수는 없다"고 주장한다. 이 엄청난 거짓말들은 증거와 모순들을 발견하더라도 (국민들이—옮긴이) 알아서 외면하기를 강요하는 사상 주입 과정의 일부이다.

교육받은 계급일수록 이 같은 거짓말과 모순들을 기꺼이 수용한다. 교육을 많이 받고 전문 지식을 갖춘 사람일수록, 특권과 보상이 주어지는 이 체제에 더 많이 투자한 사람일수록 그러한 경향이 강하다. 이 때문에 우리는 종종 의식 기능이 완전히 퇴화되지 않은 사람들조차도 비판적인 현실 인식에 실패하거나 의도적으로 외면하고 위선의 편에 서는 경우를 보게 된다. 대체로 이런 사람들은 그 거짓말들을 믿고 국가 기관의 직원이라도 되는 양 그 거짓말들을 퍼뜨리는 데 동참한다.

바로 이러한 이유에서 1982년 갤럽이 실시한 여론조사에서는 응답자의 70퍼센트 이상이 "단순한 실수가 아닌, 근본적으로 잘못되고 부도덕했다"[8]고 평가한 베트남 전쟁도, 정작 그 전쟁의 와중에는 교육받은 사람들 다수로부터 지지를 받을 수 있었다고 노암 촘스키는 말한다. 이 전쟁을 기획한 사람 중 하나인 로버트 맥나마라Robert McNamara(1916~. 케네디 정권 때 국방장관을 지냈고 1968~1981년 세계은행 총재를 역임했다―옮긴이)의 주장대로 베트남 전쟁과 미군이 저지른 만행들의 성격을 단순한 실수로 규정하는 것은 국제사법재판소에 회부되어야 마땅한 끔찍한 반인류 범죄에 대해 그들이 져야 할 책임과 의무를 완전히 면해주는 행위이다.

이는 교육을 더 많이 받았다고 해서 반드시 현실을 비판적이고 정확하게 읽어내는 능력이 더 뛰어난 것은 아니라는 주장을 뒷받침하는 또 하나의 사례이다. 학생들이 학교에서 받는 사상 주입은 삼자위원회Trilateral Commission가 승인하는데―전직 대통령인 지미 카터도 속해 있는―위원회 위원들은 학교가 '복종심을 높이고 독립적인 사고의 가능성을 차단하며 통제와 강제의 시스템 내에서 제도적인 역할을 수행하도록' 설계되어야 한다고 말한다.[9] 학교에 주어진 사상 주입이라는 임무를 고려한다면 우리는 "이와 같은 교육 체제에서라면 95퍼센트는 되어야 하는데, 대학 교육을 받은 사람들 중 겨우 60퍼센트만이 [알카에다와 사담 후세인 관련설을] 믿고 있을 뿐"이라 말하는 하워드 진의 기상과 낙관주의 그리고 희망을 배워야만 한다.

이라크 전쟁에 관한 '국민의 동의를 날조' 하기 위해 부시 행정부가 사용한 '대량기만무기' 는 "모든 선전활동 효과는 대개 작은 거짓말보다는 큰 거짓말에 달려 있다"는 히틀러의 말을 뒷받침해 준다. 대량살상무기가 발견되지 않았다는 것은 중요하지 않다. 대통령이 2003년 국무성 연설에서 주장했던 것처럼 이라크가 "3만 개의 탄두와 500톤의 화학무기 그리고 2만 5,000리터의 탄저균 및 3만 8,000리터의 보툴리누스균 독극물"[10]을 가지고 있지 않았다는 것도 그다지 문제가 되지 않는다. 이라크에 대한 불법적인 전쟁으로 이미 "약 1만 1,000명에서 1만 5,000명에 이르는 이라크 국민들이 살해"됐고, 그중 "3,200명에서 4,300명은 민간인 비전투요원이었다"[11]는 것도 중요하지 않다. 필요에 따라 "그렇게 해야만 한다면 …… 그 지역 전체를 초토화한 뒤 어떤 변화가 생기는지 두고 보아야 할 것"[12]이라는 트렌트 롯Trent Lott 상원의원의 위협조차도 아무런 논란거리가 되지 않는다. 이라크 전쟁이 "5개 대륙에서 모인 천만에 이르는 군중이 이라크 전쟁 반대 가두시위를 벌이며 엄중히 표출한 국제사회의 윤리"[13]를 거스르며 전 세계의 조롱거리로 전락했다는 사실도 중요하지 않다. 문제는 부시 대통령이 강경한 결정을 내리는 서부의 사나이 존 웨인식 터프가 이처럼 굴며 전 세계 천만 명의 의견은 일방적으로 무시해버린다는 사실이다. 왜냐하면 그는 정책을 만들 때 포커스 집단에 의존할 필요조차 없을 만큼 강인하기 때문이다. ('포커스 집단focus group' 마케팅 용어로 일정한 기준에 따라 골라낸 표적시장 소비자를 일컫는 말. 이 집단의 의견이 마케팅 의사결정에 중요한 영향을 미친다—옮긴이) 문제는, 우리가 군을 지지하는 동안 부시 행정부는 퇴역군인의 의료보험 혜택과 민간 복귀 지원 프로그램 이용을 제한하며 수십억 달러에 이르는 퇴역군인 지원금을 삭감한다는 것이다. 문제는, 언론이 앞장서서 국민을 전쟁광으로 몰아가고 3,000명이 넘는 목숨을 앗아간 세계무역센터에 대한 잔인한 공격에 맞서 복수할 것을 강요하는 상황에서 "다 덤벼"라는 식의 맹목적이고 감정적인 애국주의를 경계해야 한다는 것이다.

우리가 세계무역센터에서 선량한 시민들이 목숨을 잃은 데 대해 정당하게 애도하고 비판하는 동안에도 임의적이고 파괴적인 미사일 공격에 희생된 3,000명이 넘는 이라크인들 그리고 그 선량한 시민들의 가족이 겪었을 고통을 인식해야만 한다. 미국의 유도미사일로 발생한 대규모 민간인 살상 행위를 '콜래트럴 데미지collateral damage' (군사작전 또는 군사행동으로 발생한 민간인 피해를 가리키는 표현—옮긴이)라는 완곡한 표현으로 대체하는 언어 조작

들어가며 : 거짓을 만들어내는 미국

이 이들 유족의 고통을 덜어줄 수는 없다. 비행기를 미사일처럼 사용하면 테러 행위라 부르고, 유도미사일을 사용하면 전쟁 행위라고 부른다고 해도 두 경우 모두 민간인이 피해를 당하는 테러라는 점에서는 매한가지이다.

2003년 5월, 미군 미사일이 이라크에서 결혼 피로연장을 공격하여 일가친척 45명이 목숨을 잃는 사건이 발생했다. 이 잔인한 공격에서 살아남은 유족들에게 이른바 그 유도미사일들은 우리가 날조한 첨단 기술전의 일부였다고 주장하고 싶겠지만, 정작 이라크 전쟁을 통제한 것은 과장된 기술적 신통력과 하루가 멀다 하고 바뀌는 정치적 수사, 불분명한 언사 그리고 미리 준비된 실체 없는 관념들이었다.

그러나 우리의 완벽한 '국지 공격surgical strikes' 중 '스마트 폭탄들smart bombs'의 정밀에 가까운 타격을 보며 이라크 국민들은 '충격과 공포shock and awe' (이라크 전쟁의 작전명―옮긴이)를 느끼지 않았다. 그들은 오히려 미합중국이 여객기를 살상 무기로 둔갑시킨 문구용 칼로 무장한 테러리스트들에게 느꼈던 것과 같은 종류의 공포심에 시달렸다. 하지만 맹목적인 애국주의와 9 · 11 테러에 보복을 해야 한다는 명분이 이라크에서 아들을 잃은 마이클 버그Michael Berg가 증언한 수치스러운 사실을 은폐하도록 해서는 안 될 것이다. "1만 1,000명이 넘는 이라크 민간인들이 목숨을 잃었고 그들의 가족이 또한 나와 같은 고통을 겪었지만 미국 언론은 이를 보도하지 않았다. 언론은 가장 고통받는 사람들 얘기는 다루지 않는다."[14]

테러의 희생자들이기는 마찬가지인 선량한 이라크 민간인들의 아픔을 헤아리지 못한 애국심은 9·11 테러가 일어난 뒤 온 나라를 비탄에 빠뜨렸다. 정치인, 언론 그리고 국민은 성조기로 눈을 가려야 했고, 심지어 가장 진보적이고 정확한 정보를 가졌다고 알려진 사람들마저도 이의를 제기할 수 있는 민주적 권리를 포기했다. 그 대신 '테러와의 전쟁'이라는 새로운 명제를 무조건 지지하도록 만들었다. 그 결과 9·11 이후 성조기로 자신을 휘감지 않으면 그것은 애국하지 않는 모습으로 비춰졌다. 만약 누군가 애국심이란 무턱대고 깃발을 흔드는 것이 아니라고—애국심은 이 나라를 더 민주적이고, 더 정의롭고, 덜 인종주의적이고, 더 인간적인 곳으로 만드는 것이라고—주장했다면, 그는 틀림없이 애국심이 부족한 자로, 심지어는 반미주의자로 몰렸을 것이다. 만약 누군가 9월 11일 이후, 성조기에서부터 빨간색, 하얀색, 파란색으로 디자인된 콘돔에 이르기까지 성조기를 이용한 저속한 상업주의를 지적했다면, 그 또한 애국심이 부족한 자로 몰렸을 것이다. 만약 누군가 더 깊숙이 파고들어 이 나라 지도자들이 성조기를 방패 삼아 가난하고 나이 든 계층에 대한 지원을 축소하고, 교육기금을 비롯하여 다른 누구도 아닌 행정부가 그토록 시급한 지원 대상이라며 목소리를 높여온 군인들에 대한 사회보장기금을 삭감하면서, 다른 한편에서는 세금감면안과 (항공산업에만 15억 달러가 배정된) 기업보조금으로 경제 양극화를 심화시키고

있다는 사실을 지적했다면, 그 또한 애국심이 부족하다며 손가락
질을 받았을 것이다. 그리고 만약 누군가 한 걸음 더 나아가 미합
중국의 비민주적인 대외 정책이 바로 현재 전 세계에 퍼진 반미주
의의 원인이라고 주장했다면, 아마도 더 이상의 대화는 어려웠을
것이다.

　이라크 전쟁 기간에 성조기는 제1차 걸프전 동안 노란 리본이
맡았던 역할을 수행하여 민주적인 대화를 효과적으로 억압했다.
걸프전 기간에 노란 리본은 정치인들이 쏟아낸 그 어떤 연설보다
도 훌륭하게 미국의 정신을 이념 속에 가두어버렸다. 그리고 9·
11 이후 성조기는 미국의 정신을 우월의식에 빠뜨려 불법적인 전
쟁을 기획하고 조작된 지지에 따르도록 애국심으로 꽁꽁 묶어버
렸다. 고도의 의식 조작이 개입되었다는 사실은 이라크 전쟁을
정당화하는 데 동원된 허위 정보에 대해 아무도 분개하지 않는다
는 것만으로도 입증된다. 콜린 파월 국무장관이 안전보장이사회
에서 전쟁의 정당성을 뒷받침하고자 인용한 문서가 조작되었다는
사실에서부터 일반교서 연설을 통해 이라크가 대량살상무기를 가
지고 있다는 부시 대통령의 잘못된 주장에 이르기까지, 이라크 전
쟁을 정당화하고자 만들어내고 퍼뜨린 거짓말은 한두 가지가 아
니다. 그 거짓말과 기만이 만천하에 드러났음에도 부시 정책을
지지하겠다는 국민이 여전히 66퍼센트를 웃돌기 때문에 대량살
상무기가 발견되지 않았다는 사실은 아무런 문제가 되지 않는다.
심지어 전쟁을 기획한 사람 중 하나인 국무차관 폴 월포비츠는

《베니티페어》와 가진 인터뷰에서 이라크의 대량살상무기는 전쟁의 가장 중요한 동기는 아니었다고 말한다. 다만 전쟁을 앞두고 국민들을 결집시키기 위한 행정적 판단이었다고 진술했음에도 여전히 온몸에 성조기를 휘감고 있는 미국인들을 보면 그 같은 엄청난 거짓말에 대해서는 개의치 않는 것처럼 보인다. 그 같은 행동은 '그렇게 하지 않았으면 소외감을 느꼈을 사람들에게 연대감을' 제공하는 동시에 '무의식적 죄책감을 씻어주고 도덕적 자신감을 북돋아' 주기 때문이다.[15]

비록 정부가 내세운 이라크 전쟁에 대한 명분은 이제 거짓임이 분명한데도 대다수 미국인은 자신의 근거가 미약한 가치 수호를 위해 그 전쟁을 지지해야만 하는 것이다. 그리하여 미국인들은 성조기로 상징되는 맹목적 애국주의에 대한 충성을 멈추지 않는다. 성조기는 이라크 전쟁에 대해 어떠한 이견이나 논쟁도 불허하는 논의 구조를 구축하는 데 성공한 것이다.

9·11 이후 부시 행정부의 정책을 비판하는 것은 반미로 비춰졌다. 전쟁이 시작되고 나서 부시 행정부를 의심하는 것은 마치 우리군의 패배를 바라는 것인 양 교묘하게 조작되었다. 이런 조작은 언론이 전쟁을 준비하여 나팔을 불어대던 기간 중 벌어졌다. 이를테면 당시 미국 의회에서 대통령의 이라크 정책에 감히 의문을 제기하려면 의원직을 걸어야 하는 분위기였다. "이라크와 알카에다, 사담 후세인과 9월 11일의 연관성에 대한 증거는 전혀 없으며,"[16] "미국인에 대한 부시 대통령의 '사과'를 요구한다"[17]는

《뉴욕타임스》의 사설에서도 알 수 있듯이, 부시 행정부가 벌인 대량기만의 증거가 넘쳐나자 언론은 뒤늦게 자신의 생명과도 같은 객관성이라는 이미지를 지키기 위해 부산을 떨었다. 《뉴욕타임스》는 의회에도 미국민에 대한 사과를 요구했어야 옳았다. 왜냐하면 의회는 보수 성향의 모든 정책을 비준하는 거수기로 전락해버렸고, 공화당과 민주당의 이념적 차별성도 무너뜨렸기 때문이다. 야당답게 행동해야 할 민주당은 다른 상황이었더라면 호전적이고 반동적이며 비도덕적이라고 비난받아 마땅한 공화당의 애완견으로 전락해버렸다. 무엇보다 《뉴욕타임스》가 의회와 부시 대통령 모두에게 미국이 불법으로 일으킨 전쟁으로 사망한 1만 1,000여 명의 이라크인 유족들에게 사과하고 배상을 하도록 요구했어야 했다. 게다가 《뉴욕타임스》는 미국 행정부에게 모름지기 법이란 사담 후세인, 오사마 빈 라덴 그리고 행정부가 '적대적인 무장 세력'이라고 규정한 대상에만 적용되는 것이 아니고, 모든 이에 공정하게 적용되어야 한다는 점을 일깨웠어야 했다.

이는 헤이그에 있는 국제사법재판소에 사법권을 부여하여 부시 대통령과 그 일당들을 기소해야 한다는 것을 의미한다. 그들은 이라크에 불법으로 전쟁을 일으켜 국제법을 위반했고, 아부 그라이브에서 자행된 이라크 포로에 대한 고문(2003년 10월과 12월 사이 아부 그라이브와 부카 캠프의 미군 감옥에서 미군 교도관들이 이라크 포로들을 폭행하고 성적으로 학대한 사건―옮긴이)과 상세히 남아 있는 기록에서도 알 수 있듯이 이라크와 아프가니스탄에서 미군이 저지른 인권 침해 사건으로 제네바협정을 위반했다. 미국이 국제사법재판소는 없어져야 할 존재라며 "헤이그의 신국제사법재판소의 관할 지역이 될 수 있는 나라를 대상으로 군인과 민간인을 구별하지 않고 모든 미국인에게 면책권을 부여하는 양자 간 협약을 체결하도록 강요하며 외교전을 펼치는 것"은 전혀 놀라운 일이 아니다.[18]

"기소된 자는 패자이지 승자가 아니다"[19]라는 말이 있듯이, 부시 대통령과 그 일당들이 법정에서 정의의 심판을 받을 가능성은 희박하고, 승리에 도취해 있는 미국인들에게 정당성과 도덕적 우월감을 확보해주기 위해서라도 역사를 승자의 관점에서 기술하는 일은 꼭 필요하다. 이를 위해 적이 하는 말은 절대 공개되어서는 안 된다. 이는 역사라는 교육 훈련으로 조작되고 왜곡되어야 한다는 것을 의미한다. 그 같은 교육은 국민들로 하여금 종교의식을 치르듯 전 세계 인권을 부르짖으며 성조기를 몸에 두른 정치 지도자들을 추종하도록 만들어야 한다. 동시에 미국의 공개적인 또는 은밀한 지원 아래 인권을 탄압하는 잔혹한 독재정권들과 우리의 정치 지도자들이 공범이라는 사실을 눈치 채게 해서는 안 된다.

승자의 관점에서 이루어지는 역사교육은 항상 역사에 대한 눈가리개를 강요하며 국민들을 통제하기 쉬운 역사적 무지렁이 상태로 유지하고자 한다. 물론 상황이 이렇다고 해서 역사에 대한 무지가 정당화될 수는 없다. 다시 말해서 원하던 혹은 원하지 않던 간에, 역사에 무지한 사람들도 여전히 역사의 주체이므로 역사 창조에 책임이 있다. 승자의 역사교육은 어쩔 수 없이 역사에 대한 망각 증세를 유발하는 엄청난 규모의 거짓 교육에 의존할 수밖에 없다.

역사에 대한 망각 때문이 아니라면, "테러리스트들이 은신하고 있는 나라는 테러리스트만큼이나 유죄"[20]이며, 미국한테는 아프가니스탄에 그랬던 것처럼, 그러한 나라를 상대로 전쟁을 벌일 권리가 있다는 부시의 명제에 어떻게 우리가 동의할 수 있겠는가? 노암 촘스키가 간파한 것처럼, 만약 우리가 이 같은 정책을 (미합중국에게도 똑같은 정책을 적용한다는 의미에서) 모두에게 공평하게 적용한다면, 워싱턴은 스스로를 폭격해야 할 것이다. 왜냐하면 미국이 테러리스트들을 위한 은신처를 미국 영토 내에 마련해주거나 그들을 훈련시켰다는 사실은 부정할 수 없는 우리 역사의 일부이기 때문이다.

소련이 아프가니스탄을 점령했을 당시 소련에 저항한 오사마 빈 라덴 같은 군벌을 비롯해 아프가니스탄 군벌 테러리스트들을 지원한 세력 중 하나가 바로 미합중국이었다는 사실을 잊지 말도록 하자. 역사 망각증이 아니었더라면, 사담 후세인이 이란을 침공하여 100만 명이 넘는 전사자를 기록한 전쟁을 벌였을 때 미합중국이 이라크에 제공한 물자와 정보를 잊지 않았을 것이다. 사담 후세인이 미국의 친구였을 당시, 그가 이란인들에게 화학무기를 사용했어도 우리는 노여워하지 않았다. 사실 정치선전 기제는 우리가 이란-이라크 전쟁 중 벌어진 잔혹 행위와 대량 학살의 공범이라는 사실을 국민에게 숨기기 위해 밤낮없이 돌아가고 있었다.

간단한 실험을 통해 사담 후세인 같은 잔혹한 독재자에 대한 미국의 이중 잣대를 금세 드러낼 수 있다. 논의를 위해 부시 대통령과 사담 후세인이 대립하고 있는 상황에서 이라크 전투기 한 대가 미국 프리깃함(5,000~9,000톤급 군함—옮긴이)에 미사일을 발사하여 "프리깃함은 화재로 심하게 손상되었고"[21] 다수의 해병이 사망했다고 가정해보자.

미국은 이와 같은 부당한 공격에 어떻게 대응했을까? 적어도 그러한 사건은 부시 대통령에게 이라크를 공격할 명분이 될 만한—선제공격을 할 정도로 긴박한 분위기를 조성하는 대량살상무기와 이라크가 45분 내에 이 무기를 사용할 수 있다는 절대적인 믿음과 같은—거짓말을 지어내어야 하는 수고를 덜어주었을 것이다. 미국은 이라크에 대한 보복 공격을 감행하는 데 필요한 모든 외교적 지지를 끌어내기 위해 부시 행정부를 혐오하는 유엔에 압력을 행사했을 것이다. 야만스럽고 거침없는 공격이 감행됐을 것이고, '악의 축'을 파멸로 이끌기 위해서라면 무력을 무제한으로 동원했을 것이다. 부시의 정책 입안자들 사이에서 널리 논의되었듯이, 선제공격을 감행하려는 이 견제받지 않는 권력은 소규모 핵무기도 사용하려 했을 것이다. 대다수 미국인은 이 같은 대응에 어느 정도 동의했을 것이며, 이미 시작된 듯이 보이는 그 전쟁을 틀림없이 지지하고 나섰을 것이다.

위와 같은 일이 2003년에는 벌어지지 않았지만 이란-이라크 전쟁 중에는 실제로 일어났는데, 당시는 이라크가 잔인하고 전제적인 독재자 사담 후세인이 통치했음에도 미국의 우방이자 동맹국으로 간주되던 시기였으며, 바로 그 이라크를 2003년 3월에 미국이 공격한 것이다.

1987년 페르시아 만에서는 이라크 전투기가 미국 프리깃함을 공격하여 심각한 타격을 입힌 사건이 발생했다. 하지만 미국의 대응은 2003년에 취했을 조치와는 사뭇 달랐다. 1987년에는 미국 언론이 앞장서 그 사건의 충격을 완화했다. 《보스턴글로브》는 "유도미사일을 탑재하고 페르시아 만을 순찰 중이던 미국 프리깃함이 어제 이라크 항공기로부터 실수로 보이는 공격을 받았다고 국방부가 발표했다"고 보도했다.[22]

언론은 권력의 시녀라는 역할을 충실히 수행하며 행정부의 눈짓에 따라 보도한다. 이 사건의 경우 사담 후세인을 보호하는 데에는 미국 국방부가 나서는 것이 가장 적절하다고 판단했다. 이에 로버트 심스Robert Sims 국방성 수석 대변인은 "우리는 이것이 착오로 생긴 공격이었다고 믿고 있다. …… 고의적이거나 적대적 의도에서 공격한 징후는 없었다"[23]고 발표하게 된다.

미국에 대한 적대 행위를 했다는 증거가 전혀 없었음에도 2003년에는 이라크 공격에 대한 지지 여론이 우세했다. 왜 당시에는 이러한 부당한 공격을 저지른 이라크에 대해 성조기를 흔들어대며 항변하지 않았는지 의문이다. 이러한 단순한 질문에 대한 답이 우리가 흔히 알고 있던 대외 정책의 가면을 벗겨줄 것이고, 현재 진행 중인 부시 행정부의 반테러 정책의 위선도 벗겨줄 것이다. 촘스키는 몇 가지 사례를 살펴보는 것만으로도 미국이 테러리스트 훈련과 은신처 제공에 연루되었다는 사실을 밝히기에 충분하다고 주장한다.

- 1959년 미국은 쿠바를 상대로 테러 공격을 감행했다. 케네디 재임 시절 몽구스 작전Operation Mongoose으로 명명된 그 전쟁은 바로 위기로 치달았고, 실제로 핵전쟁 직전까지 갔다. 1970년대 끊이지 않았던 쿠바에 대한 테러 행위는 국제법은 물론 미국 국내법마저 위반해가며 미합중국 영토 내에서 수행되었다.

- 1976년 73명의 생명을 앗아간 쿠바 항공기 파괴를 포함해 30건의 심각한 테러 행위에 가담한 혐의로 미연방수사국에서 기소한 올란도 보시Orlando Bosch도 그중 한 예이다. 법무부는 그를 추방하고자 했다. 그가 미국 안보에 위협이 된다고 보았던 것이다. 조지 부시 1세는 아들 젭의 요청에 따라 대통령 자격으로 보시를 사면했다. 그는 마이애미에서 행복하게 살고 있으며, 법무부는 위험한 테러리스트이자 미국 안보에 위협이 된다고 판단한 자를 보호하고 있다.

- 베네수엘라 정부는 현재 카라카스 폭탄 공격에 가담하고 국외로 탈출한 혐의를 받고 있는 두 명의 군 장교에 대한 송환을 요구하고 있다. 이 군 장교들은 수일간 정부를 전복시켰던 쿠데

타에 가담했던 인물들이다. 미국은 노골적으로 그 쿠데타를 지지했고, 영국 언론인들은 미국이 쿠데타 교사에 연루되어 있다고 주장한다. 그 장교들은 현재 미국에 정치적 망명을 요청한 상태다.

■ 에마누엘 콘스턴트Emanuel Constant는 암살대death squad(라틴아메리카 군사정권의 비호를 받으며 반정부와 좌파에 대한 테러를 주요 임무로 하는 무장 단체—옮긴이)를 이끌며 약 4,000~5,000명에 이르는 아이티인들을 살해했다. [1990년대 초 그의 이름은 미중앙정보국CIA 급여 지급 대상자 명단에 올라 있었다.] 미국이 아리스티드Aristide 대통령의 송환 요청에 답변조차 거부한 덕에 오늘날 그는 퀸즈(미국 뉴욕 시 동부의 자치행정구—옮긴이)에서 행복하게 생활하고 있다.[24]

미국으로부터 훈련받은 수많은 전임 라틴아메리카 군 장교들의 사례만으로도 이 지면을 채우고 남는다. 이들은 동족을 대상으로 온갖 잔학 행위를 저질렀지만 지금은 미국에서 평안한 삶을 누린다. 또 다른 예로 라틴아메리카 군 장교 양성기관으로 악명 높은 아메리카훈련소School of the Americas(미국 조지아 주 포트베닝에 소재한 미육군 소속 훈련소. 라틴아메리카 군인들을 위해 에스파냐어 과정을 운영하여 약 6만여 명이 훈련받았다고 알려져 있다. 의회의 폐쇄 명령을 피하기 위해 2001년 1월 서반구안보협력기관으로 명칭을 바꾸었다—옮긴이)를 들 수 있다. 여기서 훈련받은 자들은 1989년 엘살바도르에서 (신학교장 한 명을 포함한) 예수회 수도사 여섯 명과 가정부 모녀를 살해한 사건과 같은 수많은 반인류 범죄를 저지르게 된다. 또한 엘살바도르 군부는 1980년 미국 국적의 메리놀회Maryknoll 수녀를 살해했고, 1980년 3월 24일 미국 정부와 공모하여 집회 도중 오스카 로메로Oscar Romero 대주교를 암살한 사건에도 책임이 있다. 아메리카훈련소는 심지어 군 장교들을 대상으로 고문, 암살, 사회불안 조장, 테러 공격을 위한 기술 등을 가르치는 훈련 과정도 운영하였다.

이 모든 일이 미국 정부의 지원 아래 미국 국민이 낸 세금으로 이루어진다. 만일 반테러 정책을 미합중국 관리들에게도 똑같이 적용했다면, '적대적 군벌 세력'으로 지정된 자들에게 그랬듯이, 그들은 모든 법적 권리를 박탈당한 채 관타나모 해군기지에 수감되고 말았을 것이다.

지금까지 기술한 명백한 모순은 언론, 교육, 경제 분야의 상호협력 속에 재생산되어 지배 이데올로기로 구실하는 복잡다단한 거짓의 그물망을 드러낸다. 집단 경험을 통해 문화를 재생산하는 과정에서 학교가 담당하는 그 막중한 임무가 어떻게 수행되는지를 살펴보면 더욱 분명해진다. 문화를 재생산하기 위한 집단 경험은 억압받는 집단의 이해보다는 지배하는 위치에 있는 엘리트 계층의 입장을 대변하는데, 그것이 문화를 재생산하는 정책의 목표이다. 하워드 진의 주장처럼, 그런 이유에서 학교는 결코 '다른 관점, 적의 관점에서……역사를 들려주는' 교과 과정을 허용하지 않는다. 멕시코 전쟁사(1846~1848년 미국과 멕시코의 전쟁—옮긴이)를 멕시코인의 입장에서 들려준다는 것은 다음과 같은 질문을 제기한다는 것을 의미한다. 전쟁으로 말미암아 국토의 40퍼센트를 강탈당했을 때 그들의 심정은 어땠을까? 포크 대통령이 개전 이유로 제시한 사건을 그들은 어떻게 보았을까? 그들이 그 사건을 진실이라고 생각했을까 아니면 조작되었다고 생각했을까?

적의 입장에서 역사를 가르치는 방법으로 하워드 진은 역사 기록과 맥락들을 병치시키는 교수법을 제안한다. 이 교수법은 학생들이 다양한 정보를 연관시켜 질서를 부여하고 현실을 보다 비판적으로 해석하도록 도와준다. 그저 자국민이나 관심을 기울일 법한 단편에 불과한 역사적 사실들을 맥락 없이 제시하는 대신에, 학생들이 다양한 자료를 참조하여 한결 자유롭고 비판적으로 생각하고(이것이 학교에서는 종종 억압된다) 지배 계급이 만들어낸 다양한 가르침에 내재된 오류를 깨닫도록 하는 것이다. 대체로 주류 교육은 온갖 유해한 교육학 이론을 동원하여 독립된 사고를 훼손시키는데, 이는 '조작된 동의'를 가능케 하는 필요조건이다. 동의를 조작해내는 교육이 없었다면 이 사회는 그 엄청난 현실 왜곡을 결코 묵과하지 않았을 것이다. 우리는 현재 진행 중인 이라크 전쟁을 통해 현실의 왜곡을 목격하고, 일부 보스턴 공립학교에서 사회과학 교과서로 채택한 로버트 J. 필즈Robert J. Fields의 『미합중국의 역사The History of the United States』 발췌문을 통해 역사 고쳐 쓰기the rewriting of history의 진행을 확인할 수 있다.

베트남은 중국에 인접한 작은 나라다. 미국으로부터는 수천 마일이나 떨어져 있다. 베트남은 이 세계의 '반대편'에 존재하는 나라다. 하지만 그 나라가 우리 나라에 큰 고통을 안겨주었다. …… 베트남 국민들은 그들의 자유를 위해 투쟁했다. 공산주의자들은 그 투쟁을 이용했다. 공산주의자들은 베트남을 공산국가로 만들고자 했다. 베트남 국민들은 단지 자유를 원했을 뿐이다. …… 북베트남군은 은밀한 전쟁에 나섰다. 그들은 미국인들을 피해 숨고 매복했다. 여성과 아이들은 미국인을 상대로 한 싸움에 협조했다. …… 수천 명에 이르는 미군 병사들이 베트남에서 목숨을 잃었다. 많은 미국인들은 그 전쟁을 원치 않았다.[25]

이 글은 잘못된 역사 정보를 열거하는 방법뿐만 아니라 반론의 논거가 되는 다른 중요한 역사적 사실의 누락이 어떻게 역사를 왜곡하는지 분명하게 보여준다. 베트남 전쟁사를 고쳐 쓴 로버트 J. 필즈는 미라이 학살사건My Lai Massacre처럼 미국인들이 노인과 여성 그리고 어린아이들을 조직적으로 살해한 사건은 물론, 그 전쟁에서 목숨을 잃은 백만 이상의 베트남 국민에 대해서는 아무런 언급도 하지 않았다.

하워드 진이 제시한 교수법을 따른다면 노인과 여성 그리고 어린아이들을 대상으로 자행된 그 대량 학살을 목격한 그들의 심정은 어떠했겠느냐는 질문을 학생들에게 던졌을 것이다. 진은 "'이것이 옳은가 아니면 그른가?'라는 질문을 받게 되면 학생들은 흥미를 느끼게 되고, 이어 논쟁을 벌이며, 세상에는 단순하고 절대적이며 모두가 동의하는 보편타당한 답은 없다는 것을 배우게 된다"고 말한다. 역사에 대한 널리 알려지지 않은 관점을 채용할 때, 베트남 전쟁을 공부하는 학생들은 미라이 학살 사건이 일부 정신 나간 미군 병사들이 저지른, 체제와는 무관한 이례적인 사건이 아니라는 것을 배우게 된다. 부사관 제임스 데일리가 기억하고 있는 것처럼 이와 비슷한 대량 학살은 늘 일어났다. "[미국에 있는 군사교관들은] '적진에 위치한 마을에 도착하면 사격하며 진입하라'고 가르쳤다. '여자든 어린이든 가축이든 살아 있는 것은 모두 죽여라'라고 교육했다."[26]

미군 병사들이 이 같은 훈련을 받았다는 점을 감안할 때, 지금 이라크에서 자행되는 잔학 행위들이 "제2차 세계대전 이후 미중앙정보국이 나치로부터 기술을 습득한 이래 더욱 발전하여 방대한 문서로 남은 미국의 과거 고문 전력뿐만 아니라, 최근에 수립된 잔학 행위를 조장하는 전통까지도 잘" 보여준다는 사실은 그리 놀라운 일이 아니다.[27]

부사관 제임스 데일리의 진술은 미라이 학살 사건이 이례적인 사건이 아니었다는 점을 증명해준다. 베트남에서 활동한 심리학자 샤드 메샤드Shad Meshad는 병사들로부터 다음과 같은 얘기를 들었다고 전한다.

"그들은 여러 마을을 소탕하는 작전에 투입되었고, 심지어 병아리, 물소 할 것 없이 살아 있는 그 어느 것도 남겨두지 말라는 명령을 받았습니다. 글쎄요, 그 따위 명령을 따르며 도대체 무슨 짓을 했겠습니까? 애당초 분위기를 그런 식으로 몰아간 것은 캘리 중위(미라이 학살을 저지른 미군 지휘관—옮긴이) 아니었던가요? 그네들은 매일같이 캘리처럼 굴었어요."[28]

샤드 메샤드가 베트남전 참전 미군 병사로부터 전해듣고 기록한 말들은 오늘날 아부 그라이브 이라크군 포로 고문 사건으로 기소된 병사들도 무리 없이 차용하게 되었다. "글쎄요, 그 따위 명령을 따르며 무슨 짓을 했겠습니까?"

착하고 순한 베트남 여성과 아이들에 대한 미군 병사들의 악행들은 문서로 잘 기록되어 있기는 하지만, 역사 교과서는 미국이 저지른 반인륜적 범죄에 대해 전혀 다루지 않는다. 왜냐하면 학교는 결코 적의 관점에서 역사를 가르치지 않기 때문이다. 그렇기 때문에 문화 통제위원에 해당하는 교사와 정치학자, 그리고 수많은 언론인들은 미국 역사의 특정한 측면만을 기리고, 미합중국이 '자유'와 '민주주의'라는 그럴듯한 구실을 내세워 조직적으로 저지른 가증스러운 범죄 고발은 게을리 하는 것이다. 대신 우리는 "생각 없이 외우기만 잘하는, 비판적인 사고를 포기한, 자신을 틀에 맞추는…… 그 신성한 체제 연장에 꼭 필요한 이념적 특성을 주입하기 위해 알려준 것 외에는 아무것도 해서는 안 되는 것으로 아는"[29] 이른바 착한 학생들에게 상을 주도록 설계된 학교를 만든다. 착한 학생이란 충성 맹세Pledge of Allegiance(미국 국민의 국가에 대한 서약—옮긴이)에 제시된 민주주의 이념의 진정한 의미가 무엇인지도 이해하지 못한 채 그 서약에 적힌 이미 화석화된 구호들을 경건한 자세로 외우는 아이다. 착한 학생이란 자발적으로 성조기를 몸에 두르고 거대한 거짓말들을 생각 없이 믿어버리는 아이다.

톰 팩스톤Tom Paxton(시카고 출신으로 1960년대부터 활동해온 포크 록의 대가이다—옮긴이)의 노래 〈오늘은 학교에서 무얼 배웠니?What Did You Learn in School Today?〉를 들어보면 학생이 부모에게 "워싱턴은 절대 거짓말하지 않는다고 배웠어요. 병사들은 거의 죽지 않는다고 배웠어요. 모든 사람이 자유롭다고 배웠어요"[30]라고 말하는 대목이 나오는데, 이 가사들은 학교가 거짓으로 가득 찬 교육을 통해 어떻게 역사를 왜곡하는지를 묘사한다.

하워드 진에 따르면, "학교에서 사용하는 교수법은 역사를 왜곡한다. 이를테면 전쟁사는 '온통 전투에 관한 이야기로 가득하'다. 바로 이런 방법으로 전쟁 이면에 숨겨진 정치적 요인들을 다른 곳으로 주의를 돌리는 것이다. 멕시코 전쟁 당시 벌어진 전투에만 초점을 맞춰 멕시코시티로 개선해 들어간 얘기만 늘어놓으면, 멕시코 전쟁과 노예제도의 관계나 노예들 몫이 될 수도 있었던 영토를 차지하는 과정은 얼마든지 언급하지 않을 수 있다."

마찬가지로 이라크 전쟁도 미국의 뛰어난 기술력과 유도미사일이 지닌 엄청난 위력에 대해 찬사를 늘어놓는 한편, 1만 1,000명에 이르는 이라크인 살해는 콜래트럴 데미지라는 맥 빠진 완곡어법으로 축소하고, 십중팔구 전투 위주로 가르칠 것이다. 승자의 관점에서는 이라크 전쟁이 날조된 거짓말을 근거로 벌인 불법적인 전쟁이었다는 말과 여성과 어린아이들을 포함한 수천수만의 양민을 학살했다는 말은 절대로 하지 않을 것이다. 로버트 J. 필즈 부류의 역사학자가 역사를 고쳐 쓸 것이고, 훗날 학생들은 그 역사를 배울 것이다. 어쩌면 그 역사학자는 베트남을 이라크로 바꾸고 공산주의자 대신에 테러리스트라는 말을 사용하여 "[이라크는] 우리나라에 큰 고통을 주었다. …… [이라크 국민들은] 그들의 자유를 위해 투쟁했다. [테러리스트들은] 그 투쟁을 이용했다. …… 그들은 미국인들을 피해 숨고 매복을 감행했다"고 기술할지도 모르는 일이다.

필즈의 베트남 전쟁사는 여전히 영향력이 있으며, 착한 학생들은 교사들이 내뱉은 거짓말을 그대로 외울 것이다. 노암 촘스키의 말처럼 "모든 사람이 이를 인정하는 것은 아니다. 하지만 우리 중 대다수는 스스로 솔직하다면, 우리 자신의 삶을 되돌아볼 것이다. 우리들 중 좋은 대학을 나오고 좋은 직장에 들어간 사람들이 학창시절 미국 역사에 대해 말도 안 되는 거짓말을 늘어놓는 고등학교 선생님들에 맞서 '그건 말도 안 됩니다. 당신은 바보예요' 라고 말해본 적이 있는가. 그렇지 않다. 우리는 '그래. 그냥 조용히 있자. 그리고 시험 답안은 배운 대로 쓰자. 속으로 그를 바보라고 생각하면 되지' 하고 말았을 것이다."[31]

이 책은 역사 교육이 지금까지 저질러왔던 왜곡을 폭로할 뿐만 아니라 모든 교육자들에게 비판적인 접근법을 교육에 도입할 것을 촉구한다. 그런 비판적인 접근법을 통해 "전통적인 국가주의적 역사가 무시해온 계급과 계급 간 갈등의 문제를 한층 더 솔직하게 다루어야 하며," "백인 빈민층이 인종차별에 가담하고 남성이 성차별을 공모한 사실"과 "[역사의] 객관성이란 가능하지도 또 바람직하지도 않다는 것" 또한 밝혀질 것이다. "그것이 불가능한 이유는 모든 역사가 주관적이기 때문이다. 모든 역사는 하나의 관점을 대변한다." 무엇보다 홀로코스트와 같은 인간에 대한 끔찍한 잔학 행위가 다시는 되풀이되지 않도록 학생들이 역사의 기억들로부터 무언가를 배울 기회를 주어야 한다는 점이다.

그런 일이 실행되려면 교육자들이 학생들을 승리에 도취된 국가주의적 역사 교육에 묶어두는 대신에, 학생들이 미국의 역사를 좀더 면밀히 살펴보도록 요구해야 한다. 그러려면 노예제, 베트남 전쟁, 계급 갈등, 성 착취, 라틴아메리카에 대한 민주주의 파괴를 비롯하여 현재 법을 어기고 벌어지는 대이라크 전쟁의 기괴하면서도 야만스러운 모습을 보게 해주어야 한다. 미국 역사에 대한 진실된 교육은 학생들이 노예 박물관을 찾아가 아프리카계 미국 흑인들이 당한 인간성 말살 행위를 직접 보고 배우도록 해야 한다. 그곳에서 가족과 생이별한 채 길거리에서 더 비싼 값을 부르는 자에게 팔려가는 광경과 린치를 당하는 장면을 담은 그림을 보며 우리 사회의 인종차별 구조를 일깨워야 한다. 또한 학생들이 아메리카 인디언들에게 저지른 인종 말살에 가까운 행위, 노예화 그리고 그들의 땅을 강탈하고 착취한 일들을 전시해놓은 박물관도 관람하도록 해야 한다. 더불어 학생들한테 본래 그네들 땅인 보스턴을 방문하려는 아메리카 인디언들을 투옥하도록 한 '인디언 수감에 관한 법률Indian Imprisonment Act'에 대해서도 공부하도록 권해야 한다. 어떤 학생들은 이 법은 이미 아주 오래전 일이고, 현재 민주주의 체제 내에서 그 같은 차별 행위는 있을 수 없다고 주장할지도 모르겠다. 이런 생각을 가진 학생들을 무조건 모르는 소리 말라고 탓하는 대신에, 교사들은 학생들이 '인디언 수감에 관한 법률'과 팔레스타인인들이 그네들의 땅에서 자유로운 여행을 막고자 설치된 검문소와 같이 현재 미국이 지지하는 대 이스라엘 정책을 나란히 놓고 검토해볼 수 있다. 교사들은 학생들과 함께 헤이그에 위치한 국제사법재판소가 "이스라엘의 분리 장벽은 국제법에 위배되므로 반드시 철거되어야 하며, 그 건설을 위해 거둬들인 팔레스타인들의 재산을 배상해야 한다고 …… 판결했다"[32]는 사실을 가지고도 토론해볼 수 있다. 국제사법재판소의 판결은 구속력이 없기 때문에 유엔 안전보장이사회에서 이스라엘에 대한 제재 조치를 취하는 것이 마땅하다. 그리고 교사는 학생들에게 안전보장이사회가 이스라엘에 대한 제재를 결의했다는 가정 아래 미국이 비토권을 행사할지에 대해 가설을 세워보라고도 할 수 있다. 자신의 생각을 강요하는 대신 교사들은 학생들에게 안전보장이사회에서 미국이 행사한 비토권의 역사를 스스로 분석하여 어떤 경향이 발견되는지를 살펴보고, 최근 국제사법재판소가 이스라엘과 관련하여 내린 판결을 두고 미국 편에서 학생들이 세운 가설이 얼마나 정확한 판단 기준이 될 수 있는지 비교해볼 수도 있다. 이스라엘의 팔레스타인 영토 점유와 몰수를 지지하는 나라는 실제로 세계에서 미국밖에 없다는 것을 학생들은 스스로 깨닫게 될 것이다. 또한 학생들은 예외를 두지 않았더라면 테러 행위로 규정되었을 다음과 같은 사실도 배울 것이다. 미국이 니카라과 항구에 지뢰를 매설한 행위를 국제사법재판소가 국제법 위반으로 판결하자 미국은 오만한 태도로 세계 법정의 판결들을 기각해버렸다. 나아가 미군 병사들이 베트남 여인들을 강간하고 살해하는 모습을 묘사해놓은 베트남 전쟁 기념관과 베트남 전쟁 박물관도 학생들이 관람하도록 해야 한다.

> [계속해서 강간을 당한 후] 어느 시점에서 그 소녀들은 의식을 잃었다. 소녀들을 강간하고 나서, 세 명의 미군 병사가 휴대용 조명탄을 꺼내 그녀들의 질 속으로 밀어 넣었다. …… 그들을 저지할 사람은 아무도 없었다. 소녀들의 입과 코, 얼굴과 질에서는 피가 흐르고 있었다. 그러고 나서 그들은 몸 밖에 삐져나온 조명탄을 소녀들의 몸 속에서 터뜨렸다. 소녀들의 배가 부풀어 오르더니 터져 버렸다. 배는 폭발했고 내장은 몸 밖으로 나와 널려 있었다.[33]

이라크 내 폭도들이 미국인 소녀들을 똑같은 방법으로 강간했다고 가정하고 학생들에게 그 두 사건과 상황을 비교해보라고 할 수도 있다. 학생들에게 미국 관료와 국민이 어떤 반응을 보였을

지 질문할 수도 있다. 당연히 그들은 분노했을 것이고, 도널드 럼스펠드 국방장관이 이라크 전쟁 초기 이라크군이 미군 포로를 심문하는 장면을 텔레비전으로 중계하도록 했던 것처럼, 이라크인들이 제네바협정을 위반했다고 비난을 퍼부었을 것이다. 그런데 정작 제네바협정에 위배되는 고문 기법들을 은밀하게 승인한 장본인이 다름 아닌 럼스펠드였다. 그렇게 승인된 고문 기법들은 "내가 원하는 것은 [그 투사들을] 죽이거나 잡아넣는 것"[34]이라는 그의 말과 동시에 아프가니스탄에서 첫선을 보였다. 아프가니스탄에서 잡은 포로들은 컨테이너에 갇혀 있었는데, 컨테이너를 열자 "그곳에는 범벅이 된 소변, 피, 배설물, 구토물과 썩어가는 살덩이뿐이었다."[35]

학생들은 언론에 보도된 아부 그라이브 고문 사건이 일부 부주의한 미군 병사들이 저지른 이례적이거나 특수한 인권유린 사례가 아니라 이미 아프가니스탄에서부터 자행되어온 공식적인 정책이라는 사실에 눈을 뜰 것이다.

하워드 진이 제시한 교수법에 따라 다양한 관점의 근거가 되는 역사적 기록과 맥락을 나란히 놓고 비교한다면, 좁게는 학생들이, 더 넓게는 일반 대중이 현실을 좀더 비판적이고 포괄적으로 이해하는 데 필요한 지식들을 연관지어 볼 것이다. 만약 우리의 교육 체제가 변하지 않는다면, 학교는 아홉 살 된 아이도 쉽게 알 수 있는 너무나도 분명한 진실을 의식적으로 혹은 무의식적으로 보지 못하는 고등교육자들을 계속 양산할 것이다. 바로 그 때문에

60퍼센트에 이르는 대학생들이 이라크 전쟁에 관한 부시 대통령의 거짓말을 믿었고, 토마토의 철자법도 제대로 모르는 문맹자에 가까운 전임 부통령 댄 퀘일이 제1차 걸프전은 "침략군의 감동스런 승리a stirring victory for the forces of aggression"[36]라고 제대로 이해하면서도 정작 자신이 몸담고 있는 행정부의 대이라크 정책이 지닌 명백한 모순은 볼 수 없었던 것이다.

학교와 대량기만
(Mass Deception)
조작

하워드 진과 도날도 마세도가 나눈 이 대담은 2004년 1월 매사추세츠 주 케임브리지에서 이루어졌다. (이 장의 제목에서 대량기만으로 번역한 'Mass Deception'은 부시 행정부가 이라크 침공의 명분 중 하나로 내세운 '대량살상무기(Weapons of Mass Destruction)'라는 표현의 각운을 살린 재치 넘치는 언어유희이다—옮긴이)

마세도 ｜ 1967년에 발간된 『베트남 : 철군의 논리*Vietnam : The Logic of Withdrawal*』를 보면 교수님은 베트남으로부터 조건 없는 즉각적인 철군을 요구하셨습니다. 물론 그런 요구는 받아들여지지 않았고, 결국 우리는 여성과 어린아이들을 비롯한 수많은 무고한 생명의 희생을 막을 수도 있었다는 것을 깨닫게 되었습니다. 무자비한 에이전트 오렌지*Agent Orange*(화학무기의 하나. 고엽제로 널리 알려져 있다―옮긴이) 살포로부터 하노이 폭격과 같은 민간인 밀집 지역의 융단폭격까지, 미군이 저지른 사악한 폭력으로 수많은 베트남 사람들이 희생되었습니다. 불행히도 존슨 대통령(미국 제36대 대통령. 케네디가 암살된 뒤 대통령으로 취임함―옮긴이)은 교수님의 요구를 받아들이지 않았습니다.

오늘날 우리는 이라크에서 근본적으로 잘못된 일을 또다시 벌이고 있습니다. 이는 훗날 수정주의 역사가들(정확한 역사란 냉정한 자서전을 쓰는 일처럼 불가능할지도 모른다는 입장을 취하는 역사에 대한 회의론적 접근법―옮긴이)이 단순한 실수로 각색할 것입니다.

교수님께서는 최근 《프로그레시브》(1909년에 창간된 진보 성향의 정기간행물. 세계 평화와 사회정의를 위한 언론을 목표로 한다―옮긴이)에 실린 기고문을 통해 이라크로부터 조건 없는 즉각적인 철군을 요구하셨고, 민주당 대통령 후보에게서나 들을 수 있을 법한 멋지고 웅장한 연설문을 작성하셨습니다. 민주당 후보들은 적어도 연설문만큼은 이 나라 건국의 기반인 민주 사회구조에 입각해 작성하지요. 대다수 민주당 대통령 후보들은 진정한 민주주의와 사회정의라는 이상에 충실한 선거운동을 펼칠 만큼 용감하지는 못합니다. 하지만 설령 그들이 용기를 낸다고 하더라도, 그들을 둘러싼 정치꾼들은 교수님의 연설문에 나와 있는 민주적 명제들을 반박하고 나섰을 것입니다. 왜냐하면 평등, 사회와 인종에 대한 정의 그리고 평화와 같은 진정한 민주적 이상을 찬양하는 진보적 논의가 그들에게는 곧 정치적 자살 행위를 의미하기 때문입니다. 사실 이것은 경선에 나선 하워드 딘(2004년 민주당 대통령 후보로 경선에 출마해 18퍼센트의 득표율을 기록하며 3위에 머물렀다―옮긴이) 의원이 겪었던 일입니다. 대중매체는 대통령직에 대한 그의 열망을 하룻밤 사이에 꺾어놓았습니다. 그가 불경스럽게도 불법적인 이라크전에 대해 너무도 많은 의문을 제기했고, 소수가 일으킨 경제적 폭정으로부터 다수를 보호하는 문제를 거론했기 때문이었습니다. 교수님께서도 잘 아시다시피, 사실 하워드 딘은 진보 진영 쪽에서는 가장 이상적인 후보라고 할 수도 없고, 그가 내놓은 공약들도 대체로 중도우파에 가깝습니다.

하지만 역설적이게도 독립선언문의 정신에 따라 민주주의의 실현에 필요한 조건들을 창출해보고자 하는 정치가들의 주장이 왜 진지하게 받아들여지지 않느냐 하는 것입니다. 그것도 민주적인 것과는 상당한 거리가 있는 방법을 동원해서라도 민주주의를 강요하기 위해 벌인 불법적인 이라크 전쟁을 미국민의 절대다수가 지지할 정도로 민주주의라는 신화를 신봉하는 이 사회에서 말입니다.

사실 조금이라도 정치적 식견이 있다고 자부하는 사람들은 평등과 민주주의와 사회정의에 관한 교수님의 제안을 현실과는 동떨어져 있다거나, 혹은 더 심한 경우에는 체제 전복을 노리는 사회주의 선전활동으로 보기 때문에, 교수님이 취하고 계신 입장을 어떻게든 반박해보려고 할 것입니다. 저는 이러한 거대한 모순에 주목해보고자 합니다. 물론 '합의를 조작해내고' 대중을 길들이는 기능을 수행하는 기제에는 정치선전국가propaganda state와 언론매체 등 여러 가지가 있습니다만, 오늘 이 시간에는 이 같은 역설을 만들어내는 일에 학교가 맡은 역할과 그것을 유지하기 위해 학교가 이용하는 장치에 대한 교수님의 의견을 듣고자 합니다.

그러한 장치는 사실 학교가 장려하는 듯이 보이는 민주주의 이상
과는 근본적으로 배치되는 지배 가치들을 재생산해왔습니다. 그
같은 모순에 동의하십니까?

진 흥미로운 주제입니다. 어떤 의미에서 교육 체제, 그러니
까 학교는 젊은 사람들이 그러한 모순과 더불어 살아가도록, 또
그것들을 받아들이도록, 그리고 그것들을 그리 나쁜 것만은 아닌
것으로 생각하도록 가르칩니다. 왜냐하면 학교가 사람들에게 이
상理想을 제공하기 때문이지요. 학교는 독립선언문을 가르치고,
젊은이들에게 우리가 민주주의 체제에서 살고 있다고 교육하며,
평등과 모두를 위한 정의가 실재한다고 말합니다. 아시다시피 이
는 모두 이상입니다. 하지만 학교는 젊은 사람들에게, 심지어는
성인교육 과정에 참여하는 나이 든 사람들에게조차 이런 이상이
날마다 어떻게 침해당하는지에 대한 정보는 제공하지 않습니다.
한편에서는 학교가 학생들에게 이상을 가르치지만, 다른 한편에
서는 사회 현실을 들여다보고 이상과 현실 사이에 어떤 모순이 존
재하는지를 분석하는 데 필요한 도구는 제공하지 않습니다.

달리 표현하자면, 학교가 학생들에게 현실의 정확한 모습을 가
르치지 않는다고 할 수 있습니다. 만약 현실에 대해 정확히 가르
쳤다면, 이상과 사회 구성원들이 처한 상황 사이에 너무나도 큰
괴리를 학생들은 분명히 인식했을 것입니다. 예를 들면 학교는
학생들에게 사회 내 존재하는 계급 구분에 대한 실상을 가르치지

않습니다. 학교는 학생들에게 돈이 어떻게 사회의 모든 면을 지배하는지 알려주지 않습니다. 돈은 당연히 경제체제뿐 아니라 정치체제와 문화, 심지어는 교육제도까지도 지배합니다. 학교는 학생들에게 어떻게 부와 기업 권력이 이 사회를 지배하는지 전혀 가르치지 않습니다. 부유층에 속하지 않는—즉 억압받는—계급들이 어떤 모습으로 살아가는지에 대해서도 결코 언급하는 법이 없습니다. 학생들은 노숙자들이 처한 상황을 정확히 알 수 없으며, 가난한 사람들이 어떻게 살아가는지, 집주인의 권력의사에 좌지우지되는 세입자로 산다는 것이 어떤 것인지, 직장을 잃고 일거리를 찾으며 날마다 좌절을 겪는다는 것이 어떤 것인지를 배울 수 없습니다. 이 사회에서 흑인으로, 유색인으로 살아간다는 것이 어떤 것인지 그 실상이 어떤 것인지를 전혀 배우지 못하기 때문에 학생들이 『맬컴 엑스 자서전*Autobiography of Malcolm X*』을 읽고 나면 충격에 빠지는 것입니다(저도 경험한 것입니다). 그 책이 너무나도 생생하고 감동적이고, 인간다운 이야기이기 때문에 거의 난생 처음으로 "이 사회에서 흑인으로 살아간다는 것이 이런 것이었구나"라는 탄식을 내뱉게 만듭니다. 그런 책을 읽기 전이라도 학생들은 "그래, 맞아. 인종차별, 인종 분리는 존재하지"라는 정도는 알고 있습니다.

그러나 어떤 것을 아는 방식에는 두 가지 종류가 있습니다. 피상적인 앎과 마음 깊이 진정으로 느끼는 본질적인 앎이 그것입니다. 설령 자신이 인종차별의 희생자가 아니더라도 그에 대한 본

질적인 앎에 이를 수 있습니다. 만약 인종차별의 희생자라면 본
질적인 앎을 따로 배울 필요가 없습니다. 그것을 겪고 있으니 말
입니다. 하지만 당신이 백인으로 살아가고 있다 해도, 유색인으
로 사는 것이 어떤 것인지를 느낄 수는 있습니다. 그것이 정확히
어떤 것인지는 알 수 없다 할지라도, 이해할 수는 있습니다. 바
로 문학이 그 같은 일을 합니다. 사람들은 리처드 라이트^{Richard}

로 문학이 그 같은 일을 합니다. 사람들은 리처드 라이트[Richard
Wright](1908~1960, 미국 흑인 작가—옮긴이)가 쓴 『깜둥이 소년
Black Boy』이나 랠프 엘리슨[Ralph Ellison](1914~1994, 미국 흑인 작
가—옮긴이)의 『보이지 않는 인간*Invisible Man*』을 읽고 흑인으로
살아간다는 것이 어떤 것인지를 느끼게 됩니다.

학교에서 젊은이들은 자유와 민주주의의 이상에 대해서는 배
우지만 극소수의 부유층이 이 사회를 지배하고, 그들 반대편에는
생사의 경계까지 밀려나 말 그대로 생존을 위해, 자녀들을 먹이
기 위해, 또 학교에 보내기 위해 생활고와 싸우는 수많은 사람이
존재한다는 계급사회의 실상은 전혀 배우지 못하는 실정입니다.
이것은 우리 교육체계가 안고 있는 커다란 결함입니다.

마세도 그런데 중산층에 속한 사람들은 흔히 자신들이 일자리
를 잃게 된 것을 이민자들과 높은 세금 그리고 복지 정책 때문이
라고 여깁니다. 그들은 정부로부터 빈약하기 그지없는 사회적 원
조를 받는 빈민층에게 비난의 화살을 돌립니다. 로널드 레이건 전
대통령 덕에 사회보장 여왕 증후군[welfare queen syndrome](사회보

장 여왕은 복지제도에 기대어 호의호식하는 사람을 일컫는 말. 레이건 대통령이 재임할 당시 시카고에 사는 한 여인이 80개의 가명과 30개의 위조된 주소를 이용하여 부당한 방법으로 복지 혜택을 누린다는 주장을 펴자 전국이 분노에 휩싸였다. 언론에서 이 사건을 취재하기 위해 이 여인을 수소문했지만 실체를 확인할 수는 없었다―옮긴이)이 전국을 풍미했지요.

하지만 경제적 불안감에 시달리는 대다수 중산층은 실직과 기업의 탐욕 사이의 연관성을 알아챌 능력이 (혹은 의지가) 없습니다. 바로 그러한 탐욕이 기업과 투자자들로 하여금 더 많은 이익을 추구하게 하고 (정리해고의 완곡한 표현인) '아웃소싱'이라는 이름 아래 자신들을 잉여 인력으로 만들어버리는데도 말입니다. 또한 중산층의 구성원들은 정부가 해외로 이전하는 기업들에게 조세 감면과 보조금 지원을 통해 일자리 수출을 장려할수록 그들의 삶은 더 비참해진다는 사실도 이해하지 못합니다.

바로 이러한 이유에서, 학생들이 가지고 있는 껍데기에 불과한 현실 인식과, 교수님의 표현을 따르자면, '마음 깊이 진정으로 느낀 본질적인' 지식 간의 괴리를 좁히도록 도와주는 것이 교육자의 의무일 것입니다. 하지만 학생들을 길들이고 순종적인 노동자로 키우는 것을 최우선 과제로 삼는 주류 교육학의 무게를 감안할 때, 이것은 결코 쉬운 일이 아닙니다. 예를 들면, 제가 하버드 교육대학원에서 '인종차별에 반대하는 다문화주의 교육Anti-Racist Multicultural Education' 과정을 맡고 있을 때, METCO라는 프로그램이 지닌 가치에 대해 열띤 토론이 벌어졌습니다. METCO는 버스를 이용하여 (주로 유색인종으로 구성된) 소수의 도심 학교 재학생들을 도시 외곽에 있는 학교로 통학시켜 양질의 교육을 받게 하자는 취지에서 기획된 프로그램이었습니다. 저는 수업에 참가한 학생들에게 좀더 심도 있는 연구를 위해 도시 주변의 유복한 백인 학생들을 버스에 태워 도심 지역에 있는 학교로 통학시키는 역 METCO 프로그램도 만들어보면 어떻겠느냐고 제안했습니다. 그 프로그램을 통해 교외의 유복한 백인 거주 지역 학생들에게 도시 빈민의 비참한 생활과 경제적 빈곤을 직접 경험하고 이해하게 하자는 취지였지요.

제가 맡았던 과정에 참여한 학생들은 주로 도심 지역 학교 교사가 되길 희망하는 착하고 유복한 백인 여성들이었습니다. 하지만 몇몇을 제외하고는 이 과정에 참여한 대다수 학생들이 제 제안에 담겨 있는 교육적 가치를 깨닫지 못했습니다. 사실 그 학생들은 제 제안이 논란만 불러일으킬 실현 불가능한 계획이라고 생각했습니다. 도시 외곽 지역의 학부모들이 자녀를 버스에 태워 도심 지역에 있는 학교에 보내는 일에 찬성할 리가 없다는 것이었죠. 한 학생이 지적했듯이 '그들이 도심을 벗어난 목적이 바로 그 때문'이었습니다. 부유한 백인 학생들을 도심 내 학교로 통학시키는 데 반대한 이유는 그 지역 학교와 주민들이 너무 위험하다는 것이었습니다. 제가 그곳을 벗어나지 못하는 유색인종이 대다수인 가난한 그 지역 학생들에게도 그 지역 학교와 주민들이 위험하기는 마찬가지가 아니냐고 반문하자, 학생들은 제 말에 동의하기는 했지만 여전히 제 제안이 논쟁과 분란만 일으킬 것이라고 주장했습니다.

이해하시겠지만, 학위를 받고 나서 헤드 스타트 프로그램Head Start programs(연방정부가 저소득 가정의 유아를 대상으로 무료 혹은 저렴한 교육비로 조기 유아교육을 제공하는 프로그램—옮긴이) 총책임자나 여타 도심 지역 사회운동 지도자 같은 빈곤 문제 전문가가 되기 위해 부유한 엘리트 대학에서 빈곤 문제를 공부하는 것은, 멋진 일이라고 할 것까지는 없을지 몰라도 나름대로 상당히 그럴 듯한 일입니다. 하지만 빈곤에 대해 공부하고 있는 유복한 백인 학생들이 빈곤과 차별 그리고 비인간적인 처우가 어떤 것인지를 진정으로 이해하기 위해 '마음 깊이 진정으로 느낀다'는 것은 전혀 다른 문제입니다. 이 과정에 참여한 많은 학생들이 하버드에서 운영하는 위험과 예방 과정Risk and Prevention Program에도 참여했습니다. 그들 중 어느 누구도 누가 이 학생들을 위험에 빠뜨렸냐는 아주 간단한 질문조차 제기할 의사가 없었고, 빈곤 문제의 근본 원인과 그 사회에 미치는 영향에 대해 알아보려고 하지도 않았습니다.

진 미국 내 계급 질서가 드러나지 않도록 유지하고 계급 없는 사회라는 신화를 존속시키고자 그런 것이었다고 보면 이해할 것 같습니다. 그리고 모순을 해체하자는 교수님의 제안은 이른바 중산층에게는 더욱 위협으로 다가옵니다. 왜냐하면 중산층 역시 엄청난 소외와 불안을 경험하기 때문입니다. 이 나라의 중산층은 원래 번영하는 미국의 상징이었고, 텔레비전 수상기와 자동차는 물론 심지어 주택을 소유한 두터운 중산층이 형성되었다는 사실은 종종 자본주의가 얼마나 성공적인 체제인가를 말해주는 증거로 제시되곤 했습니다. 하지만 적극 드러내지 않았던 것은 그 계층 사람들의 마음에 도사린 불안감이었습니다. 엄청난 부를 축적한 집단과 극빈층이 공존하는 체제가 유지되는 한, 중산층은 자신들이 어느 방향으로 가고 있는지를 결코 알 수 없기 때문이죠. 중산층은 유산계급이 아니기 때문에 내일도 직장에 다닐 수 있을지 전혀 알 수 없습니다. 설령 그들이 전문직 종사자이거나 작은 기업체를 운영하고 있다 하더라도, 중산층은 그들보다 더 많은 권력을 가진 누군가가 지배하는 사회에 살고 있으며, 하루아침에 생계 수단을 잃을 수도 있습니다. 우리는 오늘날 미국에서 중산층들이 갑작스럽게 직장을 잃는 현상을 경험하고 있습니다.

마세도[1] 교수님 말씀이 맞습니다. 이 같은 경제적 지위 변동이 늘어날수록 중산층의 불안도 엄청나게 커질 테죠.

진[1] 한 가지 예를 들어보죠. 제가 살고 있는 동네에도 컴퓨터 산업에 종사하며 아주 높은 보수를 받던 세 사람이 있었는데, 어느 날 갑자기 그들 모두 직장을 잃었습니다. 직장에 다니는 동안

학교와 대량기만(Mass Deception) 조작

그들은 더 큰 집으로 이사했고, 많은 물건을 사들였으며, 자녀들을 사립학교에 보냈습니다. 너무도 갑작스럽게 그 중산층 가족은 이 계급사회 내에서 불안하고 불안정한 처지로 전락했습니다. 물론 이러한 일을 당했을 때 대처하는 방법을 교육하는 곳이 없는 것은 아닙니다. 이런 일을 실제로 하고 있는 교사들도 있고, 그런 교육은 얼마든지 시행될 수 있습니다. 하지만 대체로 주류 교육 체계에서는 학생들에게 계급사회에서 이루어지는 삶의 현실을 가르치지 않습니다. 젊은이들은 이 사회가 훌륭한 사회라고 생각하며 성장하고, 열심히 일하고 교육을 받으면 부와 성공을 거머쥘 수 있고, 또 언젠가는 학교에서 배운 그 이상을 이룰 수 있다는 호레이셔 앨저Horatio Alger(미국 아동문학 작가로 어떤 어려움에도 정직하고 노력만 한다면 성공할 수 있다는 아메리칸 드림을 담은 작품을 많이 썼다—옮긴이)의 신화가 여전히 활개치고 있습니다.

마세도 교수님께서 계급에 관해 언급하셨는데, 그 또한 제가 이 대담에서 좀더 자세히 다루어보고자 했던 주제입니다. 예전에 우리가 하버드 스퀘어에 있는 한 찻집에서 얘기를 나누고 있을 때, 교수님의 한 친구 분께서 노동자계급의 지성인으로서 교수님의 역할에 대한 문제를 제기했던 일이 떠오르는군요. 저는 당시 특히 교사를 양성하는 사범대 졸업생을 비롯하여 고등교육을 받은 절대다수의 사람들이 우리가 몸담고 있는 이 사회에 계급은 없다는 신화를 계속 퍼뜨리고 수용한다는 사실에 놀라지 않을 수 없었습니다.

저는 교수님의 '좌파가 된다는 것 : 계급의식을 가지고 자라나기'(이 책의 193~220쪽 참조)를 읽고 깊이 공감했습니다. 송년회가 벌어지는 동안 웨이터였던 아버지를 거드는 노동자계급의 자녀로 성장한다는 것이 어떤 것인지를 묘사한 교수님의 글에 큰 감동을 받았습니다. 부유층 참석자들이 파티를 즐기는 동안 교수님께서는 아버지가 테이블을 치우고 정리하는 일을 도와야 했지요. 노동계급 가족에게 그 잔치는 생활전선이었겠지만 노동자 계급의 삶을 경험해보지 못한 대다수의 파티 참석자는 그 차이를 알아채지 못했을 것입니다. 하지만 대다수 학교와 심지어는 노동자계급 출신 교사들조차도 계급 분석에 관한 논의 자체를 완전히 차단하기 위한 수단을 찾고 있으며, 종종 계급은 존재하지 않는다는 신화를 가르치기까지 합니다.

말하자면 무계급 사회라는 신화는 우리가 교육을 연구하는 과정 중에 재생산됩니다. 사이비 과학을 앞세운 교육학자들은 객관성이 훼손된다는 이유에서 계급이라는 변수를 절대 인정하지 않습니다. 교수님께서 이미 지적하셨듯이, 우리에게는 노동자계급이라는 것이, 가난하다는 것이, 또는 집이 없다는 것이 무엇을 뜻하는지 학생들이 경험하고 탐구하는 교육 상황을 굳이 만들어낼 필요가 없습니다. 왜냐하면 그런 교과과정은 내가 아닌 다른 누군가의 현실이기 때문입니다.

학교의 교육목표는 모든 사람을 똑같은 중산층 신화에 동화시키는 것입니다만, 대다수 노동자계급 출신의 학생들, 특히 유색인 학생들은 중산층의 생활을 결코 누리지 못할 것입니다. 거의 모든 노동자계급 출신 학생들이 학교에서 수업 중 다짐받은 약속에 배반당한다는 점에서 그것은 일종의 식민주의라고 할 수 있습니다. 기껏해야 세대마다 몇몇 학생들만이 학교가 약속한 계급 없는 사회라는 이상의 열매를 진정으로 맛볼 수 있습니다. 계급 동화를 맹목적으로 수용하도록 만드는 기제들은 식민 정권이 식민정책으로 일으킨 불균형과 비인간적인 조건들을 정당화하는 데 사용한 도구와 너무도 흡사합니다. 이런 맥락에서, 학교는 보통 이런 현실에 정당성과 적법성을 마련해주는 역할을 하지만, 만약 이런 과정이 아니었더라면 사람들은 현실을 비인간적이고 수탈적이며 압제적이라고 생각했을 것입니다.

미국에 계급이란 존재하지 않는다는 신화를 퍼뜨리는 일과 관련하여 교육이 담당하는 역할에 대해 제가 어떤 생각을 가지고 있느냐고 물으셨죠? 구체적으로 말씀드리지요. 저는 포르투갈 식민지였던 서부 아프리카의 카보베르데에서 미국으로 건너왔습니다. 그곳은 잔혹한 계급제도로 얼룩진 곳이었는데, 그것은 제가 아주 어릴 적부터 제 마음을 괴롭혔습니다.

1966년 미국으로 이주한 우리 가족은 매사추세츠 주 도체스터에 자리를 잡았습니다. 인종 문제가 이웃들 사이에 긴장감을 조성하기도 했지만, 사람들이 모두 같은 계급인 것처럼 보였기 때문에 저는 거의 자유를 얻은 듯한 안도감을 느꼈던 것으로 기억합니다. 저는 '맞아, 그 신화는 진실이야, 미국에는 계급이 존재하지 않아'라고 믿었지요.

하지만 제가 대학에 진학할 때까지 깨닫지 못했던 것은 도체스터에서 성장하며 한 번도 중간 또는 상위계급의 생활을 본 적이 없었다는 사실입니다. 제가 대학에 진학하고 나서 교수님들이 백인 중산층 거주 지역이었던 뉴턴과 브루클린 그리고 렉싱턴에 위치한 집으로 초대하기 전까지, 저는 미국에서 계급 간 격차를 경험하지 못했습니다. 제가 의식하지도 못한 채 노동자계급의 현실에 갇혀 있었기 때문에, 모든 사람이 계급적으로 평등하다고 일반화했던 거죠. 사실 제게는 현실을 달리 이해할 방법이 없었습니다. 분명 부유한 사람들이 있었습니다만, 우리는 모두 같으니까 그들이 별도의 계급에 속한다고 믿지 않았습니다. 우리 것이 더 값싼 것이긴 했지만, 어쨌든 모두가 텔레비전 수상기와 자동차를 가지고 있었으니까요. 그리고 제가 앞서 언급했던 것처럼, 저는 대학원에 진학해서야 미국 내 계급의 실상에 눈을 떴습니다. 체제의 실상이 무엇인지를 더 잘 알 만한 위치에 있는 교육자들마저도 계급 없는 사회라는 잘못된 개념을 계속해서 퍼뜨리는 거짓 교육에 동참하도록 만든다는 것이 참으로 놀랍습니다. 노동자계급 출신 학생들의 학교 부적응을 학문적으로 조작하여 결함이론 deficit theory(학교생활 실패의 원인을 개별 학습자의 정신이나 환경 때문으로 보는 이론—옮긴이)으로 정당화하고 그 같은 신화를 재생산하는 일이 노동자계급 출신 학생들에게 엄청난 해악을 끼치는데도 말입니다.

진 매우 흥미롭군요. 제가 받은 교육을 돌아보면, 계급 격차에 대해서는 전혀 언급하지 않았고, 초등교육에 사용되는 상징들은 당연히 우리 문화를 지배하는 상징들이었습니다. 깃발, 충성서약, 아메리카, 어휘, 언어 모두가 그랬지요. 그리고 늘 모두가 하나의 계급에 속한다는 식이었습니다. 설령 노동자계급 공동체에서 자라난다고 하더라도, 어떤 경로를 통하든 저 멀리 어딘가에 부유한 계급이 존재한다는 사실을 우리는 알고 있습니다. 신문에 난 사진이나 뉴스 화면을 통해 그들을 보게 되지요. 하지만 그들의 부와 자신의 빈곤 사이에 모종의 관계가 있다는 사실은 전혀 생각해보지 않아요. 또 그러한 사실에 대해 교육받지도 않습니다. 왜 어떤 사람들은 부자인데 어떤 사람들은 가난한지에 대해 묻지 않고, 또 그런 질문을 하라는 요구도 받은 적도 없습니다.

다시 말해서 사람들은 있는 그대로 받아들이도록 배웠고, 현실에 도전하는 것은 배우지 못했으며, 이 모든 것이 자연스러운 것이라고 믿도록 교육받았습니다. 자신이 이렇게 살고 있는 것도 자연스럽고 다른 누군가가 저렇게 사는 것도 자연스러운 것일 뿐 그런 현상에 대한 비판은 없습니다. 왜 이렇게 되었는가 하는 의문이나 달라질 수는 없는가 하는 질문을 아무도 갖거나 던지지 않습니다. 저는 크면서 세상이 달라질 수 있다고 생각해본 적이 한 번도 없었습니다. 심지어 그런 생각을 해보도록 지도받은 적도 없었습니다.

마세도 만약 누군가가 통념으로 지탱되는 이 '자연스러운' 질서 때문에 희생되었다는 느낌을 갖는다면, "그것은 바로 네 잘못이야……. 만약 네가 정말 열심히 일했다면, 다른 모든 사람들처럼 보상을 받았을 거야"라는 메시지를 받게 되지요.

진 그런 일은 초등학교에서부터 시작됩니다. 노동자계급의 일원으로 초등학교에서 중학교로, 다시 고등학교에 진학하는 동안 교육 체제는 미합중국의 헌법 제정자들과 헌법에 대해 가르쳤고, 미국혁명과 남북전쟁 그리고 위대한 대통령과 군 지도자들을 자랑스럽게 여기도록 교육했습니다. 제가 받은 교육은 현존하는 제도에 잘못된 것은 하나도 없다는 식이었습니다. 그리고 우리 역사에는 위대한 대통령과 전쟁 영웅 외에도 다른 의견을 가졌던 사람들, 체제에 저항했던 사람들도 존재했었다는 사실을 빼버린 채 교육받았습니다. 당연히 저는 독립전쟁 당시 조지 워싱턴이 지휘한 군 내부에 항명자들이 있었다는 사실이나 남북전쟁 중 징병자들이 일으킨 폭동의 계급적 성격에 대해 배운 적이 없습니다. 남부연방 내부에 계급 갈등이 있었다는 사실이나 빈민층이 남부연맹에서 이탈했었다는 사실, 남부연맹군 소속 병사의 아내들이 조지아에서 식량 곡물 대신 수익성 좋은 목화를 재배하는 농장주들에 대항해 폭동을 일으킨 사실에 대해서는 배운 적이 없습니다.

학교와 대량기만(Mass Deception) 조작

학교가 늘 남부연맹은 나쁘고 북군은 옳았다는 식으로 가르쳤기 때문이지요. 제가 받은 교육 어디에도 계급의식은 없었으며, 대학과 대학원에 이르기까지 줄곧 이런 식이었습니다. 다른 방식으로 살 수도 있다는 개념 자체가 없었어요. 그래서 제가 받은 교육은 일종의 마키아벨리주의 같은 것이었죠. 즉 학교는 상황이 이러하니 너는 실용적이고 현실적으로 굴어야 하며, 그저 현존하는 체제의 일부가 되라고 가르쳤습니다. 체제에 의문을 드러냈던 사람들에 대해서는 배워본 일이 없었기 때문에 체제에 의문을 품어야 하는 이유조차 모르는 것이죠. 무엇이 이러한 계급 격차를 일으켰는지에 관해 질문을 받아본 적도 없었기 때문에, 설령 자신의 처지를 이해하는 빈곤층 출신이라고 하더라도 사회 내 계급 분할을 큰 틀에서 조망해본 적이 없는 것입니다.

대다수 사람들은 이 나라의 어느 작은 지역에서 일생을 보내게 되고, 그곳이 알고 있는 세상의 전부가 됩니다. 그런데 사람들은 거기서 알게된 것들을 일반화하지 못하고, 이것이 왜 사회적이고 국가적인 현상인지를 이해하지 못합니다. 즉 이 문제를 좀더 큰 틀에서 바라보지 못하는 것입니다.

제가 받은 대학원까지의 교육과정 중 사회 내부에 존재하는 계급 갈등이나 계급투쟁에 대해 배워본 적이 있었는지를 기억해보려고 합니다. 넌지시 암시된 적은 있었습니다. 1894년 풀먼 파업 Pullman strike(미국 철도노동조합이 일으킨 파업—옮긴이)과 같은 특정한 노동쟁의에 대해 아주 기본적인 내용을 다루기는 합니다.

대통령 후보였던 유진 뎁스Eugene Debs가 그 쟁의와 관련이 있었기 때문에 학교에서 다루기는 하지만, 그 이상의 언급은 없습니다. 대통령 후보에 올랐던 사람이라면 그가 누구이든 간에 중요한 인물입니다. 왜냐하면 사회화되었다는 의미 중 하나가 바로 선거의 가치를 믿고, 자신이 가진 모든 시민적 역량을 선거에 쏟아붓기 때문입니다. 따라서 대통령직에 도전했던 사람은 중요한 사람이라는 생각으로 조금 더 많은 관심을 기울입니다. 하지만 미합중국의 저 위대한 노동쟁의들에 대해서는 대충 넘어가거나 완전히 무시됩니다.

사실 미국의 역사는 가장 극적인 노동투쟁의 순간들을 품고 있습니다. 서구 역사를 통틀어 가장 경이로운 이야기들 중 하나이지만, 그 역사는 제가 대학원까지 교육을 받는 동안 전혀 다뤄지지 않았습니다. 제 스스로가 단순한 노동자계급 출신이 아니라 당시 젊고 진보적인 노동자계급 출신으로서 (아시다시피 이런 요인들이 영향을 미칩니다) 그런 사건에 관심을 갖고 찾아나서지 않았더라면 그처럼 극적인 노동투쟁들에 대해 결코 배우지 못했을 것입니다. 저 역시 계급적 현실을 도외시하는 노동자계급 출신일 수도 있었지만 마르크스, 업턴 싱클레어, 잭 런던, 링컨 스티븐스 등을 섭렵한—책을 통해 다른 가능성을 본—젊은 노동자계급 구성원으로서 계급 갈등에 관해 개설된 과정이 있는지 찾아보았지만 그런 과정은 전혀 없었습니다. 그래서 스스로 찾아 나서게 되었지요.

뉴욕 대학 대학원생이었을 당시, 그토록 장엄했던 노동쟁의사를 다루는 과정은 아예 없었습니다. 하는 수 없이 저만을 위한 별도의 과정을 만들어야 했고, 제 요청을 기꺼이 수락해주신 조언자 한 분을 만날 수 있었습니다. 그렇게 해서 저는 미국 역사에 존재하는 위대한 노동쟁의들에 대한 연구를 이어갈 수 있었습니다. 하지만 교육 체제에서 아무런 도움도 받지 못했기 때문에 그 일을 혼자 꾸려나가야만 했습니다.

마세도 역사의 선택적 삭제로 귀결되는 이 같은 교과과정 통제는 미국은 모두가 평등하고 계급 없는 사회라는 잘못된 신화를 유포하고 재생산해가며 오늘날에도 계속되고 있습니다. 그런데 그 공백을 메우기 위한 노동운동의 실태, 특히 좌익 노동운동의 좌절은 역설적입니다. 그 이유는 지배 이데올로기에 봉사하는 가치를 재생산하는 교육 체제의 역할이 부분적으로는 백인 중산층에게 맡겨졌기 때문입니다. 왜 노동운동가나 좌익은 더 큰 영향력 행사를 위해 교육과 비판적 도구를 제공해줄 조건 창출에 나서지 않았던 것일까요? 학생들에게, 특히 대안적 사고방식에 목말라하는 학생들에게 새로운 정보에 접근하는 길을 왜 찾아주지 못했던 것일까요? 그 때문에 이런 일들이 우리가 성인이 되어서도 숙제로 남는 것이겠죠. 이를테면 저는 어젯밤에 교수님의 글을 읽고 교수님께서 박사과정을 마치고 나서야 콜럼버스에게서 사악한 범죄자의 모습을 발견했다는 것을 알게 되었습니다.

진 │ 그렇습니다.

마세도 │ 콜럼버스는 착하고 위대한 영웅이라는 신화는 계속 이어나가면서, 그가 저지른 잔혹 행위와 대량 학살은 외면한 채 역사를 공부하고 박사학위까지 받는 사실은 참 놀라운 일입니다. 대규모 노동쟁의와 그 같은 활동이 학교를 더 민주적이고, 좀더 개방적이며, 더 쉽게 다가서는 곳으로 만들지 못하는 그 괴리는 어디서 발생한다고 보십니까? 학교에 대한 영향력을 확보하는 데 실패한 노동운동에 대해 제가 무슨 말을 하고자 하는지 이해하시겠습니까?

진 │ 무슨 말씀을 하시고자 하는지 알 것 같습니다. 매우 까다로운 질문이군요. 왜냐하면 노동조합운동을 역사적으로 살펴보면, 1880년대와 1930년대에 걸쳐 미국의 가장 강력한 노동조합이었던 미국노동자연맹American Federation of Labor은 이러한 계급-지향적인 역사에 특별한 관심을 두지 않았기 때문입니다. 미국노동자연맹은 체제 내에서 성공한 숙련노동자들로 구성되었고, 그들은 자신들의 노동조건과 임금에 대해서만 관여하도록 매우 편협한 교육을 받았습니다. 자기가 속한 조합 이외에 외부 사람들 문제에는 무관심했고, 비숙련 노동자나 이민 노동자, 흑인 또는 여성 노동자들의 일에는 관여하지 않았지요. 그러니 미국노동자연맹 조합원들에게 계급-지향적인 교육이라는 개념은 아무런 의

학교와 대량기만(Mass Deception) 조작

미가 없었습니다. 왜냐하면 어떤 의미에서 그들은 더 큰 시각을 확보하지 못한 특정 귀족 노동자계급만을 대변하고 있었기 때문이지요.

물론 미국 역사에서 좀더 넓은 시각을 가진 노동조합이 없었던 것은 아닙니다. 세계산업노동자동맹IWW : Industrial Workers of the World을 꼽을 수 있겠군요. 하지만 세계산업노동자동맹도 미국 교육 체제로 파고들지는 못했고 아무런 영향도 끼칠 수 없었습니다. 제2차 세계대전이 끝나기 전까지 그리고 수백만의 노동자계급 출신 남성들이 제대군인원호법GI Bill(1944년 제2차 세계대전에 참전한 용사의 사회 복귀를 연방정부에서 지원하고자 마련된 법안―옮긴이)에 따라 교육 체제로 편입되기 전까지는 대다수 노동자들에게는 초등학교 졸업 이후 계속 교육을 받을 길은 막혀 있었습니다. 그 법안이 통과되어 모든 사람이 고등학교까지 다니게 된 후 어떤 일이 일어났는지는 교수님도 잘 알고 계실 것입니다. 노동자계급 출신 학생들은 보통 가장 열악한 학교에 배정되었습니다.

마세도 그랬었군요. 교수님께서는 제대군인원호법 덕에 공부를 계속할 수 있으셨는데 그렇다면 이것도 일종의 차별철폐정책이었습니까?

진 맞습니다. 하지만 교육 체제는 매우 제한된 체제였고, 세계산업노동자동맹은 교육계와 아무런 관련도 없었습니다. 세계

산업노동자동맹에 속한 사람 중에 독학으로 공부를 마친 사람도 있었겠지만 공교육계로 진출할 수는 없었습니다. 1930년대 산업별조합회의CIO : Congress of Industrial Organizations가 결성되자, 이 기구는 비숙련 노동자와 흑인 노동자 그리고 여성 노동자들을 조직화했고, 1930년대에는 자동차와 고무노조 등 대규모 작업장들을 조직화했습니다. 그때 처음으로 진보주의와 노동운동이 교육 이념과 결합했습니다. 몇몇 노동조합 중에서도 특히 1930년대 좌파 노동조합들이 교육계획을 수립했던 것이지요. 이들 노동조합에는 교육을 전담하는 담당자들이 있었고, 해운노동조합은 좌익 인사들이 중심이 되어 교육과정을 운영했습니다. 그 과정을 이끈 사람으로는 19세기 사회주의의 거두인 다니엘 드 레온Daniel De Leon의 큰아들과 그 뒤를 이은 좌익 역사 및 경제 저술가인 레오 휴버먼Leo Huberman이 있었습니다. 그들이 조합원들을 대상으로 교육과정을 꾸려나갔지요.

오늘날에도 그 흔적을 찾아볼 수 있습니다. 뉴욕 지역 보건노동조합(Local 1199)은 아직도 교육과 문화 프로그램을 운영합니다. 하지만 이 과정은 언제나 노동조합 내에 고립된 교육 체제였습니다. 그러므로 상대적으로 소수의 조합원들만이 교육 대상이었고, 결코 공교육체계로 진출하지는 못했습니다. 왜 그랬을까요?

마세도 ┃ 예, 아주 좋은 질문입니다.

진 왜 그랬을까? 저는 제도권 교육이 그러한 종류의 지식에 저항한다는 것 말고는 달리 설명할 방법이 없었기 때문에 그 문제를 피해왔습니다. 제 말씀은, 어떻게 노동운동이 학교에 영향을 미칠 수 있었겠습니까? 그런 일은 오직 제도권 교육 내부에 있는 사람들이 노동조합운동이 무엇을 하고 있는지를 보고, 이들의 교육과정을 살펴본 후, "아하, 저 부분을 우리 교육에 도입해야겠네요"라고 얘기할 때 비로소 가능한 일입니다.

하지만 그런 일은 불가능합니다. 언제나 제도권 교육은 변화를 원하지 않는 사람들, 미국의 계급제도를 드러내고 싶지 않은 사람들, 안전을 추구하는 사람들이 지배해왔습니다. 노동운동으로부터 조언을 받는 것은 학교 입장에서는 안전한 일이 될 수 없겠지요. 중산층 직장인들과 마찬가지로 제도권 교육 내에 있는 사람들은 자신들의 안정과 안전에 대해 매우 걱정스러워합니다. 그들은 자기 위에 군림하는 사람들에게 종속되어 있지요. 그들은 위계질서 최상위 구성원들이 아니기에 자신의 지위와 자신에게 일어날 일에 대해 불안해합니다. 그렇기 때문에 교육 체제 진출에 필요한 기준을 세워 운용하는 것이지요. 그들은 평지풍파를 일으키고 싶어하지 않으며, 주의를 끌고 싶어하지도 않습니다.

우리는 지금 하버드 대학 노동조합 프로그램 사무실에 앉아 있습니다. 노동조합 프로그램은 전국 곳곳의 조합 지도자들은 물론 심지어 다른 나라의 조합 지도자들을 한자리에 모이게 합니다. 그들은 8주 동안 온갖 주요 사안을 함께 논의합니다. 이것이 조합원들을 위한 진정한 교육입니다. 노동조합 프로그램은 조합원들을 불러 모으고, 노암 촘스키 교수를 모셔오고, 경제학자들을 초빙하며, 심지어 저도 불려갑니다. 노동조합주의자들에게 그 과정은 집중 교육과정인 것입니다. 그 과정은 하버드 대학과는 완전히 별개입니다. 하버드 대학 재학생들조차 이 과정의 존재를 모릅니다.

마세도 저도 오늘에서야 처음으로 이러한 과정이 있다는 사실을 알게 되었습니다. 하지만 하버드 대학이 이 과정을 비밀에 부치고 대다수 학생들이 그 존재조차도 모르고 있다는 사실은 그리 놀랍지 않군요. 다른 한편으로, 이 과정이 하버드 대학의 홍보 책자에서 볼 수 있는 학문의 자유와 개방성 그리고 하버드가 신봉하는 엄격한 탐구 정신의 신화를 선전하는 역할도 하지 않을까 생각됩니다.

진 그렇습니다. 교수님께서도 교육대학에 재직하셨던 적이 있지요. 우리가 면회도 금지된 감방 같은 곳에 다시 돌아와 있군요. 그리고 보니 지금까지 줄곧 이런 식이었네요. 교육계는 독자적인 세계로서 외부인이 들어오는 것을 원하지 않습니다. 이민 규정도 있지요. 교육계는 어떻게든 미국에서 성공하는 것이 유일한 목적인 사람들에게 거치적거리기만 할 사람들, 그 체제에 문제를 일으킬 사람들을 원하지 않습니다. 만약 평지풍파를 일으키

학교와 대량기만(Mass Deception) 조작

거나 체제를 비판하는 질문을 하면, 그들은 이런 상황에 대한 대비책이 없기 때문에 상황 자체를 용납하지 않을 것입니다.

마세도 교수님께서는 이런 형태의 교육적 길들이기가 앞서 제가 제기한 질문―왜 노동운동이 교육을 변화시키기 위해 교육계에 진출할 만큼 과감하지 못했는가라는 질문― 을 유발한 원인이 되었다고 보십니까? 그 운동 자체가 어쩌면 자본주의의 근본 원칙을 그다지 문제 삼으려 하지 않았다고 볼 수는 없을까요? 다시 말해서 노동운동이 자본주의 너머로 사회를 변화시키려는 의지도 없었고 애초부터 그러한 사회를 꿈꾸지도 않았습니다. 대신 노동운동은 노동자 다수가 형편이 나아지고, 그들의 노동으로 창출된 이익의 극히 일부를 확보하는 편협한 요구에 초점을 맞춰왔습니다. 노동운동은 결코 생산수단의 통제와 관련된 문제를 제기하려 하지 않았고, 소유권 문제를 논쟁에 부치거나 인종, 계급, 성 평등을 더 나은 방향으로 바꾸려 하지도 않았습니다. 이러한 도전은 정면으로, 그리고 즉각적으로 이루어졌어야 했지만 불행하게도 그런 일은 일어나지 않았습니다. 우선 사회주의 색채를 띤 모든 제안에 반감을 가졌던 노동운동 세력은 사실 한정된 문제의식을 뛰어넘어 사회정의와 평등을 끝까지 밀고 나아갈 젊은 진보주의자들을 길러내고 싶지 않았던 것입니다. 이 정도면 미국 노동운동의 편협성에 대한 설명이 될까요?

진 의문의 여지가 없습니다. 저는 그중 한쪽을 다루고 있습니다. 다시 말해서 여기 두 개의 실체가 있습니다. 여기 교육 체제가 있고, 그리고 여기에는 교수님 표현을 빌리자면, 노동운동에서 발견되는 계급-지향적인 세계관이 있습니다. 양쪽은 서로 조화를 이루지 못하고 있지요. 저는 교육 체제가 어떤 방식으로 계급-지향적 세계관에 대해 문을 닫아걸고 있는지에 대해서만 얘기해왔습니다. 하지만 교수님께서는 그 반대편에서 벌어지는 일에 대해, 그러니까 노동운동 자체가 편협한 시각을 견지해왔다는 것을 지적하신 거죠.

마세도 그것이 제 요지입니다. 한 가지 덧붙인다면, 어느 순간 노동운동은 (특히 다른 인종이나 이민족 노동자들은 제외해버렸으니 모든 노동자는 아니지만) 노동자들의 근로조건을 개선하고, 노동으로 창출된 이익에서 작은 몫을 확보하는 작은 개혁을 위한 투쟁을 제외하고는 모든 전망을 상실해버렸습니다. 노동운동 지도자들은 한 번도 생산수단을 실제로 통제하려는 시도를 하지 않았고 인종과 민족, 성과 신조를 떠나 모든 노동자를 위한 사회정의와 사회복지 문제를 제기하지도 않았습니다.

진 미국 내에서 노동운동은 그처럼 편협한 시각에 갇혀 있었습니다. 잘 아시겠지만 영국의 노동당은 적어도 스스로 사회주의 정당이라고 부르며 사회주의 이념을 수용했습니다. 다른 여러 나라에서도 노동조합운동은 사회주의, 반자본주의를 바탕으로 진보 노선을 채택하고 있습니다. 그들은 근본적인 비판을 제기합니다. 미국에서—20세기 초 세계산업노동자동맹이 활동한 짧은 기간과 소수 산업별조합회의 소속 노동조합을 제외하고는—노동운동의 일부는 1950년대에 이르러 괴멸되었다고도 할 수 있습니다. 매카시가 출현하고, 노동조합에서 공산주의자와 진보주의자들을 몰아내는 태프트-하틀리법Taft-Hartley Act이 공포된 냉전 기간 중 미국 노동조합운동은 체제와 영합하고 권력과 가까워지기 위해 스스로 좌익 성향의 지도자들을 몰아냈습니다. 그 시기에 노동조합운동은 더 큰 전망을 실현하고자 계급의식에 바탕을 둔 사회관을 가진 노동조합과 조합 지도자들을 제거하는 방향으로 전개되었습니다. 그러니까 단지 교육 체제가 만들어놓은 장애물뿐만 아니라 미국 노동조합운동의 한계도 문제가 된다는 얘기입니다.

물론 이러한 주장은 왜 미국의 노동조합운동이 다른 나라의 노동조합운동보다 편협한 전망을 갖게 되었느냐는 매우 어려운 문제를 제기합니다. 그에 대한 답변을 찾는다면 미국이 엄청난 부를 이용해 노동운동을 체제의 부역자로 만들 만큼 특권과 이익을 제공하여 노동계급 내 특정 집단을 매수할 수 있었고, 그리하여 노동조합은 더 넓은 시각을 제시해야 할 유인을 찾지 못했다는 것입니다. 왜냐하면 매수된 집단은 체제 내에서도 큰 문제가 없을 거라고 느꼈기 때문이지요. 그리고 실제로 그들 중 소수는 체제 내에서 잘해나가겠죠. 덧붙인다면 미국에 있는 노동조합운동은 언제나 노동자계급 중 소수만을 위해 존재해왔다는 사실입니다. 노동자계급의 노동조합 가입률이 높은 나라도 많습니다. 프랑스에서는 노동자의 80퍼센트가 노동조합에 가입해 있습니다. 미국은 노동조합 가입률이 30퍼센트를 넘어본 적이 없으며, 오늘날에는 10퍼센트 내지 12퍼센트까지 떨어졌습니다. 그러니까 미국에서는 노동조합운동의 전망 자체가 매우 어둡지요. 가장 진보적이라고 할 수 있는 노동자들, 노동자계급 중에서도 가장 진보적이고 통제하기 어려운 구성원들은 대체로 노동조합운동 바깥에 존재해왔고, 그런 상황은 오늘날에도 유지되고 있습니다.

마세도 ㅣ 막대한 자원과 재력 덕에 어느 정도 특권을 보장받은 (당근을 받아 챙겼다고도 할 수 있는) 체제 순응적인 노동자계급이 출현했습니다. 문제는 미국의 노동운동이 연계적 사고력을 상실했다는 것입니다. 이를테면 미국 사회의 높은 생활수준을 유지하기 위해 우리의 외교정책은 늘 저개발 국가의 노동자들을 수탈해왔지만, 미국 노동계는 수탈과 외교정책을 연계적으로 파악하지 못하고 있습니다. 다른 나라 노동자와 천연자원에 대한 착취는 미국 기업들이 자국 노동자들에게, 비록 제한적이기는 하지만 착취당한 나라 노동자들이 누릴 수 없는 특권을 어느 정도 마련해주었습니다. 미국의 높은 생활수준 유지 능력은 미국 노동자들이 체제내 신입회원으로 선발되는 효과를 지니며, 미국 노동자들은 어린이를 포함한 제3세계 노동자들에 대한 제국주의적 착취에 만족하

학교와 대량기만(Mass Deception) 조작

고 무관심해집니다. 만약 다른 한편에서 특정한 현실과 그 존재 이유를 더 잘 파악하기 위해 연계성(링키지^{linkage}. 1969년 미국의 정치학자 J. 로즈노우가 국내정치와 국제정치의 연계를 분석하기 위해 제창한 개념. 정치와 경제의 연계라는 의미로 사용되기도 한다―옮긴이)를 설정할 수 있는 비판적 도구들을 학교가 학생들에게 마련해 주었더라면, 고통받는 제3세계 사람들에 대해 미국 국민이 느끼는 만족감과 무관심의 정도가 상당히 달라졌을지도 모릅니다.

예를 들어보지요. 고등학교 교사 빌 비글로우 씨는 학생들이 축구공과 관련된 다양한 현실을 접하게 하고자 축구공을 이용해 국제관계학 수업을 진행한다고 합니다. 비글로우 씨는 낡아빠진 축구공을 보여주고 나서 글로 묘사하라는 과제로 수업을 시작합니다. 예상대로 학생들은 '당혹감에 이른 괴로움'을 감추지 못합니다. 한 학생의 말처럼, '그건 그냥 축구공일 뿐'이기 때문입니다. 학생들의 "글은 대체로 평범하거나 솔직하고 직설적인 묘사였습니다."[1] 학생들이 써낸 글은 공을 정확히 표현하고 있었지만, 순전히 눈앞에 보이는 공을 묘사하는 수준에서 벗어나지 못했고, "그 공과 연관된 심층적인 현실과의 연계성은 거의 찾아내지 못했습니다. 즉 광고와 소비지향적인 미국의 일상이 학생들로 하여금 '메이드 인 파키스탄'으로부터 그 공에 접근하는 것을 차단해버렸습니다."[2]

비글로우 선생은 학생들에게 "'그냥 축구공일 뿐인 것'에 감추어진 인간의 삶을" 생각해보기 권했습니다. "지금까지는 가려져 있던 자신의 손으로 직접 그 공을 만든 파키스탄 사람에 대한 실마리였던 셈이지요."[3]

연계성(링키지) 만들기의 중요성을 잘 알고 있는 비글로우 씨는 학생들이 그 축구공에 숨어 있는 좀더 깊은 의미를 알아내도록 베르톨트 브레히트의 시 〈노동자, 역사를 읽다*A Worker Reads History*〉를 들려주었습니다.

승리로 장식된 페이지마다
누구의 희생 위에, 승리의 축하연이 벌어지는가?
10년마다 등장하는 영웅을 위해,
누가 그 대가를 치르는가?

비글로우 씨는 브레히트의 시를 인용해 정치적 선명성이 교육을 정치화하고 교육 효과를 떨어뜨린다는 비판을 피해나갑니다. 누가 브레히트 작품을 읽는 것을 두고 교육 효과가 떨어진다고 주장할 수 있겠습니까? 시를 읽고 난 다음, 비글로우 선생은 학생들에게 그 축구공에 대한 '다시 보기'를 주문합니다.

학생들의 질문이 쏟아집니다. 누가 이 축구공을 만들었죠? 축구공을 다 만들고 그 사람들은 어떻게 되었나요? 사라라는 이름의 학생은 이런 글을 남겼습니다.

나는 이런 모양의 가죽을 꿰맨다. 바늘로 내 손을 찔렀다. 조금 아프긴 했지만, 내 손가락은 굳은살로 덮여 있다. 나는 매일 5센트를 받고 축구공을 만들지만, 내 친구들과 나는 한 번도 축구를 해본 적이 없다. 나는 즐거움이 가득한 다른 어느 곳으로 이 공들을 보내기 위해 하루 종일 꿰매고 또 꿰맨다. 이곳에는 고된 일상만이 가득하다.[4]

공이 가진 성질을 정확하게 기술하는 데 치중한 먼저 글과 축구공에 담긴 착취와 고통의 세계를 깊이 있게 읽어낸 사라의 글을 비교해보면 정치적 선명성이 이해의 폭을 넓혀줄 뿐만 아니라 글쓰기 능력을 질적으로 향상시켜준다는 것을 보여줍니다. 자신이 누리고 있는 특권이 다른 사람의 땀과 고통에 따른 것임을 깨닫는 순간, 사라는 모든 형태의 억압과 착취에 반대하는 행동을 실천하는 데 꼭 필요한 공감하는 능력을 키워가게 됩니다.

빌 비글로우 선생의 수업은 얼마든지 더 나은 세상을 상상할 수 있으며, 단순히 공식화된 신화와 이념의 주입 대상이 아닌 학생 스스로가 비판의 주체가 되는 새로운 교육 구조의 가능성을 보여줍니다. 그렇다면 미국 학교와 노동조합이 자본주의에 내재된 그 수탈적 본성을 드러내는 데 필요한 연계성을 밝히는 일에 소홀했던 것은 우연이 아니며, 또 악의가 없다고 할 수도 없습니다. 세상에 대한 이해의 폭을 넓혀주는 연계성 발견의 비판적 도구가 발달하면 미국의 제국주의 성격은 자연히 밝혀질 것입니다. 비록 이라크 침공 이후 언론에서는 제국주의를 국가의 목표인 양 다루지만, 대다수 국민들은 여전히 그 결과와 영향에 관심을 두지 않습니다.

진 노동조합운동이 다른 나라와의 연계성을 발견하지 못한다는 말씀은 사실이며 교육계의 현실은 더 심각합니다. 하지만 노동조합운동은 세계화 문제와 관련하여 작은 성공을 거두기 시작했습니다. 우리가 처음으로 그 같은 성공을 거두게 된 배경에는 자신들이 겪고 있는 일을 국내 문제로 바라보던 노동자들이 미국과 외국인 노동자들 사이에 존재하는 연계성을 발견했기 때문입니다. 멕시코의 예를 들면, 자유무역협정이 멕시코와 미국 노동자들 모두에게 해롭다는 것을 경험하고 나서 그것이 연대의 씨앗이 되었습니다.

이제 우리는 지구촌 어디에서나 그 같은 움직임이 있다는 것을 알고 있습니다. 경제 강대국의 세계화가 진전되면서 저항의 세계화도 이루어지고, 이제는 브라질의 포르투알레그레와 워싱턴 주 시애틀에서 열린 세계사회포럼World Social Forum 같은 국제 행사도 열리고 있습니다. 물론 이러한 저항의 세계화에 참여하는 사람들은 아직 소수에 불과하지만, 이곳에서 벌어지는 계급 착취와 다른 나라에서 벌어지는 계급 착취의 연계성을 의식한 것이지요.

하지만 교육계는 아직 그런 수준에도 미치지 못했습니다. 앞서 저는 미국 교육 체제가 미국 내에 존재하는 계급에 대한 논의를 공론화하지 못했다고 말씀드렸는데, 이보다 더 지독하고 사악한 실패는 미국과 다른 나라들과의 관계를 이해하지 못한 것이 아닐

까 생각합니다. 다시 말해 미국 외교정책에 대한 몰이해가 미국 교육제도의 가장 큰 실패라는 거죠. 그리고 교수님께서 지적하신 것처럼 그것이 아무리 사소한 혜택이라 할지라도 미국인이 받는 혜택과 다른 나라 노동자들의 희생 사이에 있는 연관성 그리고 W. E. B. 뒤부아가…….

마세도 그분은 문제를 최초로 제기한 미국 지성인들 중 한 분입니다. 그 덕분에 아프리카로 망명을 고려해야 할 만큼 심한 고초를 겪었지요. 교조주의적 보상 체계는 이견이나 비판을 용납하지 않습니다. 이견을 갖거나 특히 자본주의를 비판하는 경우 반드시 값비싼 대가를 치러야 합니다. 마틴 루터 킹 주니어처럼 그 대가는 목숨이 되기도 하지요.

9·11 공격이 있고 나서 반대 의견자들의 입을 막기 위한 수단인 교조주의적 보상 제도의 효과가 어느 정도인지 알 수 있었습니다. 그 사건을 계기로 미국 내 정치에 반대하는 세력과 비판 세력이 무너져버렸습니다. 부시 행정부의 대이라크 전쟁 정책에 대한 비판은 미국인답지 않은 것으로 비춰졌습니다. 야당인 민주당의원들을 비롯해 모든 국회의원들은 대통령을 비판하는 행위가 다음 의원선거에서 낙선할 가능성만 높인다는 사실을 잘 알고 있습니다. 그 때문에 의회는 부유층에게만 혜택이 돌아간다는 세금감면안을 포함하여 모든 보수적 안건을 재가하는 거수기로 전락해버렸고, 그러는 동안 공화당과 민주당의 차별성은 사라져버렸습니다.

진 맞는 말씀입니다. W. E. B. 뒤부아는 그 문제를 제기했지만 불행하게도 지금 우리 의회에는 뒤부아 같은 의원이 없습니다. 또한 흑인 지식인이 그 같은 문제를 공론화하는 것은 어쩌면 당연한 일이지요. 미국에서 흑백 관계는 미국인과 다른 나라 국민들 관계의 축소판입니다. 왜냐하면 일부 백인 노동자들이 이 나라에 거주하는 흑인들을 착취하여 득을 보았고, 뒤부아는 그러한 연관성을 인식했던 것이죠. 하지만 우리 교육 체제는 미국 대외 정책에 대해서는 아무것도 가르치지 않습니다. 미국 대외 정책을 비판적으로 바라볼 만한 것은 전혀 알려주지 않아요. 무슨 말이냐하면, 대학원에서조차 계속되는 외교정책에 대한 교육 내용은 한마디로 이 세계에서 미국은 줄곧 선한 세력이었다는 것입니다. 그것이 기본 틀이지요. 몇몇은 기본 틀에서 벗어난 예외일 수 있는데…….

마세도 그 같은 일괄적인 기술은 시간이 지나면 과실을 호도하는데 이용되지요. 맥나마라가 베트남 전쟁을 실수로 규정한 데에서 볼 수 있듯이 말입니다. 맥나마라와 다른 강경론자들은 그들의 '실수' 가 범죄행위였음을 절대 인정하지 않습니다. 국제법 위반과 베트남에서 자행된 미라이 학살처럼 인류에 대한 명백한 범죄행위들을 인정하지 않고, 이 같은 범죄에 가담한 자들도 거의 처벌받지 않습니다. 전쟁광들과 정책 입안자들은 그들이 '깡패 국가' 로 분류한 국가의 반인류 범죄나 국제법 위반 사례는 잘

학교와 대량기만(Mass Deception) 조작

도 찾아냅니다. 그들은 아무런 거리낌 없이 엄격한 법 적용을 요구하기도 합니다. 사실 그들은 미국의 파나마 침공 때 노리에가 Noriega (파나마의 군인이자 정치가. 1989년 12월 미국의 파나마 침공으로 군부정권이 전복되자 1990년 1월 미군에 투항했다. 미국으로 압송되어 미국 내 마약 밀반입 혐의로 재판에 회부되었고, 1992년 7월 종신형을 선고받았다―옮긴이)한테 했던 것처럼, 미국이 이들 '깡패 국가'들을 공격해서 그 범죄자들을 법정에 세울 것을 권고하는지도 모르는 일입니다. 노리에가는 미국이 키운 살인 청부업자이자 마약상임에도 미중앙정보국은 수년간 그를 보호하며 돈을 지원했었다는 사실을 전혀 모른다는 듯 행동합니다.

진 │ 바로 보셨습니다. 맞는 말씀입니다. 교수님께서도 들으셨는지 모르겠습니다만, 사실 저는 맥나마라에 관한 영화를 만든 사람을 인터뷰한 내용을 들은 일이 있습니다. 질문자가 그 영화 제작자에게 "맥나마라 씨에게 베트남 전쟁에 대해 물어보셨습니까?"라고 물었습니다. 그러니까 그 영화 제작자가 "맥나마라 씨가 거기에는 약간의 실수가 있었다고 인정하더군요"라고 말했다고 합니다. 보다시피 모든 것이 실수에 불과하며, 체제에 내재되었다거나 모든 정책에 지속적인 영향을 미치는 문제는 아니라는 주장입니다.

그러나 미국의 외교정책을 비판적으로 검증해본 적이 없습니다. 특히 라틴아메리카에 대한 교육이 빠져 있다는 사실은 이 상황을 명백히 보여줍니다. 저 역시 대학원을 마칠 때까지 이에 대해 생각조차 못해봤습니다. 라틴아메리카에 대해 배운 바가 없다는 사실을 전혀 의식하지 못했습니다. 역사 전공자들은 영국사에 관한 1년짜리 과정을 반드시 이수해야 하지만, 미국과 라틴아메리카 관계에 관한 과정은 필수 과정과 선택 과정을 막론하고 전혀 개설되지 않았습니다. 주변에 흑인 학생들이 있으니 최초의 흑인 공화국인 아이티에 관한 질문이 있을 거라고 흔히 생각합니다만 절대 그렇지 않습니다. 4년제 흑인 대학을 졸업했어도 아이티가 있는지조차 모릅니다.

마세도 하지만 놀랄 만한 일이 아닙니다. 이 국가들은 이타적이면서도 위험스럽기 짝이 없는 주권의식과 사회정의 그리고 민주주의의 이상에 대한 열망이 자리 잡지 못하도록 미국이 때때로 침략하는 바나나 공화국(바나나 따위의 한정된 농업에 의존하며, 정치적으로 불안정한 약소국을 일컫는 용어—옮긴이)에 지나지 않기 때문이지요.

미국 학교에 라틴아메리카에 대한 교과과정이 없는 것과 관련해 아메리카훈련소에 대한 분석은 그 어디에서도 찾을 수 없습니다. 만약 테러리스트 단체 구성 요건에 대한 부시 대통령의 잣대를 놓고 본다면, 그 훈련소는 라틴아메리카의 가장 흉악한 살인마와 범죄자들에게 엘살바도르에서 자행된 예수회 신부 학살 사건과 같은 극악무도한 범죄를 (대부분 민간인인) 자국민을 대상으

학교와 대량기만(Mass Deception) 조작

로 저지르도록 훈련시키는 오사마 빈 라덴의 테러리스트 양성소와 별반 다르지 않은 기관으로 분류될 것입니다. 하지만 이들 살인마들이 우리 편이기 때문에 (행정부나 언론이 이 범죄자들을 결코 이런 식으로 묘사하지는 않습니다. 하지만 레이건 전 대통령이 이들을 자유의 투사라고 일컬은 사실이 있기는 합니다) 그들은 그들이 저지른 범죄와 잔학 행위로 처벌받지 않을 뿐만 아니라 종종 보상을 받기도 합니다.

예를 들어 엘살바도르에서 암살단을 조직하고 지원한 로베르토 다우비손Roberto D'Aubuisson은 오스카 로메로 주교 암살을 배후에서 조종하고 예수회 신부 학살에 관여했지만, 의회에서 노스캐롤라이나 주 전 상원의원인 제시 헬름스Jesse Helms(5선 상원의원. 반공주의자이자 반동성애주의자로서 상원 외교위원장으로 활동했다. 미국의 강경 보수, 군사패권주의 외교의 주역으로 알려져 있다―옮긴이)로부터 극진한 환대를 받았습니다. 만일 쿠바나 그와 비슷한 다른 나라가 알카에다 고위 공직자를 초대했다면, 미국이 어떤 반응을 보였을지 상상이 가십니까?

레이건이나 부시 행정부 모두 극우 정치 세력과 암살단을 지원하며 엘살바도르 내전에 깊이 관여했다는 사실은 공공연한 비밀이었습니다. 미국의 지원을 등에 업은 암살단은 주로 민간인을 대상으로 온갖 야만스런 잔학 행위를 저질렀지요. 엘살바도르 내전으로 희생자가 약 30만에 이릅니다. 이 같은 부당하고 잔혹한 전쟁을 지원한 미국의 행위는 그 희생자와 가족들의 입장에서 볼 때 뉴욕을 그악스러운 비극으로 몰아넣은 9 · 11 테러리즘과 다를 바 없습니다.

진 ¦ 그렇기는 합니다만 사람들은 그러한 사실을 전혀 모릅니다. 미국인들은 대학을 졸업하고도 에콰도르가 어디 있는지, 혹은 과테말라가 서반구에 있는지 아니면 아프리카에 있는지도 구분하지 못합니다. 전혀 모릅니다. 우리가 다른 나라에 어떤 짓을 저질렀는지 알지 못하는 미국인들을 대를 이어가며 교육 체제가 양산해내는 것이죠. 물론 앞으로도 계속될 테고요.

교육 체제에 대해 나쁜 점만 얘기해왔으니 지금까지 한 번도 언급한 적이 없는 이야기를 해보죠. 1960년대부터 좀더 넓은 사회관을 가진 몇몇 사람들이 교육계로 진출하여 라틴아메리카에 관해 가르치기 시작했고―아마 중앙아메리카에 살았던 적이 있고 그 지역에 대해 진보적인 관점을 견지하며 웰즐리 같은 유명한 대학에서 강의했던 분에 대해 들어보셨으리라 믿습니다만―아프리카에 대한 연구 과정도 개설되었습니다. 그 덕분에 우리 교육계에는, 고등학교 교과과정에도 도입되었는지는 잘 모르겠으나, 적어도 대학 과정에서는 미국의 대외 정책에 대해 비판적인 내용을 가르치는 교육자들을 확보하게 되었습니다. 하지만 현실은 어떤가요? 그렇지 못합니다. 미국인들은 이런 공부를 하지 않기 때문에 대외 정책에 관한 정부의 말을 아무런 비판 없이 받아들입니다.

학교와 대량기만(Mass Deception) 조작

마세도 하지만 그들은 자신의 견해에 반대되는 증거가 나오더라도 이 같은 짓을 계속합니다. 정말 놀라운 일이죠. 지난 번 우리가 만났을 때, 부시 대통령이 이라크가 9·11과 관련이 있다는 주장을 부인하고, 또 전 세계 정보기관 역시 같은 결론을 내렸는데도 아직까지 이라크가 9·11과 모종의 연관이 있다고 믿는 대학생들이 60퍼센트가 넘는다는 사실에 대해 대화를 나누었습니다. 이는 한편으로는 정치선전국가의 위력을 보여주는 동시에, 다른 한편으로는 정치선동기제를 견제할 비판적 사고에 대한 교육이 전혀 없다는 사실을 보여줍니다. 정말 위험한 일이 아닐 수 없습니다. 이는 우리가 열망하는 민주주의 이념에 비춰볼 때 결코 좋은 징조가 아닙니다. 학생들이 교조주의 체제의 진군 명령에 기꺼이 복종하는 자동인형이 되었을 정도로 길들여 있다는 것을 보여줍니다.

진 저는 대학생의 60퍼센트가 알카에다와 이라크 사이의 연관성을 굳게 믿는다는 건 그다지 놀랄 만한 일이 아니라고 생각합니다. 왜냐하면 그들은 정부의 말을 비판하고 곱씹어보는 교육을 한 번도 받아보지 못했으니까요. 그렇기 때문에 사람들은 정부가 진실이라고 주장하거나 암시하거나 또는 조작해낸 내용을 듣고 또 들은 상태에서 정작 대통령이 그 내용을 부정한다고 하더라도 이미 산을 이룬 거짓말을 알아채지 못합니다. 물론 제가 좀 잘 고무되는 편이라 혹자는 저를 두고 고무되는 데 목말라 있다고도 놀리지만―제가 볼 때는 대학 교육을 받은 사람 중 겨우 60퍼센트만이 그 말을 믿는다는 것은 상당히 희망적입니다. 왜냐하면 그들이 받아온 교육을 고려하면, 95퍼센트는 되어야 정상이거든요. 그러니까 이 나라에는 그 같은 교육 체제와 선전 체제에도 상당수 미국인들에게 영향을 미치는 대항 네트워크가 존재한다는 것입니다. 그리고 그것이 어느 정도는 희망의 씨앗이 됩니다. 현존하는 통제망을 뚫고 나가는 가능성을 보여주니까요.

사실 우리는 베트남 전쟁 기간 중에 이미 그러한 가능성을 경험한 바 있습니다. 베트남 전쟁 기간 중 교육 체제는 당연히 학생들에게 베트남에 관한 어떠한 정보도, 어떠한 배경 지식도 제공하지 않았으니까요. 베트남이 어디 있는지 전혀 몰라도 대학 졸업장을 받는 데 아무 지장도 없었고…….

마세도 미국의 대베트남 정책이 얼마만큼 잔혹하고 폭력적이었는지 전혀 짐작도 할 수 없었지요.

진 게다가 우리의 대베트남 정책에 대해서는 전혀 몰랐습니다. 그리고 그 결과가 어떠했냐 하면, 베트남 전쟁 초기에는 미국인 3분의 2가 전쟁을 지지했는데, 몇 년이 지나고 나서는 3분의 2가 전쟁에 반대했어요. 그 사이에 누가 그 같은 변화를 일으킨 걸까요? 정부도 아니고 언론도 아니었습니다. 그 사이에 일어난 변화는 제가 지하 네트워크라 부르는 대항문화, 지하 신문, 라디오 방송 공동체, 토론 집회teach-ins (교수와 학생들이 사회 항의를 놓고 열띤 토론을 하는 집회—옮긴이), (비록 그들에게 제대로 된 의사 전달 수단은 없었지만) 정치 집회들이 일궈낸 결과였습니다. 진실의 힘은 너무도 강해서 정부와 언론선전기제를 극복하고 다수의 미국인들에게 다가갈 수 있었습니다. 제가 말하려는 것은 교육 체제가 훌륭해서가 아니라는 것입니다. 우리가 보완책으로 토론 집회를 필요로 했다는 사실이 바로 그 증거지요.

1960년대에 또 무엇이 탄생했지요? 토론 집회뿐만 아니라 학교 내에 작은 대안학교들도 생겨났습니다. 학생들이 정규 수업시간에는 세상 돌아가는 정보를 얻을 수 없었기 때문에, 그에 대해 학생이 학생을 가르치는—자발적 교육과정, 정규 과목 외 교육과정—교육과정이 학생들 손으로 만들어졌습니다.

마세도 교수님께서는 적어도 대학 교육에서는 윤리 연구, 여성학, 미국 흑인 연구 등에서 나타나는 대항문화와 이런 변화가 좀더 다원화된 다문화 사회를 만드는 데 매우 바람직하다고 말씀하셨습니다. 저 역시 그 말씀에 공감합니다. 그런데 대학의 이런 변화는 여성론자들이 가부장제에 이의를 제기했던 것처럼 종종 교조주의 체제 자체를 문제 삼기 때문에 공격을 받기도 합니다. 실제로 그 같은 반발이 있었습니다. 예를 들면 제가 교편을 잡고 있는 매사추세츠 대학의 공공 및 지역 서비스 칼리지CPCS : College of Public and Community Services는 공동체 지향적이며 매우 진보적인 교양학부 과정입니다. 하지만 늘 수강생이 적다는 이유로 대학 경영진으로부터 지원을 중단하겠다는 공격을 받았습니다.

이제 신입생 모집에 필요한 충분한 지원을 받지 못하는 CPCS는 결국 사라져버리겠지요. 1960년대 시대적 이념을 바탕으로 한 CPCS와 이 대학이 신봉하는 민주주의적 가치를 혐오하는 대학의 한 고위 경영진은 CPCS의 문제를 "그 과정이 1960년대식 사회정의에 고착되어 있는 반면 학생들 관심은 취업"이라고 평한 적이 있습니다. 이는 사회정의라는 민주주의 이념에 기반을 둔 미국 사회에서 사회정의는 이제 뭔가 시대에 뒤떨어지고 한물갔다는 말과 같습니다. 만약 CPCS가 끝까지 그 과정을 존속시키고자 한다면 록스베리와 도체스터처럼 경제적으로 침체된 보스턴 인근에 있는 다른 지역의 저소득층에게 닥친 노숙자 문제, 빈민을 위한 주택 공급 문제 그리고 그 밖의 다른 사회문제를 다루는 지역공동체 프로그램을 폐쇄하고, 그 학교가 표방하는 사회정의에 대한 기본 방침마저 포기해야 하는 상황에 처할 것입니다.

억압받는 보스턴 및 인근 지역 주민들의 사회정의 실현을 최우선 목표로 설립된 도심 지역 공교육기관의 운영을 책임지는 교육자 또는 교육행정가가 사회정의를 한물간 것으로 생각한다는 건 정말 놀랄 만한 일입니다. 무서운 일이지만 그것이 현실입니다. 그렇기 때문에 한편으로는 희망을 품지만, 다른 한편으로는 차별 없고 정의로운 세계를 꿈꾸는 우리 앞에는 아직도 해결해야 할 어려움이 많다는 것 또한 사실입니다.

학교와 대량기만(Mass Deception) 조작

진 │ 교수님께서 말씀하신 것처럼, 비록 우리가 도전에 직면해 있지만 여전히 변화의 가능성을 믿고 희망을 잃지 않는 것이 중요합니다.

마세도 │ 수년 전 뉴욕에서 파울루 프레이리^{Paulo Freire}(1921~1997. 교육의 궁극 목표는 인간 해방이라고 본 브라질의 교육사상가—옮긴이)에게 던졌던 또 다른 역설에 관한 질문을 교수님께도 드리고 싶습니다. 미국은 세계에서 가장 부유한 나라 중 하나입니다. 미국은 공교육과 사교육 모든 분야에서 가장 많은 교육 자원을 보유하고 있고, 투자되는 돈이나 학과 수나 그 수준에서 어떤 나라와 비교하더라도 최고 수준의 교사 양성 과정을 운영하고 있습니다. 하지만 뉴욕의 사례에서 볼 수 있듯이 엄청난 교육 실패를 경험하고 있습니다.

프레이리 선생께 다음과 같이 질문했습니다. 그 모든 재원과 교육 교재 및 기술적 진보, 그 모든 훈련의 결과가 고작 엄청난 교육적 실패라는 것, 특히 납득할 수 없을 만큼 높은 중퇴율을 기록하는 소수 인종 학생들에 대한 교육 실패를 어떻게 이해해야 할까요?

프레이리 선생은 알듯 모를 듯한 미소를 지으며 이렇게 말했습니다. "도날도 선생, 그렇게 순진해서야. 선생께서 실패라고 부르는 그것이 바로 이 체제가 본래 달성하고자 하는 목표입니다. 이 체제는 애당초 실패하는 사람들을 교육시키고자 만들어진 게 아니었으니까요." 그리곤 제게 물었습니다. "실패하는 사람들이 누구지요? 흑인들, 백인 노동자들, 소수 민족들, 이민자들입니다."

저는 그런 관점에서는 한 번도 생각해보지 않았습니다. 우리가 실패라고 본 문제는 실제로는 정반대였습니다. 우리의 고민거리는 곧 체제의 승리였고, 저는 최근 이 문제에 대해 생각을 많이 해보았습니다. 엄청난 실패를 거듭하는 이 체제를 유지하기 위해 수백만 달러의 예산을 쏟아 붓는 뉴욕을 예로 들어보죠. 우리는 교육 분야에서 명백한 실패를 인정하고 있습니다만, 만일 그 같은 실패가 보건 분야에서 발생했다고 가정해봅시다. 사회가 결코 가만있지 않겠죠. 예를 들어《보스턴글로브》가 일면 기사로 매사추세츠 병원에 입원한 환자 중 50퍼센트가 사망했다는 사실을 폭로했다면 행정가, 정치인 그리고 사회 전체가 전문가들로 하여금 그 문제를 조사하도록 했을 것입니다. 매사추세츠 종합병원은 찾는 이가 없어 문을 닫아야 하겠죠. 하지만 우리는 실패를 거듭하는 교육체계 유지를 위해 수십억 달러를 기꺼이 내지만, 아무도 문제 삼지 않습니다. 보스턴의 백인 중산층 학생들이 지역 내 공립학교에 다니지 않는다는 사실은 그리 놀랄 만한 일도 아닙니다. 제 말의 요지를 이해하시겠습니까?

진 이해합니다. 물론 고위층 인사들은 교수님이 가정한 상황에서 공중보건 문제에만 관심을 기울이겠죠. 왜냐하면 더 많은 사회 구성원들이 그 같이 극단적인 보건 정책에 실패를 용서하지

학교와 대량기만(Mass Deception) 조작

않을 테니까요. 그런데 궁금한 점은 그 사회 구성원들이 교육 체제에 대해서는 왜 그토록 관대한 것일까요?

마세도 그 이유는 교육 체제의 희생자들이 애초부터 교육을 받지 말았어야 할 존재이기 때문입니다. 지배계급은 역효과를 내는 교육과정에 결코 자신의 자녀를 맡기지 않겠죠. 그렇기 때문에 그들은 많은 돈을 내고 자녀들을 사립학교에 보내고, 도심 지역에 있는 학교들이 대체로 유색인종인 하층계급 학생들을 억류하는 장소로 전락해도 불만을 제기하지 않는 것입니다. 지배계급은 가난한 도심 지역 학생들에게 그들 표현대로라면 '돈을 허비하는 일'은 인정하지 못하면서 (보스턴 공립학교는 한 학생당 연간 약 8,000달러를 지출합니다) 어린 나이에 '학교에서 낙오한 학생들' 상당수를 감옥에 가두어두기 위해 해마다 약 3만 달러를 지출하는 데 대해서는 별다른 신경을 쓰지 않습니다. 어쩌면 그들은 2000년 대통령 선거 당시 플로리다에서 흑인 유권자 수만 명이 부당하게 선거권을 박탈당했던 것처럼, 여러 흑인 및 소수 민족 유권자들이 선거권을 행사하지 못하도록 수감자 일인당 3만 달러가 들어도 수지맞는 투자라고 생각할지도 모릅니다. 감옥은 비용은 더 들지만, 손쉽게 목적을 달성할 수 있으니까요.

진 바로 그렇습니다. 체제의 희생자들은 그 체제에 저항할 자원이나 수단이 없기 때문에 악순환이 되풀이됩니다. 그들의 저항은 다른 형태를 띠기도 하죠. 즉 그들은 거리로 뛰쳐나와 그 사회에서 원하지 않는 존재가 되어 감옥에 수감되는 200만 중 하나가 되거나 노숙자가 됩니다. 그리고 그들은 조직화된 세력으로 성장하지 못합니다. 저항과 항의에 필요한 자원을 가진 사람들은 체제 내에서 성공한 자녀를 둔 사람들입니다. 따라서 그 같은 현상은 교육뿐만 아니라 경제 분야에서도 심각한 문제로 나타납니다. 경제적으로 가장 큰 희생을 치르는 사람들은 저항 수단조차 없는 사람들, 즉 의료보험 혜택도 받지 못하는 4,000만 명에 이르는 사람들이며, 실직자들과 이 나라 빈민가에서 평생을 살아가는 사람들입니다. 물론 1960년대 흑인 폭동과 같이 불만이 표출되기도 합니다. 간간히 그와 유사한 일이 발생하지요. 체제는 그런 사람들을 격리시키고, 보이지 않는 곳에 가두어버립니다.

결국 문제는 어떤 조건이 마련되어야 이러한 악순환이 끝날 수 있느냐는 것입니다. 체제 내에서 성공한 사람들은 스스로 진정한 성공을 거둔 것이 아니며 그들도 체제의 피해자라는 사실과 중산층의 안정을 저해하는 최하층이 존재한다는 사실을 일깨워주면 될까요? 언제 어떤 식으로 그러한 놀랄 만한 진전이 있을 거라고 말하기는 매우 어렵습니다. 왜냐하면 이 체제는 일종의 자기 영속적인 체제이며, 체제 내에서 성공한다고 믿는 사람들은 스스로 사실은 그렇지 않다는 걸 알아야 합니다. 그러려면 자신이 거둔 성공은 본래 자신을 불안정하게 만드는 체제 안에서 이룬 불안정한 성공일 뿐이라는 것을 깨달아야 하는데 이는 좀처럼 풀기 어렵

학교와 대량기만(Mass Deception) 조작

고 넘어서기 힘든 위기가 있어야 합니다. 그런데 제게는 그 같은 종류의 자기 영속적 악순환을 끊을 만한 해답이 없습니다.

마세도 저는 대체로 교육이 그 같은 자기 영속적 체제를 직접 선전하고 지지하고 유지한다고 생각합니다. 이는 하버드 스퀘어의 어느 찻집에서 교수님의 친구 분이 제기한 그 문제를 다시 떠올리게 합니다.

어느 논문에서 교수님께서 제기하신 것처럼, 노동자계급 출신으로 온갖 빈곤과 굴욕과 소외를 겪으며 자라난 뒤에 학계에서 여전히 노동자계급의 입장을 고수한다는 일이 가능할까요? 저는 노동자계급 출신으로 '출세와 성공'을 거둔 후 마치 체제가 정당하고 정상적으로 돌아가는 것인 양 행동하는 사람들을 많이 보았습니다.

교수님의 친구이기도 한 제 벗 헨리 지루Henry Giroux(미국의 문화비평가, 교육비평가—옮긴이)가 보스턴 대학에서 교편을 잡고 있을 때 제게 매우 분명한 어조로 학원 내 노동자계급 출신의 지성인 따위는 존재하지 않는다고 말한 적이 있습니다. 그 친구는 만약 누군가가 행동거지나 존재방식이나 세상을 대하는 방식에서 일관되게 노동자계급의 가치에 충실하고자 한다면 학계가 그를 제거해버릴 것이라고 말했습니다. 그리고 그가 바로 그런 일을 당했습니다. 교수님께서는 이미 종신 교수가 되셨으니 존 실버 학장이 쫓아내는 일은 없겠지만 말입니다. 하지만 교수님과 헨리 그리고 체제 변화를 목표로 하는 진보주의자와 활동가들은 학원에서 그리 환영받지 못하는 존재입니다. 학원은 자유롭고 개방된 교육을 신봉한다고 주장하면서도 어느 정도의 검열을 강요합니다.

교수님께서 특히 오랫동안 재직하신 보스턴 대학 전임 총장 존 실버 교수와의 관계에 대해 묻고 싶습니다. 제가 볼 때, 존 실버 교수는 언제나 골수 파시스트 당원처럼 행동하면서 늘 지배 체제로부터 보상을 받아왔습니다. 《뉴욕타임스》나 《보스턴글로브》 같은 언론에서는 교육에 관련된 책 한 권 쓴 적 없고, 명색이 칸트학파이면서도 칸트에 관해서는 자신의 박사학위 논문을 요약한 논문 두 편을 발표한 것이 전부인 그를 위대한 교육자로 치켜세웠습니다. 교조주의적 체제는 그에 관한 신화를 만들고, 스타 반열에 올라 방송에도 출연하고 교수님이나 노암 촘스키 같은 학자를 해고해버릴 수도 있는 사람으로 키워놓았습니다. 그러는 동안 자신의 장광설에 대해서는 아무런 증거도 제시하지 않고 책임을 회피해버렸지요.

사실 실버 교수는 종종 거짓말을 늘어놓고 포상을 받았습니다. 현재 학원 내에 진보 사상가들에 대한 검열 수준은 심각한 상태입니다. 저는 이런 일이 어떻게 가능한지 그리고 프랑크푸르트학파의 사상을 보스턴 대학에 얼씬도 못하게 했다며 자랑스럽게 떠벌리고 다니고, 성적 편견에 대한 연구를 중지시키고, 진리를 추구하는 데 과학의 엄밀함이 필요하다고 주장하며 (좌파로 낙인찍힌) 모든 진보 사상가들을 교수단에서 몰아내버린 존 실버와 같은 사람이 어떻게 고등교육기관에서 승승장구할 수 있었는지를 파헤쳐 보려고 합니다. 존 실버와 같은 사람들이 지금과 같은 지위를 누리고, 그런 사람들이 포상을 받으며 최고 자리에까지 오를 수 있는 이 사회를 어떻게 생각하고 계신지 말씀해주시겠습니까?

진 │ 결국 누가 대학에 영향력을 행사할 수 있겠습니까? 교수단도 아니고, 학생들도 아니며, 수위나 청소부나 비서들은 당연히 아닙니다. 재단 이사들이나 이사회 평의원들이겠죠. 이들이 누구지요? 이사회의 면면을 살펴보면, 모두가 사업가들이며, 평의원들 역시 모두 사업가들입니다. 그들은 최상류층 사람들이며, 종종 교육과는 아무런 상관도 없는 사람들입니다. 그들은 정치권과도 줄이 닿아 있고 실업계와도 연관이 있는 사람들이며, 대학에 관해 중요한 결정을 내리는 위치에 있는 사람들입니다. 누가 총장이 되고, 또 누가 종신 교수가 될지 결정하는 사람들도 바로 그들입니다.

우리는 순진하게도 대학은 사회와는 다른, 오아시스 같은 곳이라는 믿음을 가지고 대학에 입학합니다. 우리가 사회를 비판적인 눈으로 바라볼 때에도, 대학은 사회 곳곳을 흐르는 샘물과 같은 그런 곳으로 여깁니다. 제가 알고 지내는 대학 내 진보 성향의 인사들 중에도 대학을 그렇게 생각하는 사람들이 있습니다. 그래서 1960년대에 사람들이 대학에 변화를 요구하자 그들은 "당신들이 우리 대학을 망치고 있습니다"라고 비난했습니다. 저는 스스로 마르크스주의자라고 생각하는 보스턴 대학의 한 교수가 "잊지 마시오, 이것은 우리 대학이오"라고 외치던 모습을 선명하게 기억합니다.

하지만 대학은 한 번도 우리 것이었던 적이 없습니다. 그러니까 우리는 대학을 순진한 눈으로 보고 있었던 것이지요. 대학은 줄곧 실업계의 조종을 받고 권력과 부를 거머쥔 최종 결정권자들의 입김에 영향을 받는 자본주의 세계의 축소판이었습니다. 물론 진보 성향의 교수들이 때때로 체제 안으로 진출하여 자리를 잡고 종신 교수직을 받기도 하지만, 이와 관련해서 알아두어야 할 것이 두 가지 있습니다.

첫째는 그런 사람들이 많지 않다는 것이고, 둘째는 그러한 사람들이 이 체제가 얼마나 관대하고 얼마나 민주적인 체제인지를 선전하는 데 이용될 수 있다는 점입니다. 만약 촘스키가 우리의 교육 체제는 민주적이지 않다고 주장하면, "당신도 그 안에 있지 않느냐, 당신은 MIT 교수가 아니냐"고 되받아칠 수 있겠죠.

대학은 미국의 통제 체제와 부합하도록 아주 잘 조율되어 있습니다. 권력을 쥔 자들이 대학은 민주적이라는 주장을 펼 만큼 반대 의견을 허용하지만 체제를 위태롭게 하는 반대 의견은 금지하는 매우 섬세한 통제기구입니다. 그러니까 대학은 상아탑 밖의 세상과 마찬가지로, 동일한 위계질서로 특정한 사람에 대해서는 거의 관용을 베풀지 않고 운영되는 곳입니다. 그리고 체제에 안착한 일부 진보주의자들은 진보주의를 견지하면서 다른 방식으로 가르치고 외부 정치활동에 적극 참여합니다. 한편 진보주의에서 출발한 또 다른 사람들은 체제진입에 성공한 뒤에도 진보주의자로서 명성을 유지하며 단지 관념적인 차원에서만 진보주의를 표방합니다. 그런 사람들은 심지어 마르크스주의 과정을 개설하기도 하지만, 결코 체제에 이견이 있는 사람들은 아닙니다. 스스로 대학의 일부로 생각하고, 대학은 기본적으로 흠 없는 기관이라는 관념을 신봉하고 영속화하려 하기 때문에 그들은 상아탑 밖에서도 또 상아탑 안에서도 이단자들이 아닙니다.

마세도 │ 이들이 바로 촘스키가 '통제위원들commissars' 이라 부르는 지식인들입니다. 왜냐하면 그들의 주된 역할은 지성인으로서 맞서 싸워야 할 바로 그 가치를 정당화하고 재생산하는 것이기 때문입니다.

마지막 질문도 바로 이와 관련된 것입니다. 많은 진보주의 사상가들이 교사는 모든 형태의 사회 부정에 늘 경계하고 비판을 마다하지 않는 일선의 선봉에 선 지성인이며 또 그래야만 한다고 말하는데, 대학에서뿐만 아니라 초중등 교육과정에서 지성인들이 해야 할 일은 무엇일까요? 교사들은 조금 덜 비인간적이고 조금 더 인간적인 사회로 나아가는 일에 용기 있게 나서야만 합니다. 사실 잘못을 바로잡는 일에 윤리적으로 개입하지 못하는 사람을 어떻게 *지성인*이라 할 수 있겠습니까? 교수님이나 노암 촘스키, 벨 훅스Bell Hooks (미국 작가이자 흑인 페미니스트 사상가―옮긴이)

그리고 헨리 지루와 같은 용기 있고 일관성 있는 분들을 제외하면 거의 모든 교수들이 교수님께서 표현하신 대로 "이것은 우리 체제다." "우리 학교다." "우리 대학이다"라는 순진한 개념에 매달리는 것 같습니다. 이들 기관이 우리 것이 아님에도 말이지요.

지성인들은 늘 모든 형태의 비인간화를 거부하고 인종과 종교, 민족과 성에 상관없이 모든 인민의 해방을 찬양하는 그런 세상을 목표로 삼아야 합니다. 미국 사회에서 지식인의 역할에 대해 어떤 말씀을 하고 싶으신지요? 그리고 그들이 연구활동을 통해 부당하고, 착취를 일삼고 비민주적이며, 무엇보다 비윤리적인 가치들을 정당화하며 권력구조와 결탁하는 문제는 어떻게 생각하시는지요?

진 ┃ 가장 중요한 문제는 이 사회에 진보적 전망을 견지하고 심지어는 그러한 전망을 강의를 통해 소개하는 지성인들이 사회 투쟁이 벌어지는 외부 현실과는 단절되어 있다는 것입니다. 만일 교실이 봉인된 지적 존재 그 자체에 만족한다면, 지식인들은 학생들에게 그 같은 교실 진보주의만으로도 충분하다는 것을 가르치게 됩니다. 그들은 학생들에게 지적인 반대자로서 만족하라고 가르칠 뿐이며, 어쩌면 감히 바깥세상으로 나아가지 못하는 지적 반대자의 역할을 영구화하는 교사가 되라고 가르치는 것일 수도 있습니다…….

마세도 일종의 딜레탕티즘^{dilettantism}(취미로 하는 학문 또는 예술—옮긴이)이군요.

진 그렇습니다. 바로 딜레탕티즘의 한 형태이지요. 그리고 어떤 면에서 그것은 사람들에게 체제에 대한 비판이 행동으로 표출되지 않도록 하면서도 반대자들을 가두어두려는 놀라운 체제 영속화 방편의 하나입니다. 그렇기에 학원뿐만 아니라 세상 속에서 실천을 통해 자신의 이상을 증명하고자 하는 진보적인 사회 비평가들보다 진보적 비평을 지적 차원으로 제한하여 학생들에게 수동성을 가르치는 지식인들이 훨씬 더 많습니다. 그들은 정작 대학 내 진보적 지식인과 바깥세상 사이에 존재하는 장벽을 계속 유지하면서도 스스로 무언가 중요한 일을 하고 있다고 느끼고, 그들이 맡은 역할에 만족할 것을 가르칩니다.

사회주의자 학자들의 모임이 해마다 뉴욕에서 열린다고 알고 있습니다. 수천 명이 그 모임에 참석한다는데 그들 중 학원 바깥일에 직접 관여하는 사람은 몇이나 되는지, 단순히 학자에 지나지 않는 사람은 몇이나 되는지, 또 얼마나 많은 사람들이 상아탑 바깥으로 나아가는지 궁금합니다.

마세도 그 모임의 명칭을 말씀해주시지 않으시겠습니까? 그들은 사회주의자 학자들이죠. 그리고 그들에게 학문과 행동은 별개입니다. 저 역시 공감하는 바입니다만, 교수님의 주장은 반성만으로는 충분하지 않고, 인식이 늘 행동과 함께해야 한다는 의미에서 인식만으로도 충분하지 않으며, 행동은 우리에게 상아탑 바깥으로 나아가기를 요구한다는 것이었습니다. 하지만 이 역시 계급 문제의 하나이며, 이는 많은 진보적 교수들의 행태를 형성합니다.

방금 언급하신 부류의 교수들 중 대부분이 교수님과 같은 활동가와도 심한 경우에는 불편한 관계일 수 있습니다. 왜냐하면 어떤 수준에 이르면, 교수님의 실천이 지배 체제에 연루되어 있는 자신을 비추는 거울이 된다는 사실에 위협을 느낄 테니까요. 다시 말해서, 교수님의 실천은 그들에게 자신이 현재 하고 있는 일만으로는 불충분하고 자신의 연구가 부당한 현실의 변화를 집단적으로 지향하는 정치 프로젝트의 일부가 아니라는 사실을 자각하게 만들 수 있습니다. 그들은 늘 자유주의의 담론 속에서 지배적 가치들을 검증한다고 주장하지만 실제로 가치들을 재생산했습니다. 불행하게도 그 같은 논의는 실천이 결여된 탐구로 끝이 나곤 하지요. 더구나 그들이 마르크스 강의를 할 때조차도 그들이 활용하는 자유주의의 담론이 현실을 해방시키기보다는 더 많이 수용하는 태도를 보입니다. 이 같은 사실은 영향력 있는 학교들이 "보라, 우리는 열린 사고와 민주 정신으로 반대 의견에도 관대하다"고 주장하는 데 이용됩니다.

왜 역사를
공부해야만 하는가

이 글은 본래 1999년 2월 17일에 애스크위드 교육 포럼(Askwith Education Forum)의 일부로

하버드 대학에서 했던 강연을 바탕으로 작성되었다.

역사에 관해 얘기해보고자 합니다. 사실 역사학자가 되는 것은 그리 어려운 일이 아닙니다. 그저 다른 사람들이 잘 알지 못하는 것을 공부해서 사람들에게 얘기해주고, 이야기가 그들이 잘 알고 있는 분야로 넘어가지 않도록 관리하기만 하면 됩니다. 그러면 당신은 역사가인 것입니다. 아주 간단합니다.

제가 역사를 공부한 이유는 아주 간단합니다. 저는 세상을 바꾸고 싶었습니다. 저는 스물일곱 살이 될 때까지 역사에는 관심이 없었습니다. 그러니까 제 말은 그때까지 역사를 전공하거나, 대학에 진학하지 않았다는 것입니다. 그전까지 저는 3년간 조선소에서 일했고, 공군에 복무했으며, 몇몇 직업을 전전했었습니다.

고생스러웠겠다는 생각이 드시나요? 역사를 공부하고 가르치게 되었을 무렵, 제게는 이미 확고한 세계관이 있었고 역사가 중요하다는 사실을 알고 있었으며, 지금도 그러한 생각에는 변함이 없습니다. 요즘 젊은이들은 역사를 너무 모른다거나 시험을 치렀더니 모두 낙제하더라 하며 정치가들이, 때로는 교육자들이 개탄스러워할 때 여러분이 자주 듣게 되는 그런 뜻에서 (역사가) 중요하다는 것은 아닙니다. 물론 이런 시험은 젊은이들을 무지하다고 부르는 사람들이 고안해낸 것이지요.

몇 년 전 일이 머릿속에 떠오르는군요. 《뉴욕타임스》에서는 해마다 고등학생들을 선발하여 그 학생들의 무지와 시험 출제자들의 지혜를 증명하는 시험을 주관합니다. 여기에 당시 간행된 《뉴욕타임스》가 있습니다. 그렇죠? 정상의…… 뭐죠? 제 생각에는 그 신문사 스스로 미국 언론을 대표하는 지성이라고 생각하는 것 같습니다. 《뉴욕타임스》가 학생들에게 출제한 역사 문제는 이런 것들이었습니다.

1812년 전쟁 당시 대통령은 누구입니까? 멕시코 전쟁 당시 대통령은 누구입니까? 택지개발법과 공무원법 중 어느 것이 먼저 제정되었습니까? 이런 문제를 본 적이 있죠? 그렇죠? 이런 문제는 여러분이 취업 시험이나 승진 시험에서 흔히 볼 수 있는 바보 같은 질문들입니다. 하지만 이런 질문이 정말 중요할까요? 그 언론사는 멕시코 전쟁이 일어난 당시 대통령은 누구였는지를 묻는 대신에 멕시코 전쟁에 관한 정말 중요한 질문들을 던질 수도 있었

왜 역사를 공부해야만 하는가

습니다.

우리는 이런 종류의 질문에 몇 개나 답을 했는가에 따라 평가를 받는 퀴즈 문화에서 자라왔습니다. 좋습니다. 멕시코 전쟁이 일어난 당시 대통령은 포크였습니다만, 사실 누가 대통령이었느냐는 그다지 중요하지 않습니다. 멕시코 전쟁에 대해 알아야 할 더 중요한 사실은 그 전쟁이 어떻게 일어났는가입니다. 이 같은 종류의 문제가 진정으로 역사 교육에 도움이 될 것입니다. 왜냐하면 그 전쟁은 다른 전쟁들과 마찬가지로 도발과 거짓말로부터 시작되었기 때문입니다.

이번 경우는 미국과 멕시코 양국이 영유권을 주장하던 누에세스 강과 리우그란데 강 사이의 분쟁 지역에 미국이 진출함으로써 멕시코를 자극했고 끝내 전쟁으로 치닫게 되었습니다. 미군이 이 지역으로 진출하자 교전이 일어났고 사상자가 발생했습니다. 그러자 포크 대통령은 전 국민에게 "미국 영토 안에서 미국인이 피를 흘렸다"고 발표했습니다. 하지만 그는 오래전부터 멕시코와 일전을 벌일 계획을 세워두었습니다. 그 계획은 그의 일기장에서도 확인할 수 있습니다. 물론 당시에 녹음기술은 없었지만, 그렇다고 해서 우리가 이런 사실을 확인할 방법이 전혀 없는 것은 아닙니다. 그리하여 미국은 멕시코와 전쟁을 벌였고 멕시코의 절반을 차지했습니다.

여러분이 중요한 역사적 사건들을 모른다면, 여러분은 마치 어제 갓 태어난 것과 같습니다. 만약 여러분이 어제 갓 태어났다면,

정부의 어느 관료가 무슨 얘기를 하든 믿을 것이며 그 말을 검증할 수단도 없습니다. 만약 여러분이 어제 갓 태어났다면, 확성기와 텔레비전 카메라 앞에서 "우리는 이라크를 폭격해야 합니다"라고 말하는 대통령에게 귀를 기울일 것입니다. 그런데 만약 여러분이 어느 정도 역사를 알고 있다면, "잠깐만요. 이 문제는 다시 한 번 생각해보죠"라고 말할 것입니다.

그 밖의 역대 대통령 중에도 "여기를 폭격합시다, 저기를 폭격합시다, 저기로 갑시다, 여기를 쳐들어갑시다"라고 말한 사람들이 있습니다. 그런 권고는 나중에 십중팔구 엄청난 거짓말로 밝혀졌습니다. 따라서 비록 역사가 어떤 특수한 상황에 담겨 있는 진실이 무엇인지를 명확하게 알려줄 수는 없지만, 적어도 여러분에게 경계하고 의심해봐야 한다는 것을 가르쳐줍니다.

여러분은 아마도 "차별을 전제하는 차별철폐조치affirmative action는 잘못되었다"는 주장을 들어본 적이 있을 것입니다. 그 조치가 흑인과 여성을 특별히 대우한다는 점은 분명합니다. 만약 우리에게 역사가 없다면—여러분이 차별철폐조치의 역사를 모르고 있다면, 만약 노예제도의 역사를 모른다면, 차별의 역사를 모른다면, 만약 흑인이 아닌, 이를테면 부자를 위한 특별 조치 사례가 역사적으로 얼마나 많이 있었는지를 모른다면—단순하게 어떤 한 측면만 보고 '그래, 차별철폐조치 자체가 차별이야'라고 생각했을지도 모릅니다. 저는 제대군인원호법의 도움을 받아 대학에 진학했습니다. 차별철폐조치의 수혜자였던 셈이죠. 학교에서 공부할 수 있는 특혜가 주어졌고, 전역 군인이었기 때문에 학교에 갈 수 있는 특별한 기회를 얻었습니다. 미국에는 유구한 차별철폐조치의 역사가 존재합니다. 오늘에 이르러서야 흑인과 여성을 위한 차별철폐조치가 시작된 것인데, 많은 사람들이 이를 새로운 것이자 나쁜 것으로 봅니다.

만약 여러분이 바로 어제 태어났더라면, 아마도 대통령이 거짓말을 했다는 사실에 충격을 받았을 것입니다. 틀림없이 그럴 것입니다. 매우 충격적인 일이지요! 이제, 여러분이 역사를 조금이라도 알고 있었더라면…… 그렇게 먼 과거까지 거슬러갈 필요도 없습니다. 지금까지 무수히 많은 대통령이 거짓말을 해왔으니까요. 여러분이 제2차 세계대전만 살펴보더라도, 50년밖에 안 되는 시간을 거슬러 올라가 보더라도 히로시마 폭격은 군사시설을 겨냥했었다는 트루먼 대통령의 발표가 거짓말이었음을 알게 될 것입니다. 아이젠하워 시기로 가보도록 하지요.

거짓말에는 여러 종류가 있습니다. 은폐, 현혹 등 이 모두가 거짓말의 일종이죠. 때로 다양한 형태의 거짓말은 서로 도움을 주고받습니다. 에스키모에게 눈을 지칭하는 단어가 여럿 있듯이, 정치인에게는 거짓말을 가리키는 여러 가지 용어가 있습니다. 하지만 아이젠하워는 1953년 비밀리에 이란 정부를 전복시키고, 1954년에는 민주 절차를 거쳐 선출된 과테말라 정권을 무너뜨리면서도 국민을 기만한 채 미국이 어떤 일을 벌이고 있는지 아무런 언급을 하지 않았습니다. 이후에도 그는 U-2 정찰기가 소련 영공을 침범한 사실에 대해서도 국민에게 거짓말을 늘어놓았습니다. 그럴 리가요? 우리 미국은 그런 짓을 하지 않습니다. 그리고 거짓말은 줄곧 이어졌습니다. 케네디와 존슨 대통령은 베트남전에 대한 거짓말을 했습니다. 케네디 대통령은 쿠바 침공 사건(1961년 4월 미국이 망명한 쿠바인으로 구성된 반혁명군을 쿠바에 침공시킨 사건—옮긴이)에 대한 거짓말을 늘어놓았습니다. 사실 그가 늘어놓은 거짓말들은 하버드 대학의 한 역사학자가 준비해준 것입니다.

알고 계셨나요? 쿠바 침공 사건이 한창 진행 중일 때 아서 슐레진저Arthur Schlesinger는 어떻게 언론을 상대하고, 미국이 그 침공에 개입한 사실을 어떻게 은폐해야 하는지 케네디 대통령에게 조언했습니다. 케네디 대통령한테 전달된 비망록에서 슐레진저는 "거짓말을 할 거라면, 부하들 입을 통하는 게 나을 것입니다"라고 조언했습니다. 마키아벨리의 『군주론』을 읽어보면 그런 종류의 조언을 찾을 수 있습니다.

우리는 오랜 시간 동안 수많은 마키아벨리들을 대통령 고문으로 임명해왔습니다. 물론 그런 거짓말들은 클린턴에 이르기까지 줄곧 이어집니다. 클린턴의 외도에 관한 거짓말을 문제 삼는 것이 아니라, 중대한 일에 관한 클린턴의 거짓말에 대해 얘기하는 것입니다. 우리는 화학무기 생산 국가라는 이유로 수단을 폭격했습니다만, 끝끝내 그런 증거는 전혀 없다고 판명되었습니다. 수단 국민이 사용할 의약품의 절반을 생산하는 의약품 공장을 폭격한 것으로 밝혀졌지요. 이러한 것들이 중대한 거짓말이며, 이는

왜 역사를 공부해야만 하는가

사람들의 생사가 걸린 일입니다.

따라서 역사는 여러분이 그것으로 무엇을 하느냐에 따라, 그리고 무엇을 배우느냐에 따라 사소할 수도 있고 정말 중요할 수도 있습니다. 제가 역사 공부를 막 시작했을 때, 흔히 '객관적 역사가'라 불리는 역사가는 될 수 없음을 직감했습니다. 저는 그런 것을 믿지 않았지요. 객관성이란 존재하지 않으며, 역사와 그 밖의 다른 분야 교직 내 존재하는 객관성에 관한 엄청난 위선을 저는 분명히 알 수 있었습니다. 저는 있는 그대로 얘기하고, 사실 그대로를 전달하며, 과거를 그대로 재현해야 한다고 주장하는 바로 그 사람들이 자신의 관점에서 역사를 재단하는 것을 보았습니다.

저는 분명히 알 수 있었습니다. 역사 공부를 시작하는 그 순간, 넘쳐나는 정보 중에서 특정 부분에 해당하는 정보를 얼마만큼 넣고 뺄 것인가를 선택해야 한다는 사실을 깨닫기까지 그렇게 오래 고민할 필요가 없었습니다. 그리고 그러한 선택은 자신의 관점에 따라 이루어지며, 모든 역사가와 역사 연구는 어떤 관점이 있습니다. 단순한 '사실'이란 존재하지 않습니다. 하지만 과거에 우리는 우리 자녀들이 사실을 알게 되기를 바랐던 것이죠.

밥 돌Bob Dole을 기억하십니까? 1996년 대통령 선거운동 기간 중 돌은 미국 재향군인회American Legion(32개에 이르는 미국 재향군인 단체 중 하나로 280만 회원을 둔 최대 재향군인 단체—옮긴이)를 상대로 연설했습니다. '돌은 역사를 알고 있다Dole Knows History'라는 구호 때문이었는지 역사를 얘기하면서 우리 자녀들이 사실을,

오직 사실만을 배워야 하며, 또 우리 자녀들이 너무도 다양한 해석과 너무도 다양한 분석에 노출되어 있다고 말했습니다.

디킨스의 소설 『어려운 시절Hard Times』을 읽어보았다면, 그래드그라인드라는 등장인물을 기억하실 겁니다. 그는 교사입니다. 적어도 제가 알기로는 교사를 풍자한 인물입니다. 그래드그라인드는 그가 지도하고 있는 젊은 교사에게 말합니다. "학생들에게 오직 사실만을 가르치게. 사실만을 말일세."

하지만 그래드그라인드는 원하지 않는 결혼을 앞둔 딸의 반발에 부딪칩니다. 딸이 그에게 "아버지, 인생은 짧아요"라고 말합니다. 그가 말합니다. "내가 몇 가지 사실을 알려주마. 보험통계표를 보면, 영국인들은 일정한 나이에 이를 때까지 죽지 않는단다. 아무렴, 인생은 짧지 않단다." 그러자 딸이 말합니다. "아버지, 저는 제 인생 얘기를 하고 있어요."

그래드그라인드가 맡은 반에는 서커스 단원의 딸도 있습니다. 그래드그라인드는 자기반 학생들에게 영국이 얼마나 부유한지 그 사실들을 알려줍니다. 그러자 그 여학생이 일어나서 묻습니다. "그렇다면 그중 얼마가 제 것이죠?"

이는 아주 부자 나라인 미국에 살고 있는 우리 모두에게도 해당되는 질문입니다. 왜냐하면 누군가 "우리는 잘하고 있습니다. 경제도 좋고, 이 나라는 번창하고 있습니다"라고 말한다면, 가장 중요한 질문은 "그 부유함 중 제 것은 얼마나 되지요? 이 사람들에게는 얼마나 돌아가나요? 얼마만큼 이리 오고 또 얼마만큼 저리로 가나요?"가 될 것입니다.

그리하여 저는 일찍부터 역사를 연구하는 모든 사람이 어떤 특정한 관점에서 역사를 연구하고 특정한 관점에서 사실을 선별하며, 사실이 제시되는 순간 그것은 더는 순수한 사실이 아니기 때문에 순수한 사실을 얘기할 수 없다고 생각했습니다. 제시되는 순간, 사실에는 어떤 판단이 끼어들지요. 어떤 사실은 널리 알릴 만큼 중요하지만 또 다른 사실은 그 정도로 중요하지는 않다는 판단이 개입하게 됩니다. 이는 아주 중요한 판단입니다. 그리고 어떤 사실이 중요하고 어떤 사실은 중요하지 않다는 결정이 사료 편집 분야에서 하는 일입니다.

얼마 전 퍼네윌 홀에서 열린 보스턴 학살사건(1770년 3월 5일, 보초를 서던 영국군이 보스턴 세관에 모여든 흥분한 군중들한테 발포한 사건—옮긴이)에 관한 토론회에 초대를 받은 적이 있습니다. 잠시 망설였습니다만, 보스턴 학살 사건에 대한 제 의견을 말하지 않는다는 조건으로 그 토론회에 참석하기로 했습니다. 주최 측에서도 동의했습니다. 아마도 주최 측에서는 이런 생각을 했던 모양입니다. '이런, 괴짜 하나가 오는군. 하고 싶은 대로 하게 내버려두지 뭐.'

저는 보스턴 학살 사건이 토론회를 개최할 만큼 중요한 학살 사건으로 관심을 모으는 데 대해 이해할 수가 없었습니다. 아마도 토론회가 열리는 유일한 학살 사건일 것입니다. 그렇죠? 여러분도 아시다시피 보스턴은 미국 혁명과 그 혁명에 관련된 모든 것에 지나칠 정도로 집착합니다. 보스턴 학살 사건에 대한 토론 시간의 절반은 그 사건을 모사한 폴 리비어Paul Revere(1735~1818. 미국 독립혁명기의 민중 영웅—옮긴이)의 판화 얘기로 채워졌습니다. 그 토론회는 어떻게 해서 이 집단이 미국 역사에서 일어난 그 수많은 흥미로운 사건 가운데 하필이면 대량 학살이라는 말을 붙이기가 민망할 정도로 사상자가 아주 적은 그 사건에 주목하는지를 보여주는 전형적 사례로 비쳤습니다. 만약 1770년 당시 시위 군중 가운데 단 한 사람만 집 안에 머물렀더라도 오늘날 이 토론회는 열리지 않았을 만큼 가까스로 대량 학살이라는 범주에 들어간 사건이었습니다. 그때 저는 미국 역사에 있었던 다른 대량 학살 사건들을 떠올려보았습니다. 과연 보스턴에서 열린 토론회 중에서 1630년대 청교도단이 인디언 수백 명을 태워 죽이고 의기양양해했던 뉴잉글랜드 지역에서 발생한 피쿼트 인디언 학살 사건이 있었습니까? 있었을지도 모르지만 적어도 제가 초대받았던 기억은 없습니다.

미국 역사에서 그 밖에 다른 인디언 학살 사건에 대한 토론회는 어떻습니까? 미국 역사는 그런 일들로 가득 차 있습니다. 인디언 학살을 언급한 남북전쟁 다큐멘터리를 본 적이 있나요? 없습니다. 남북전쟁에 관한 논의는 늘 북군과 남군 사이에 벌어진 전투와 노예제도 문제였습니다. 하지만 남북전쟁 기간에 역사에 기록될 중요한 사실이 빠져 있습니다. 그중 하나가 남북전쟁 기간에 미국 역사에서 그 어느 시기보다 많은 땅을 인디언들로부터

왜 역사를 공부해야만 하는가

강탈했다는 사실입니다. 거의 모든 남북전쟁사가 북군이 남부에서 남부연방군과 싸우는 동안 다른 한편에서 또 한 무리의 북군이 서부로 진출해 인디언들로부터 땅을 빼앗았다는 사실은 외면합니다. 1864년 목사이기도 했던 쉬핑턴 대령은 군대를 이끌고 콜로라도의 샌드 크리크로 진출하여 수백 명의 인디언을 학살했습니다. 이 같은 인디언 학살은 미국 역사에서 거듭 일어났습니다.

미국에서 발생한 대량 학살의 역사를 살펴보면, 이 땅에 살고 있는 흑인에 대한 학살을 빼놓을 수 없습니다. 1917년 일리노이주 동부 세인트루이스에서 발생한 대량 학살 사건에 관한 토론회가 열렸는지도 확인해보아야 합니다. 1917년 남부 흑인들이 동부 세인트루이스로 이주해왔습니다. 전쟁 기간에 이 지역의 전입 인구는 감소했지만 노동력에 대한 수요는 더욱 늘어났기 때문에 흑인들이 이주한 것이죠. 동부 세인트루이스에 일자리를 둘러싼 흑백 갈등이 발생했고, 백인들은 화가 나서 날뛰었습니다. 동부 세인트루이스에 거주하던 흑인 수백 명이 며칠 사이에 살해당했습니다. W. E. B. 뒤부아는 『위기*The Crisis*』라는 책에서 그 사건을 다루었고, 사건 당시 조세핀 베이커는 이런 글을 남겼습니다. "미국이라는 바로 그 이상이 내 용기를 꺾고, 나를 두려움에 떨게 하며, 또 악몽에 시달리게 한다."

그 후로 노동자들에 대한 대량 학살이 이어집니다. 얼마 전 트리니다드 출신의 도티 엥글러라는 사람을 만났습니다. "트리니다드라, 세상에." 제가 말했지요. 이곳은 서인도제도에 있는 트리니다드가 아니라 콜로라도에 있는 트리니다드입니다. 트리니다드는 1913~1914년에 걸쳐 미국 역사에서 가장 위대한 노동운동 중 하나로 손꼽히는 콜로라도 연료 및 철강 파업이 일어났던 곳입니다. 콜로라도 남부에 있는 록펠러 소유의 탄광에서 탄광노동자 노동조합연맹United Mineworkers Union이 제공한 천막을 숙소 삼아 주정부군의 기관총 공격을 견뎌낸 1만 2,000여 명 광부들이 참여한 이 파업은 한 겨울 추위에도 아랑곳하지 않고 수개월 동안 이어졌습니다. 파업을 막기 위해 안달이 난 광산 소유주들과 주방위군과 록펠러의 뜻대로 그 파업은 막을 내리게 됩니다. 그들은 트리니다드 인근 콜로라도 주 루드로우 천막촌을 굽어보는 언덕 지역으로 주방위군 2개 부대를 파견하여 천막을 향해 기관총을 쏘아댔습니다. 그리고 나서 그들은 언덕을 내려와 천막에 불을 질렀습니다. 다음날 그들은 한 천막에서 어린아이 사체 열한 구와 여자 시신 두 구를 발견했습니다. 이 사건이 우리가 알고 있는 루드로우 학살 사건입니다.

노동자들에 대한 학살 사건은 계속되었습니다. 1897년 펜실베이니아 주 라티머에서는 대부분 흑인으로 구성된 탄광 노동자 시위대가 고속도로에서 행진하던 중 그 지역 보안관과 그 부하들이 쏜 총탄에 19명이 사망했습니다. 1937년 리퍼블릭 철강 파업 기간 중에는 경찰을 피해 달아나던 파업 참여자들이 총탄을 맞기도 했습니다.

해외에서 벌어진 학살 사건에 대해서는 아직 얘기도 꺼내지 않았습니다. 미국인은 미국이 다른 나라 사람들에게 무슨 짓을 저질렀는지에 대해서는 별 관심이 없지요. 베트남에서 벌어진 미라이 학살 사건은 꽤 유명한 사건입니다. 최근에 어느 고등학교에서 역사 과목 우등반 학생들과 얘기를 나눌 기회가 있었습니다. 학생들에게 "미라이 학살 사건에 대해 들어본 적이 있나요?"라는 질문에 손을 드는 학생이 한 명도 없었습니다. 어쩌면 당연한 일인지도 모르겠습니다.

저는 학교에서 베트남 전쟁에 대해 무엇을 가르치는지 궁금하지 않을 수 없었습니다. 루드로우 학살 사건은 많은 사람이 알고 있지만, 모로 학살 사건Moro Massacre을 알고 있는 사람은 몇이나 됩니까? 필리핀과 벌인 전쟁에 대해 알고 있는 사람은 몇이나 되나요? 사람들은 역사를 공부하며 흔히 '위대한 작은 전쟁'이라 불리는 에스파냐-미국 전쟁에 대해서는 배웁니다. 미국인 사상자가 거의 없었던 작은 전쟁, 완벽한 전쟁이었죠. 이런 일이 최근에도 있었습니다만, 우리는 상대편 사상자가 몇 명이나 발생했는지는 묻지 않습니다. 절대 물어보는 법이 없죠. 걸프전이 막바지로 치닫고 있을 무렵, 콜린 파월이 기자들에게 미국인 사상자는 거의 없다고 발표했던 기억이 납니다. 그리고 기자들이 이라크인 사상자는 얼마나 되느냐고 묻자 콜린 파월은 "그건 우리가 신경 쓸 문제가 아니다"라고 답했습니다. 그런 태도는 미국 역사가 시작된 이래 줄곧 되풀이되었습니다.

에스파냐와 전쟁이 끝나고, 1899년 미국은 필리핀 병합을 위해 필리핀으로 갔습니다. 그 전쟁은 '위대한 작은 전쟁'이 아니었습니다. 그것은 조국을 스스로 꾸려나가고자 한 필리핀 국민이 미국으로부터 대량 학살을 당한 길고도 피비린내 나는 전쟁이었습니다. 그리고 1906년, 한 미군 부대가 어느 마을에 라이플총으로 총격을 퍼부어 무장도 하지 않은 남자와 여자 그리고 어린아이 600여 명 모두를 몰살한 모로 대학살이 벌어졌습니다. 시어도어 루스벨트 대통령은 그 학살에 참여한 군인들이 훌륭한 승리를 거두었다며 치하했습니다.

여러분은 제 마음속 영웅과 다른 사람의 영웅이 왜 다른지 의 아해할지도 모르겠습니다. 시어도어 루스벨트는 사람들이 꼽은 '최고의 대통령' 명단 중에서 주로 상위를 차지하는 인물입니다. 그는 인종주의자이자 전쟁광에, 제국주의자였는데도 무슨 영문인지 늘 그 명단의 상위를 차지합니다. 필리핀 병합과 필리핀과의 전쟁에 반대했던 마크 트웨인은 당시 시어도어 루스벨트를 강력히 비판했습니다.

역사 연구는 곧 무엇이 중요한지를 선택하고 결정하는 일입니다. 그리고 무엇이 중요한가는 실제로 현재 우리의 관심이 무엇이냐에 따라 결정됩니다. 저는 역사를 연구할 때, 무엇이 중요한지 알고 있었습니다. 여러분은 어쩌면 제가 노동자계급 가정에서 성장했고 조선소에서 일했던 경험이 계급의식을 불러일으켰다고 할지도 모르겠습니다.

회고록 『달리는 기차 위에 중립은 없다』*You Can't Be Neutral on a*

왜 역사를 공부해야만 하는가

Moving Train』에 '계급의식을 가지고 자라나기'라는 제목의 장이 있습니다(이 책의 193~220쪽 참조). 제 어린 시절은—미국이 세계에서 가장 부강한 나라다 하는 식의—미국의 경제체제는 멋지다는 일반 통념을 제게도 심어주었습니다. 하지만 저는 세상이 그렇게 단순하게 보이지만은 않았습니다. 왜냐하면 부자가 있는 곳에 가난한 사람이 있고, 우리 부모님처럼 아주 열심히 일했지만 내세울 만한 것은 전혀 없는 사람도 많았기 때문입니다. 그때 저는 "이 나라에서는 열심히 노력하기만 하면 성공할 수 있다"는 말이 사실이 아니라는 걸 알았습니다(성공한 사업가나 전문 직업인을 부모로 둔 보스턴 대학 제자들이 그런 말을 믿었던 것으로 기억되는 군요). 저는 아주 열심히 노력한 이 땅의 사람들이 모두 성공하는 것은 아니라는 걸 알고 있었습니다. 그러고 나서 아주 부유한 사람들에 대해 생각해보았는데, 제 눈에는 그들이 아주 열심히 일하는 것 같지 않았습니다. 사람들이 얼마나 열심히 일하는가와 그에 따른 보상은 물론, 사회에 어떤 기여를 했는가와 그에 따른 보상 사이에서도 아무런 연관성을 찾을 수 없었습니다. 그런 비슷한 것조차 발견하지 못했습니다.

그런 연유로 저는 바로 이 말뿐인 무계급 사회에서 계급의식을 가지고 자라났습니다. 우리 사회에 계급은 존재하지 않는다고 가장하는 아주 강력한 경향이 미국 문화 내에 자리 잡고 있습니다. 그리고 그들은 헌법 전문에 실린 글귀를 들먹입니다. "우리, 연방주 인민들은…… 제정한다." 헌법을 제정한 것은 '우리 인민들'

이 아니었습니다. 헌법을 제정한 사람들은 55명의 백인들과 부자들이었죠. 그들에 속하지 않는 인민들, 소외된 인민들이 존재했고, 헌법은 모든 사람을 계급 집단으로 보고 모두의 이익을 대변하기 위해 제정된 것이 아니었습니다. 헌법은 단지 당시 상류층의 이익을 위해, 채권자들의 이익을 위해, 노예 소유주들과 땅 투기꾼과 제조업자들의 이익을 위해 제정되었습니다. 최초로 열린 의회에서 알렉산더 해밀턴^{Alexander Hamilton}(1755?~1804. 미국 정치가―옮긴이)이 맨 처음 제안한 정책은 투기꾼들에게 전시채권 매입을 보상하고 제조업자들을 지원하는 관세를 제정한 일입니다. 이는 빈농에게 세금을 부과하고 국립은행을 통해 은행가와 정부 사이에 협력 체제를 구축하여 앞서 언급했던 바로 그와 같은 목적을 달성하기 위한 것이었습니다.

만약 여러분이 미국 사회 내에 계급이 존재한다는 사실을 알고 있는 상황에서 누군가가 "거대 정부 물러가라"라고 말하는 것을 들었다든가 혹은 1996년 대통령 선거 유세 중 빌 클린턴이 말했던 것처럼, "거대 정부의 시대는 지나갔습니다"라는 말을 들었다면, 그것은 말도 안 되는 소리라고 생각할 것입니다. 미국의 국가 예산안을 본 적이 있습니까? 미국 정부가 어떤 권한을 가지고 있는지 살펴본 적이 있습니까? 기업체에게 지급하는 보조금이 얼마인지 아십니까? 거대 정부의 시대가 지났다는 얘기는 이솝우화에서나 나오는 일입니다. 그 말의 본뜻은 "우리가 가난한 사람들에게 예전처럼 나눠줄 수는 없다"는 것입니다. 그것이 그 말에

왜 역사를 공부해야만 하는가

담긴 진정한 의미입니다. 왜냐하면 정부는 언제나 거대했기 때문입니다. 이 나라 자체가 거대 정부의 이념을 바탕으로 하여 세워졌습니다. 그리고 그것을 규정해놓은 것이 헌법입니다.

셰이즈의 반란Shays' Rebellion(독립군 육군 대령이었던 다니엘 셰이즈가 노동자와 농민에게 불리한 법을 제정한 정치인에 대항해 일으킨 반란―옮긴이)에 겁먹은 미합중국의 헌법 제정자들은 이런 내용의 서신을 주고받았습니다. "이봐, 셰이즈가 일으킨 반란을 좀 보게나. 무언가 조치를 취하지 않으면 여기저기에서 반란이 일어날걸세. 우리에게 통제 수단이 있어야겠어."

그리하여 우리에게 거대 정부를 합법화한 헌법이 탄생한 것입니다. 노예 소유주들을 혁명으로부터 지켜주고, 제조업자들을 세금으로부터 보호하며, 서부로 진출하는 땅 투기꾼들을 (순진하게도 그 땅을 자기 것이라고 생각한) 인디언의 공격으로부터 지켜주는 그런 정부 말이지요.

그렇게 하여 우리 앞에 나타난 거대 정부의 전통은 미합중국 탄생 이래 줄곧 이어져왔습니다. 부자와 기업체의 이익을 대변하는 그런 거대 정부 말입니다. 19세기 내내 정부 보조금은 당연한 것으로 여겼습니다. 100만 에이커나 되는 땅을 철도회사에 무상으로 나눠주었습니다. 한번 정부로부터 1에이커의 땅을 무상으로 불하받으려 해보십시오. "저는 정부가 철도회사에 100만 에이커나 되는 엄청난 재산을 양도했다는 기록을 읽었습니다. 저는 그저 1에이커면 됩니다."

오늘날에는 항공기 제조업체들이 보조금을 챙깁니다. 제2차 세계대전이 끝날 무렵, 미국 정부로부터 받은 엄청난 보조금이 아니었더라면 아마도 항공 산업은 붕괴했을 것입니다. 스튜어트 시밍턴Stuart Symington 공군 참모총장과 록히드 사 중역 사이에 오고간 편지가 아직도 남아 있습니다. 시밍턴은 정부가 그들을 실망시키지 않을 것이고, 정부가 그들을 지켜줄 것이라고 안심시켰습니다.

정부가 가난한 사람들에게도 이렇게 하나요? 지원을 점점 줄이고 있지요. 어쨌든 우리의 거대 정부는 늘 힘 있는 자들을 대변해왔습니다. 20세기 초에 접어들면서 정부가 빈민과 노동자들을 위해 일하기 시작했습니다. 20세기 초, 사회주의 정당과 세계산업노동자조합 그리고 당시 발생한 파업에 영향을 받아 일부 개혁이 이루어지고 있었습니다. 1930년대에 들어서면, 도움을 필요로 하는 사람들을 위한 법이 제정됩니다. 사회보장제도, 고용보험, 주택보조금, 와그너법Wagner Act(미국 전 지역을 대상으로 1935년 7월에 제정된 노동관계법으로 노동자의 권익을 위한 노동조합 결성 및 운영을 보장한 법안—옮긴이)은 모두—미니애폴리스 총파업, 샌프란시스코 총파업, 방직 산업 대파업—1930년대에 발생한 노동운동과 폭동의 여파로 제정된 법들이었습니다. 그리고 나서 1960년대 일어난 소요의 부산물로 노인의료보장제도Medicare와 예순다섯 미만의 저소득층 및 신체장애자를 위한 의료보장제도 Medicade가 시행됩니다. 이제 정부는 부자들뿐만 아니라 가난한 자들에게도 도움을 주지만 한편에서는 "거대 정부에 대한 조치가 있어야 해"라는 외침도 점점 커져갑니다. 여기서 다시 오늘날 우리가 날마다 접하는 문제들을 해결하기 위해 역사에 대한 지식을 써먹을 수 있습니다.

제2차 세계대전이 "선한 전쟁이었고, 최고의 전쟁이었다"는 일반적인 통념에 대해 살펴보고자 합니다. 제2차 세계대전에 참전했던 저로서는 인류가 직면한 기본 문제들에 대한 해결책으로 전쟁이 갖는 가치를 의심하지 않을 수 없습니다. 그 점이 회의적 관점에서 미국의 대외 정책사를 바라보도록 만들었습니다. 미국이 치른 다른 전쟁들—이 땅을 차지하게 해준 인디언 전쟁과 멕시코 영토의 반을 강탈한 멕시코 전쟁—을 살펴보면, 이 나라 영토를 넓혀가며 보여준 형편없는 도덕성을 어렵지 않게 확인할 수 있습니다. 저는 때때로 캘리포니아 주의 반이민법, '멕시코인 입국 금지' 조치에 대해 생각해봅니다. 그 땅은 원래 그들 것이었는데 우리가 빼앗았습니다. 그리고 이제는 그들을 오지 못하게 막습니다.

저는 참전을 통해 전쟁으로는 아무것도 해결할 수 없다는 확신을 갖게 되었습니다. 전쟁은 악의 출현을 차단하여 잠시나마 문제를 해결한 것처럼 보이게 합니다만, 악의 원천은 여전히 이 세계에 남습니다. 악을 물리치는 과정에서 엄청난 폭력을 사용했기 때문에 사실 그 악의 뿌리는 계속 자라게 됩니다.

저의 역사관에 강렬한 영향을 미친 또 하나의 경험은 남부의 스펠먼 대학에서 교편을 잡은 일이었습니다. 첫 직장이었지요.

1956년부터 1963년까지 7년 동안 흑인 여자 대학인 스펠먼에서 학생들을 가르쳤습니다. W. E. B. 뒤부아는 애틀랜타 대학에서 가르치고 있었고, 마틴 루터 킹 주니어 목사는 스펠먼 건너편 남자 대학인 모어하우스로 갔는데, 훗날 그곳에서 학생비폭력조정위원회SNCC : Student Nonviolent Coordinating Committee와 함께 활동하며 민권운동에 발을 들여놓게 됩니다. 킹 목사는 미시시피 주의 올버니, 조지아, 셀마, 앨라배마 등 시위가 벌어지는 곳이면 어디든 마다하지 않고 달려갔지요. 그리고 스펠먼에 재직하는 동안, 저는 미국 흑인의 관점에서 미국 역사를 보기 시작했습니다. 일찍이 생각해보지 못한 관점이었지요. 컬럼비아 대학원 학생 시절에도 저는 W. E. B. 뒤부아의 작품을 접해보지 못했습니다. 교과과정에서도 흑인 작가들은 완전히 배제되어 있었으니까요.

우리는 미국 역사 중 진보의 시대Progressive Era에 대해 배운 적이 있습니다. 어떤 역사 시기에 이름을 붙이는 것은 언제나 흥미진진한 일입니다. 선린의 시대Era of Good Feeling(제임스 먼로 대통령의 보스턴 방문을 기념하여 1817년 7월 12일 《보스턴 컬럼비안 센티넬》 신문이 처음 사용한 문구로 흔히 1815~1825년 시기를 가리킨다. 미국 대륙에 대한 외세 간섭이 줄고 대내 정책에서도 분파 간 정치적 합의가 이루어졌던 시기이다―옮긴이)를 기억하십니까? 19세기 초반을 흔히 선린의 시대라고 부릅니다. 저는 그 시대가 어떠했는지 머릿속에 그려보려 했습니다. 그리고 모든 역사 교과서에는 진보의 시대라는 장이 있습니다. 무엇이 그 시기를 진보의 시대로 만들었을까요? 그 시기에 몇몇 개혁안들이 법으로 제정되었습니다. 헵번법Hepburn Act, 철도법, 육류검사법Meat Inspection Act(이법이 얼마나 큰 영향을 끼쳤는지 잘 아실 것입니다), 상원의원 직선제를 비롯한 헌법 조항 수정, 소득세법이 제정되고, 연방준비은행과 그리고 연방통상위원회가 설립되었지요. 그때가 진보의 시기였습니다. 흑인 역사가 레이포드 로간Rayford Logan의 책을 읽어보면 바로 그 진보의 시기 동안 미국 역사에서 그 어느 때보다도 더 많은 흑인이 폭력에 시달렸다는 것을 알 수 있습니다.

하지만 어찌된 일인지 마치 명랑한 90년대Gay Nineties가 미국 역사에서 경제적으로 가장 암울했던 시기 중 하나였던 것처럼, 그 같은 사실은 그 시기를 지칭하는 명칭에 가려졌습니다. 당시는 풀먼 파업, 철강 산업 파업 같은 노동 투쟁의 시기였고, 에스파냐-미국 전쟁과 대필리핀 전쟁이 일어난 시기이기도 했습니다. 이 모든 일이 명랑한 90년대에 일어났습니다. 그러고 나서 격정의 20년대Roaring Twenties, 재즈 시대를 맞이하게 됩니다. 중학교에서든 대학원에서든 이 시기를 가르칠 때는 1920년대는 번영의 시대Age of Prosperity라고 가르칩니다.

각주가 더 늘어난 것을 제외하면, 대학원 교육이 중학교 과정에서 배우는 수준과 별반 차이가 없음을 자주 느끼게 됩니다. 어쨌든 1920년대는 번영의 시대입니다. 저는 박사학위 논문으로 1920년대 하원의원으로 활동한 라가디아LaGuardia에 대해 썼습니다. 뉴욕 시장으로 선출되어 유명해지기 전, 라가디아는 1920년대 이스트할렘 출신의 하원의원이었습니다. 저는 번영의 시대 내 내 이스트할렘의 유권자들이 라가디아에게 보낸 서신들을 읽어보 았습니다. 그리고 이스트할렘에 살고 있던 이 사람들은 그에게 이런 편지를 썼습니다. "남편은 직장을 잃었고, 아이들을 먹일 음식도 떨어졌고, 집세도 내지 못해 주인이 가스를 끊어버렸습니 다." 그리고 잘 살펴보면 이 같은 일이 전국에서 일어나고 있었습 니다. 신문 일면을 장식한 월스트리트의 번영 뒤에는 비참한 생 활을 이어가는 수많은 국민이 있었습니다.

이러한 역사 공부는 아주 유익한 일입니다. 왜냐하면 오늘날 다우존스 산업 평균지수에 주목하는 행태와는 차원이 다른 일이 될 테니까요. 오늘날 많은 사람이 다우존스 평균이 상승하면 우 리 모두가 더 잘살게 된다고 믿습니다. 이 땅의 모든 사람들의 살 림살이가 나아진다고 생각합니다. 다우존스 평균이 나라 발전의 척도라고 생각합니다. 그런 의미에서 역사는 여러분에게 현상의 이면을 살펴보라 하고, "누구를 위한 번영인가?"라는 질문을 던 집니다. 나아가 계급적인 관점에서 전체를 바라보고, 누가 이득 을 보며 누가 손해를 보는지 꿰뚫어보게 해줍니다.

남부의 스펠먼 대학에서 가르치고 민권운동에 참여하면서 앞 으로 민주주의와 사회변혁이 나아갈 길이 얼마나 중요한지 배울 수 있었습니다. 다른 대다수 미국인과 마찬가지로 저 역시 중고 등학교에서 민주주의에 대해 배웠습니다. 미국은 민주주의 국가 입니다만, 도대체 민주주의란 무엇입니까?

왜 역사를 공부해야만 하는가

이렇게 칠판에 써서 보여드리지요. 정부는 행정부, 입법부 그리고 사법부 세 부문으로 나뉩니다. 그리고 이들은 견제와 균형 관계에 있습니다. 견제와 균형, 만일 의회가 무언가 나쁜 일을 하면 대통령이 그것을 막습니다. 만일 대통령이 무언가 나쁜 일을 하면 의회가 저지합니다. 만일 두 부문이 모두 나쁜 일을 하면 대법원이 그것을 견제합니다. 이 말대로라면 나쁜 일은 영원토록 일어날 수 없습니다. 물론 민주주의를 칠판에 적을 수는 없습니다. 그것은 공식도 아니고, 정치체제도 아니고, 법률도 아니고, 체제도 구조도 아닙니다. 민주주의란 사람들이 정의로운 행동을 실천하는 것입니다. 만약 여러분이 민권운동이 일어난 기간 중 남부에 있었더라면, 인종차별에 대해 방관하는 정부의 모습을 목격했을 것입니다. 단지 남부의 주정부를 얘기하는 것이 아닙니다. 연방정부, 케네디와 존슨의 자유주의 연방정부를 얘기하는 것입니다. 그들은 인종차별에 대해 아무런 조치도 취하지 않았습니다. 게다가 헌법도 흑인들에게는 도움이 되지 못했고, 대법원 판결은 무시되었습니다. 흑인들은 거리로 나설 수밖에 없었고, 시위를 벌일 수밖에 없었습니다. 결국 체포되고, 두들겨 맞고, 또 어떤 이는 목숨을 잃었습니다. 그들은 위험을 감수할 수밖에 없었습니다. 1962년 미시시피 주 루이스빌에서 패니 루 해머Fannie Lou Hamer가 그랬던 것처럼, 생명과 일자리와 플랜테이션 농장에서 쫓겨날 위험을 감수해야만 했습니다. 그리고 전국에서 엄청난 소요가 일어난 다음에야, 그리고 그 소요가 전 세계의 반향을 일으키고 나서야 의회가 움직이고 대통령이 행동했습니다.

미국 역사를 되돌아보면, 바로 그런 순간이 민주주의의 부활을 알리는 신호였습니다. 미국에 널리 퍼진 엄청난 부정은 위로부터 단 한 번도 바뀐 적이 없었습니다. 의회가 나서서 하루 노동 시간을 여덟 시간으로 법제화한 것이 아닙니다. 대법원의 명령도 아닙니다. 그 어느 헌법 조항도 사람들이 하루 열여섯 시간 미만으로 또는 일주일에 7일 미만으로 일할 수 있다는 권리를 적시하지 않았습니다. "어떠한 경우에도 계약 이행 의무를 줄일 수 없다"는 권리를 뜻하는 자본의 권리 외에 헌법이 보장한 경제적 권리는 없습니다.

그러면 평범한 사람들의 경제적 권리는 어떻지요? 건강할 권리는요? 보장된 것이 없습니다. 그래서 사람들이 투쟁에 나서는 것입니다. 그렇기 때문에 노동자들이 파업에 나서는 것입니다. 이 나라 역사가 시작된 이래 줄곧 직장에서 하루 여덟 시간근무라는 노동 조건을 성취하기 위해서도 노동쟁의를 벌여야만 했습니다. 그리고 그것은 민주주의의 부활이었습니다.

1960년대와 민권운동, 반전운동, 여성운동, 동성애자운동, 장애인운동도 같은 맥락에서 이해할 수 있습니다―그것은 민주주의의 부활이었습니다. 오늘날 우리는 모든 관심이 정부에 집중되는 상황을 맞이했습니다―대통령이 무엇을 하는지, 의회가 무엇을 하는지, 법원이 무엇을 하는지 말입니다. 언론에서도 되풀이되는 이런 식의 관심 집중은 껍데기만 존재하는 의식, 역사를 만드는 일은 우리 손에 달린 것이 아니라는 의식, 역사는 워싱턴에 있는 그 사람들 소관이라는 의식을 미국인들에게 심어줍니다. 그러한 의식은 주의를 분산시켜버리는 방편입니다. 그네들은 전국 마을과 도시에서 국민이 벌이는 일은 무시합니다.

그러나 사람들은 많은 일을 실천에 옮기고 있습니다. 저항하고, 무언가를 이루려고 하며, 또 세상을 바꾸고자 합니다. 하지만 그들은 전국적인 뉴스거리가 되지 못합니다. 가난한 사람들은 매사추세츠 주 의회 의사당에서 연좌농성을 벌이겠지만 거의 주목을 받지 못합니다. 인디언들은 추수감사절 축제에 항의하지만, 그들의 이야기는 단 하루 동안만 신문 일면을 장식할 뿐 곧 잊힙니다. 전국에서 파업이 벌어지겠지만, 그들의 이야기는 신문과 방송에 단 한 줄도 오르지 못할 것입니다.

오늘날 우리에게는 새로운 운동이 필요합니다. 우리는 우리 조국이 심각한 문제를 안고 있다는 것을 알고 있습니다. 우리가 날마다 이라크를 폭격한다는 것도 알고 있습니다. 하지만 그러한 사실은 뉴스에서 보는 한 장면일 뿐입니다. 이 땅에 살고 있는 사람들은 쉴 새 없이 고통받고 있습니다. 그리고 매사추세츠 주민뿐만 아니라 머지않아 다른 주에 살고 있는 사람들도 그들에게 닥친 시급한 문제들을 해결하는 데 필요한, 한때 그들이 빼앗겼던 의료보험 같은 혜택을 다시 빼앗길 것입니다. 이러한 일들은 날마다 일어납니다. 교육과 보건 분야는 재원이 부족하여 어려움을 겪는데도 막대한 자금이 군비 증강에 쓰입니다. 모두 대책이 시급한 심각한 일들입니다. 한편에서는 전국적으로 작은 움직임과 운동들이 펼쳐지고 있습니다.

하지만 무엇보다 더 많은 사람들이 스스로 일어서서 민주주의는 우리가 만들어나가며 다른 나라에 사는 사람들의 생명뿐만 아니라 우리 사회의 미래가 우리의 손과 행동에 달렸음을 깨달아야 합니다. 설령 그것이 아무리 사소한 행동이라도 말입니다. 왜냐하면 언제인지 알 수 없는 역사의 어떤 시점이 되면 사람들이 실천하는 사소한 일들이 퍼져나가고 서로 연결되기 때문입니다. 그러면 중대한 변화가 일어나게 됩니다. 그것이 제가 역사를 통해 배운 것입니다.

고등교육은 얼마나
자유로운가

이 글은 『진 선집 : 불복종과 민주주의에 대한 논문집(The Zinn Reader : Writings on Disobedience and Democracy)』 (New York : Seven Stories Press, 1997) 9장에 처음 실렸던 글이다. 저자와 출판사의 양해를 얻어 일부 수정하여 실었다.

교육은 언제나 기존의 부와 권력 분배 체계가 유지되기를 바라는 사람들에게 두려움의 대상으로 자리 잡고 있다.

　　남부의 작은 대학과 북동부의 유명 대학에서 30년간 교편생활을 하며 나는 종종 그 두려움을 보았다. 그리고 그런 두려움이 어디로부터 오는지도 안다. 교육 환경은 우리 사회에서 매우 특수한 공간이다. 그곳은 현명하고 성실한 조언자로 존경받는 한 성인成人이 공인된 기간에 젊은이들에게 그가 고른 책을 읽게 하고, 그들과 하늘 아래 모든 주제를 논하는 유일한 곳이기도 하다. 그 주제는 교과과정이나 강의를 소개한 편람으로 정할 수도 있지만, 사회와 정치 사안에 대한 자유로운 토론도 제한 없이 열려 있다.

특히 문학, 철학 그리고 사회과학 분야의 담대하면서도 상상력 넘치는 교사에게 그 같은 선택은 큰 어려움이 따르지 않는다.

우리 시대에 가장 비중 있는 사안들에 대해 여러 선생님으로부터 다양한 목소리를 들을 수 있는 자유 토론의 장은 교육의 이상적인 모습이다. 하지만 고등교육 현장에서 볼 수 있는 바로 그 같은 학습법은 현상을 유지하고자 하는 세력을 두려움에 떨게 한다. 그들은 그런 자유를 존중한다고 하면서도 진보주의자들이 자유의 존재에 고마워할 줄 모른다는 얘기를 넌지시 건넨다. 실제로 그들이 존중하는 자유를 행사하고자 교사들이 새로운 주제와 새로운 책으로 권위에 도전을 하거나 '서구 문명'을 비판하는 사상을 제시하거나 또는 과거에 교육 당국이 만들어놓은 권장도서 목록 작성 '규범'을 수정하고자 하면, '고급문화'의 수호자를 자처하는 그들은 몹시 화를 내기 시작한다.

처음 교직에 몸담았을 때 나는 강의실에서 그 특별한 자유를 마음껏 행사하겠노라고 다짐했다. 수업 시간 중에 스스로 가장 중요하다고 느낀 질문들, 그러니까 가장 논쟁의 여지가 있는 질문들을 소개하려고 했다. 젊은 교수였던 내가 애틀랜타에 있는 흑인 여자 대학인 스펠먼에서 '헌법'이라는 명칭의 강의를 맡게 되었을 때, 강의 명칭을 '시민의 자유'로 바꾸었고, 대법원 판례를 마치 신이 내린 말씀인 양 읊어대는 수업 행태도 답습하지 않았다. 정말 중요한 판례들을 무시하지는 않았지만, 학생들과 사회정의 구현 운동에 대한 얘기도 나누고, 이런 운동들이 대법원 판결로 이어지기 위해 어떤 역할을 수행했는지에 대한 질문도 던졌다.

역사를 가르칠 때 주로 대통령이나 장군 그리고 기업가를 영웅으로 다루는 전통 교과서의 규범을 나는 무시했다. 그런 교과서들은 전쟁을 도덕성 문제로 다루지 않고 군사전략의 문제로 취급했다. 그런 책들은 크리스토퍼 콜럼버스, 앤드류 잭슨(미국의 제7대 대통령) 그리고 시어도어 루스벨트(미국의 제26대 대통령)를 민주주의를 한 단계 높인 영웅으로 평가했으며, 그들이 휘두른 폭력에 희생된 사람들 편에서는 단 한마디 언급도 하지 않았다. 나는 콜럼버스와 잭슨을 희생자들의 관점에서 접근해보고, 또 대륙횡단 철도라는 장대한 위업을 달성하기 위해 수천 명이나 목숨을 바쳐야 했던 아일랜드와 중국계 노동자의 관점에서 그 사업에 접근해보자고 제안했다.

내가 극단적 보수주의자들로부터 분노를 살 만큼 끔찍한 죄악을 저지른 것인가? '교육과정을 정치화' 했기 때문인가? 정치적 관점을 취하지 않은 헌법 해석이나 미국 역사 해설이 과연 존재하는가? (공공연히 들릴 듯 말 듯 감탄을 나타내는 방식으로) 시어도어 루스벨트를 영웅이라 평가하는 것이 초기 제국주의자이자 카리브 해 지역에 대한 미국의 잔혹한 개입의 선구자였던 그의 역할을 지적하는 것보다 덜 '정치적' 인가?

1960년대 초반, 내가 애틀랜타 시내에서 벌어진 인종차별 반대 시위에 참여하기 위해 수업에 빠진 학생들에게 경의를 표했을 때, 나는 분명히 정치적 입장을 취했다. 수업에 들어오는 자기 학생들은 플라톤과 아리스토텔레스에 열중하며 강의실 밖에서 벌어지는 사회 투쟁에 참여하기를 거부했다고 자랑스럽게 얘기하던 코넬 대학의 극단적 보수주의자 앨런 블룸Allan Bloom(미국의 사회 사상 가이자 고전 번역가—옮긴이)보다 내가 더 정치적이라는 말인가?

나는 수업 중 전쟁과 군국주의에 대한 혐오감, 뿌리 깊은 불평등에 대한 분노, 민주 사회주의와 전 세계에 쌓인 부의 공정한 분배에 대한 신념 같은 나의 정치 견해를 단 한 번도 숨겨본 적이 없다. 가능하지도 또 바람직하지도 않은 '객관성'을 가장하는 것이 내게는 눈속임에 지나지 않아 보였다. 강의가 시작될 무렵이면 나는 학생들에게 앞으로 다룰 토론 주제에 대해 견해를 밝힌다. 그리고 내 의견에 동의하지 않을 권리가 있음을 분명히 한다. 내 제자들은 수업을 듣기 전까지 오랫동안—집에서 고등학교에서 그리고 영화와 텔레비전을 통해—정치적 세뇌를 받아왔다. 그들은 다른 수업에서뿐만 아니라 남은 일평생 동안 내 견해와는 다른 견해를 듣게 될 것이다. 나는 그토록 오랜 세월 동안 소위 정론만을 고집해온 사상의 장터에 내 의견을 들여놓을 권리를 고집했다.

분명 '정치에 대한 생각'(무엇이 옳은가 또는 그른가? 일반 국민은 무엇을 할 수 있는가?)을 드러내는 행위는 교육에서 피할 수 없는 일이다. 그것은 솔직하게 표현될 수도 있지만 교묘하게 이루어질 수도 있다. 정치에 대한 의견 표명은 늘 있어왔다. 교과서가 그 부피와 지루함으로 제아무리 중립을 가장한다 해도, 교사가 아무리 자신의 의견을 피력하지 않는다고 하더라도 정치적 입장

고등교육은 얼마나 자유로운가

은 드러나게 마련이다. 왜냐하면 모든 교육은 사건과 책과 주장을 선택하기 때문이다. 권장도서 목록이나 위인 목록, 혹은 중대 사건을 다룬 목록만을 고집하는 것은 우리의 문화 전통을 (말 그대로) 편파적으로 묘사하는 것이다.

따라서 고등교육에서 말하는 표현의 자유란 다양한 관점들, 다양한 정치 편향들이 학생들에게 소개되는 기회를 의미한다. 그러려면 독서와 사상과 관점에 관한 진정한 다원주의가—사상과 문화의 진정한 자유시장이—필요하다. 셰익스피어와 윌레 소잉카(1986년 노벨문학상을 수상한 나이지리아 출신 극작가, 소설가, 시인이자 비평가—옮긴이), 바흐와 레너드 번스타인, 디킨스와 W. E. B. 뒤부아, 존 스튜어트 밀과 조라 닐 허스튼('흑인 여성문학의 어머니'라 불리는 미국 작가—옮긴이), 렘브란트와 피카소, 플라톤과 노자, 로크와 마르크스, 아이스킬로스(그리스의 비극 시인)와 어거스트 윌슨(미국 흑인 극작가—옮긴이), 제인 오스틴과 가브리엘 가르시아 마르케스(1982년 노벨문학상을 수상한 콜롬비아 출신 작가—옮긴이) 모두를 학생들이 만나보도록 하는 것이다.

그 같은 사상의 자유 시장은 반드시 '교과과정'에 의존할 필요는 없다. 토론의 장을 둘러싼 그런 빈껍데기를 벗어던지기 위해 얼마나 많은 말이 필요했던가! 정작 중요한 것은 그 껍데기를 채우고 있는 내용이다. 그것은 교사가 누구인지 그리고 학생들이 누구인지에 달려 있다. 사려 깊은 교사는 '서구 문명'이라는 이름의 강의를 맡아 그 내용을 손에 땀을 쥐게 하는 범세계적인 관점으로까지 넓혀나갈 수 있다. 어떤 교사는 '세계 문명'이라는 웅장한 이름의 강의를 맡아 학생들에게 지루한 사건과 의미 없는 날짜들을 적당히 나열하는 데 그칠 수도 있다.

진정한 표현의 자유를 달성하는 데 꼭 필요한 사상적 다원주의가 고등교육 과정에서 실현된 적은 한 번도 없었다. 다양한 이념을 가진 교수단과 ('고급문화' 수호자들이 들으면 못마땅해할 용어인 계급, 인종, 성적으로) 다양한 학생들로 구성된 학습 집단과 같은 다원주의의 핵심 요소들은 언제나 대학 안팎에서 공격을 받아왔다.

고등교육기관의 기업적 특성을 드러내며 대학 경영자들을 정부 감독관들 앞에 무릎 꿇게 만드는 매카시즘도 그저 표현의 자유를 공격하는 가장 그악스러운 것 중 하나에 지나지 않는다(자세한 내용은 엘렌 슈렉커Ellen Schrecker의 『상아탑은 없다 : 대학 내부의 매카시즘 *No Ivory Tower : McCarthyism in the Universities*』을 참조하기 바란다). 교묘하면서도 더 확실한 방법으로는 교직원 임면 및 계약 기간 갱신을 통제하거나 정치적 고려를 할 수밖에 없게 만드는 종신 교수직에 대한 동료 교수들의 동의 절차와 대학 경영진의 승인 절차가 있다. 특히 이들 경영자들은 대학과 행정부, 실업계, 군부라는 미국 사회의 지배 세력을 연결해주는 고리 역할을 하는 자들이다.

내가 오랫동안 교편을 잡았던 보스턴 대학도 (군복무를 위한 ROTC 지부, 대학 내에 특별 직위를 제공받은 전직 관료들, 기업체 임원들이 장악한 이사회, 유력 정치인의 비위를 맞추기 위해 안달이 난 총장) 군부 및 정부와의 화려한 연줄로 무장한 전형적인 고등교육 기관에서 크게 벗어나지 않았다. 거의 모든 대학이 관료적 계급제 형태로 조직되어 있다. 그런 체제하에서 누가 젊은이들 앞에서 강의할 것인가라는 중요한 결정은 주로 부유하고 유력한 외부 인사와 든든한 연줄이 닿아 있는 총장과 이사진의 몫이다.

어느 정도 특전을 누리고 있기는 하지만, 미국의 고등교육은 여전히 교묘하고 정교한 통제 체제이다. 미국의 체제가 전체주의 체제는 아니다. 거기에 민주주의라는 수사를 붙이는 이유는, 이 체제가 현존하는 부와 권력 지형을 위협하지는 않을 것이라는 전제에서, 곳곳에 자유로운 공간을 허용하기 때문이다. 미국 체제는 자유로운 체제가 갖는 유연성이 체제 존속을 보장하고 나아가 강화한다는 것을 어느 정도는 믿고 있다. 자신이 가진 힘에 대한 확신으로 가득 찬 미국 정부는 국민에게 어느 정도 정치적 선택을 허용하는 정도의 위험은 감수할 것이다. 국민이 민주당이나 공화당에 투표할 수는 있겠지만, 또 다른 대안을 원한다면 돈과 관료정치라는 엄청난 벽에 부딪칠 것이다. 엄청난 부를 쌓은 기업체도 지지 세력인 중산층에게 어느 정도 부를 나누어주기는 하겠지만, 사회의 음지에서 살아가는 3,000만 혹은 4,000만 민중까지 배려하지는 않을 것이다. 체제는 문화 기제인 극장, 예술, 대중매체에 대해 표현의 자유를 위한 공간을 허용할 수도 있다. 하지만 그 공간의 크기는 돈과 권력으로 통제되며, 어떤 공연을 하고 상연 할지는 수지타산에 따라 제한된다. 그리고 언론 매체의 정보 기능은 정부 관료들의 지배를 받는다.

학원이 표현의 자유를 누리는 것은 확실하다. 사업을 하거나 다른 직업에 종사하는 것보다 대학에서 더 많은 자유를 누린다는 것을 어떻게 보스턴 대학에 몸담고 있는 내가, MIT에 있는 노암 촘스키가, 예일 대학의 데이비드 몽고메리가, 부정할 수 있겠는가?

하지만 우리의 존재를 눈감아주는 저들은 우리 같은 사람들이 소수에 불과하며 학생들이 제아무리 새로운 사상에 빠져 든다고 하더라도 끝내는 경제 압력이 넘쳐나는 세상 밖으로 나갈 것임을 알고 있기에 우리에게 자중할 것을 충고한다. 또한 저들은 온갖 사상에 대한 학원의 개방성을 보여주는 사례로 우리를 내세울 수 있다는 것도 잘 안다.

학문의 자유가 있다는 것은 사실이다. 하지만 그 자유는 말하지 않아도 알고 있는 계약에 바탕을 두고 있다. 직업을 통한 경제적 안정과 어느 정도 자유로운 지적 유희를 수년간 누리는 대신 졸업 후 학생들이 나라에서 허용한 제한된 다원주의(공화당원이 되어도 좋고 민주당원이 되어도 좋지만 제발, 그 외에는 곤란합니다)에 기꺼이 동참하고 순종하는 시민이 되어주기를 기대한다.

비록 더 넓은 사회와 비교하면 대학 내에서 좀더 폭넓은 표현의 자유를 누리는 것은 사실이지만, 여전히 감시를 받는다. 아무리 소수파일지라도 사회를 변화시키기 위해 자유를 행사하면 현 체제의 수호자들은 이들의 위험성을 알리는 경보를 발령한다. "공산주의자들이 우리 학교에 침투했다." "마르크스주의자들이 교육과정을 장악했다." "여성 인권운동가들과 흑인 활동가들이 전통 교육을 말살한다."

그들의 반응은 히스테리에 가깝다. 로저 킴벌Roger Kimball(보수 문화비평 월간지인 《뉴크라이테리언》의 편집장이자 저술가—옮긴이)은 『종신 교수직을 쟁취한 급진주의자들Tenured Radicals』에서 "몇몇 주목할 만한 예외가 있기는 하지만, 가장 명망 있는 단과대학과 종합대학들이 인간학 교과과정 전체를 급진적인 과목으로 채워버렸다"고 말한다. 진보주의라는 위협의 규모에 걸맞지 않은 새된 경보음이다.

하지만 주류 세력은 아무리 작은 위협도 초기에 제거해버려야 직성이 풀린다. 따라서 J. 에드거 후버(미연방수사국을 강력한 수사조직으로 발전시켰으나 정적과 좌파 인사들을 탄압하고 권력을 남용했다는 평가를 받는 인물—옮긴이)와 조지프 매카시(공화당 상원의원으로 '적색분자 적발'로 유명함—옮긴이)의 눈에는 미국 정부가 공산주의자들의 손에 넘어갈 것만 같은 절박한 위기가 보였던 것이고, '규범'을 수호하는 자들의 눈에는 교육이 '종신 교수직을 쟁취한 급진주의자들'의 수중으로 떨어질 것만 같은 급박한 상황이 들어왔던 것이다.

진보주의자들 중 일부는 종신 교수직을 부여받았다. 하지만 고등교육을 장악하기는커녕 치밀한 감시를 받고 있는 소수파일 뿐이다. 우리 중 일부는 앞으로도 마음 닿는 대로 말하고 저술하고 가르치겠지만, 지금까지 우리는 많은 동료들이 해고당하는 것을 보아왔다. 종신 교수직이 있고 없고를 떠나 승진 기회 박탈, 임금 삭감, 계약 만료 통보 또는 종신 교수직 수여 거부 같은 불이익을 피해 보려고 스스로를 검열해온 다른 교원들도 그런 섬뜩한 일을 겪게 될지 어느 누가 알겠는가?

어쩌면 지난 20년 동안 아마도 이 나라에서 가장 권위주의적이고, 가장 정치적 경계심이 많은 총장을 선출해온 보스턴 대학을 대학의 전형이라고 보는 것은 무리가 있을지도 모르겠다. 비록 존 실버를 교육계의 폭군이라 하는 것은 어렵겠지만 (다른 대학에서도 어느 정도 시간을 보낸 내 경험에 비추어볼 때) 그를 규범에서 벗어난 자가 아니라 그것을 과장한 자로 부를 수는 있을 것이다.

과연 우리가 보스턴 대학에서 표현의 자유를 누렸던가?

천 명이 넘는 교수단 가운데 진보 성향의 교수들은 한 줌도 안되었지만, 교정 내에 우리가 존재한다는 사실 자체만으로도 일부 고등교육 감시자들이 마치 급진주의자들이 전국에서 판을 치고 있는 양 발작 증세를 보이는 것처럼, 존 실버를 까무러치게 만들기에 충분했다. 어쩌면 바보 같은 환상에 지나지 않지만, 이 환상들은 학자들한테서 흔히 볼 수 있는 과도한 자기통제를 이겨낸 교수들의 자유로운 표현에 대한 공격으로 이어진다. 보스턴 대학에서는 바로 그런 환상에 시달리던 실버가 교수단을 통제하는 데 작은 위협이었던 교원노조를 분쇄했다. 그가 교수 임명권과 종신 교수직 수여권을 지나치게 정치적 기준에 따라 운영한 나머지 보수 성향의 교육계 동료들조차도 비방의 목소리를 높였다. 내가

고등교육은 얼마나 자유로운가

알고 있는 것만 해도 실버는 일곱 번이나 교수단의 추천을 무시해 가며 자기 기준에 정치적으로 부합하지 않는 후보에 대해서는 종신 교수직 승인을 거부했다.

내 수업 시간 중 나는 표현의 자유를 누렸는가? 그렇다. 왜냐하면 올더스 헉슬리(영국의 소설가, 비평가―옮긴이)의 다음과 같은 충고를 따랐기 때문이다. "자유는 주어지는 것이 아니라 쟁취하는 것이다."

하지만 '미국의 법과 정의'가 되었든 아니면 '정치 이론 입문'이 되었든 학기마다 400여 명의 학생들이 내 강의를 듣고자 한다는 것은 분명 존 실버에게는 화를 돋우는 일이었다. 그리하여 그는 학원 내에서 흔히 사용되는 방법을 동원했다. 봉급 인상을 유보한다든지, 조교 배정을 승인하지 않는다든지 하며 쩨쩨한 애먹이기에 들어갔다. 비서들이 파업을 벌였을 당시 우리가 시위 통제선 안쪽 시위 현장에서 수업을 진행하자 그는 (다른 네 명의 조합원들과) 나를 해고하겠다고 위협하기도 했다.

레이건, 부시, 헬름스 가문을 추종하는 정치권 근본주의자들은 부와 권력의 분배 그리고 시민의 자유에 대한 통제를 강화하고 싶어한다. 법조계의 근본주의자들인 보르크와 렌퀴스트 추종자들은 사회개혁의 법적 가능성을 엄격하게 제한하는 방향으로 헌법을 해석하고자 한다. 교육계의 근본주의자들은 고등교육 과정에서 볼 수 있는 고유한 토론의 자유에 내재된 힘을 두려워한다. 그래서 '공동의 문화', '편향되지 않은 학문', '서구 문명'을 수호한다는 미명 아래 자유를 공격한다. 만약 강단이 학생들에게 더 넓은 정치적 선택권을 제공하면 그들이 훗날 투표소나 직장에서 이 사회에 대한 모반을 꾀할지도 모른다고 생각한다. 우리 중 일부가 바라 마지않는 바로 그 힘을 그들은 두려워한다. 어쩌면 그 학생들이 진보적 성향을 띠거나 성 평등 운동이나 반전운동에 참여할 수도 있고, 나아가 제임스 매디슨이 보수 성향의 헌법을 옹호하며 두려워했던 한층 더 위험스러운 일, 즉 '부의 평등한 분배'를 위해 나설지도 모르는 일이다. 우리 그런 희망을 품도록 하자.

콜럼버스와 서구 문명

이 글은 1991년 10월 위스콘신-매디슨 대학에서 있었던 강연을 바탕으로 정리한 것이다.

매우 현명한 사람이었던 조지 오웰은 다음과 같은 말을 남겼
다. "과거를 통제하는 자가 미래도 통제한다. 그리고 현재를 통제
하는 자가 과거를 통제한다." 다른 말로 하면, 우리 사회를 지배
하는 자들이 곧 역사를 기술할 수 있는 위치에 선다는 것이다. 그
리고 만일 그들이 그렇게 할 수 있다면, 우리의 미래까지도 결정
할 수 있다. 콜럼버스에 관련된 역사를 논하는 것이 중요한 이유
는 바로 그 때문이다.

고백할 것이 하나 있다. 내가 『미국민중사 *A People's History of the*
United States』를 집필하기 시작할 무렵인 약 12년 전만 해도 콜럼버
스에 대해 아는 것이 별로 없었다. 나는 컬럼비아 대학에서 역사

학 박사학위를 받았지만—다시 말해서 역사학자로서 제대로 된 훈련을 받았지만—콜럼버스에 대한 지식은 초등학생 수준을 크게 벗어나지 못했다.

『미국민중사』를 쓰기 시작하면서 나는 콜럼버스에 대해 더 알아야겠다고 생각했다. 그리고 이미 미국 역사를 개괄적으로 열거하는 책을 한 권 더 선보이는 짓은 하지 않기로 마음먹은 터였다. 내가 바라본 시각 자체가 다른 책과는 다르다는 것을 알고 있었기에 미국 역사를 소외된 사람들, 즉 미 대륙 토착민, 흑인 노예, 여성 그리고 미국 출신이든 이민자 출신이든 그 여부를 떠나 노동자의 시각에서 기술해볼 요량이었다.

이 나라의 산업 발전을 록펠러, 카네기 그리고 밴더빌트 편에서가 아니라, 그들이 소유했던 탄광과 유전에서 일했던 사람들 그리고 철도를 놓다가 수족이나 목숨을 잃었던 사람들 편에서 기술해보고 싶었다. 전쟁 이야기도 장군, 대통령 그리고 전국 곳곳에서 볼 수 있는 전쟁 영웅의 동상에 대해서가 아니라 병사의 눈으로 혹은 '적군'의 눈을 통해 그려보고 싶었다. 미국이 거둔 위대한 군사적 성과인 멕시코 전쟁을 멕시코인들의 시각에서 보지 말란 법이 어디 있단 말인가?

그렇다면 콜럼버스에 관한 이야기는 어떻게 풀어가야 할까? 나는 그가 신대륙에 도착했을 때 이곳에 살고 있던 사람들, 아시아에 도착했다고 믿어 그가 '인디언'이라 부른 그 사람들의 눈을 통해 보아야 한다고 결론지었다. 그러나 그들은 아무런 기록도 역사도 남겨놓지 않았다. 그들의 문화는 구전 문화였지 기록 문화가 아니었다. 게다가 그들은 콜럼버스가 도착하고 나서 수십 년 동안 토벌의 대상이었다. 어쩔 수 없이 나는 차선책으로 당시 현장에 있었던 에스파냐 사람들에게 의존할 수밖에 없었다. 우선 당사자인 콜럼버스에게 의존했다. 그가 일지를 기록해두었기 때문이다.

콜럼버스의 일지는 많은 것을 알려주었다. 콜럼버스가 바하마에 상륙했을 때 묘사해놓은 그곳 사람들은 타이노^{Taino}라고도 불린 아라와크 인디언이었다. 그들의 눈에는 별천지에서 온 사람들처럼 보였을 그와 부하들을 환영하기 위해 어떻게 그들이 파도를 가르고 바다로 뛰어들었는지와 그들이 가져온 온갖 선물에 대해서도 기록해놓았다. 콜럼버스는 그들을 평화롭고 온순하다고 묘사했다. "그들은 무기를 지니지 않았고, 내가 보여준 칼도 무엇인지 알지 못했다. 그들은 칼날을 잡다가 손을 베었다"고 진술했다.

다음 달까지 이어진 콜럼버스의 일지에는 아메리카 원주민에 대한 경외감으로 가득하다. "그들은 세상에서 가장 훌륭하고 가장 온순한 사람들이다―그들에게는 악이란 개념조차 없을뿐더러―살인하거나 도둑질도 하지 않고 …… 그들은 이웃을 마치 자신처럼 사랑하며 세상에서 가장 정겨운 대화를 나누고 …… 언제나 웃음이 떠나질 않는다."

콜럼버스가 에스파냐의 후원자 중 한 사람에게 보낸 편지에는 "그들은 매우 순박하고 정직하며, 가지고 있는 모든 것에 대단히 관대합니다"라고 적었다. 콜럼버스의 일지에는 이렇게 적혀 있다. "그들은 훌륭한 노예가 될 것이다. 군인 500명만 있으면 우리가 시키는 대로 뭐든 하게 만들 수 있을 것이다."

콜럼버스는 인디언들을 이 땅의 마음씨 좋은 주인이 아니라 '우리가 시키는 대로 무엇이든 할' 노예로 바라본 것이다.

그렇다면 콜럼버스가 원했던 것은 무엇인가? 그것은 그리 어렵지 않게 알 수 있다. 처음 2주일 동안의 일지를 보면, 스물일곱 번이나 나오는 단어가 있다. 그 단어는 바로 '금'이다. 콜럼버스에 대한 평가에서 끊임없이 강조되었던 것은 신앙심, 원주민들을 기독교도로 개종시키고자 한 열망 그리고 성경에 대한 존경이었다. 물론 그는 하느님의 사업에도 관심이 있었다. 하지만 그는 금에 더 큰 관심을 두고 있었다. 콜럼버스는 동생과 부하들을 데리고 주로 머물렀던 히스파니올라와 주변 섬 전체에 십자가를 세웠다. 그러나 그들은 섬 전체에 교수대도 함께 설치했고, 1500년에 이르자 그 수는 340개에 이르렀다. 십자가와 교수대, 그 진절머리 나는 역사의 단짝이여.

황금을 찾아 나선 원정길에서 인디언들이 가지고 있던 금 조각을 발견한 콜럼버스는 그곳에 엄청난 양의 금이 묻혀 있을 것으로 단정했다. 그는 원주민들한테 제한된 시간 내에 일정량의 금을 캐올 것을 명령했다. 그리고 그들이 할당량을 채우지 못하면 팔을 잘라버렸다. 이를 본 다른 원주민들도 금을 갖다 바치게 하기 위함이었다.

탁월한 콜럼버스 전기 작가이자 하버드 대학의 역사학자인 새뮤얼 엘리엇 모리슨은 이러한 사실을 잘 알고 있었다. 그의 책에는 다음과 같이 기술되어 있다.

"수출용 금을 확보하기 위한 방법으로 누가 이 같이 무시무시한 제도를 고안해냈는지는 모르지만 그 책임은 콜럼버스한테 있었다. …… 산악지대로 달아난 원주민들을 잡기 위해 사냥개들을 풀어 추적했고, 탈출에 성공한 자들은 굶주림과 병마에 시달려야 했으며, 절망에 빠진 수천 명의 불쌍한 원주민들은 그 불행을 끝내기 위해 카사바(덩이뿌리에는 독성이 있지만 가열하면 독성이 사라져 원주민들은 덩이뿌리를 감자처럼 쪄서 먹는다―옮긴이) 독을 마셨다." 이어서 모리슨은 "전적으로 콜럼버스에게 책임이 있는 그 정책과 행위는 1492년 히스파니올라로 명명된 지상낙원의 인구를 절멸시켰다. 현대 민족학자들이 30만 정도로 추정하는 최초 원주민들 중 3분의 1이 1494년과 1496년 사이에 살육당했다. 1508년에 실시된 인구조사를 보면 겨우 6만 명이 살아남았다. 1548년 오비에도[에스파냐의 공식 정복사학자 페르난데스 드 오비에도를 지칭한다]는 살아남은 인디언이 500명도 채 안 될 것으로 추정했다."

그러나 콜럼버스는 에스파냐 본국에 있는 왕과 여왕 및 에스파냐 전주들의 마음을 사로잡을 정도로 금을 확보하지는 못했다. 이에 그는 본국에 다른 전리품인 노예를 보내기로 결정했다. 그들이 잡아들인 약 1,200명의 원주민 중 500명을 추려 짐짝처럼 배에 싣고 대서양을 건넜다. 귀국 도중 추위와 질병으로 200명이 목숨을 잃었다. 1498년 콜럼버스의 일지 글머리를 보면 이렇게 기록되어 있다. "이곳에서 수요를 충족할 만큼의 노예를 거룩하신 성부 성자 성령의 이름을 걸고 실어 나를 것이다."

에스파냐 사람들이 인디언들에게 저지른 행위는 에스파냐-인디언 조우를 가장 자세하게 기록해놓은 바르톨로메 데 라스카사스*Bartolomé de las Casas*(에스파냐의 식민지 개척자, 멕시코 남부의 치아파스 주의 초대 주교, 학자이자 역사가로 16세기 라틴아메리카 원주민의 인권운동가―옮긴이)의 기록을 통해 소름끼칠 만큼 생생하게 전해진다. 라스카사스는 콜럼버스보다 몇 년 늦게 신대륙으로 건너와 히스파니올라와 인근 섬에서 40년을 보내며 에스파냐에 대해 원주민의 권리 옹호를 촉구한 도미니크회 사제였다. 『인도의 참화*The Devastation of the Indies*』에서, 라스카사스는 아라와크 인디언에 대해 "수많은 인간 중에서 이들이야말로 가장 정직하고, 가장 순수하고, 가장 성실한 자들이다. …… 그러나 이 양떼들 사이에 한순간 탐욕스러운 야수로 변해버린 에스파냐 사람들이 들어왔다. …… 그들이 살육과 파괴를 일삼는 까닭은 금을 얻으려는 기독교인들의 목표 때문이다."

잔학 행위는 더욱 퍼져나갔다. 라스카사스는 군인들이 장난삼아 인디언들을 칼로 찌르고, 젖먹이의 머리를 바위 위로 내던지는 것을 목격했다. 저항하는 인디언들은 말과 갑옷, 창, 미늘창, 라이플, 격발식 활과 사나운 개로 무장한 에스파냐 사람들에게

박해를 당했다. 소유 개념이 없어 소유물을 기꺼이 내어주었던 인디언들이 에스파냐 사람들의 물건에 손을 대면 참수당하거나 말뚝에 묶인 채 화형에 처해졌다.

라스카사스의 진술은 다른 목격자들의 이야기로도 확인된다. 1519년 일단의 도미니크 수도회 수사들이 에스파냐 정부의 개입을 희망하는 탄원을 에스파냐 국왕에게 제출했다. 굶주린 개들에게 먹이로 던져진 아이들, 수감된 여성이 낳은 아기가 밀림 속에 버려진 채 죽은 이야기를 비롯해 차마 입에 담기도 어려운 잔학 행위들이 진술되어 있다. 지하 갱도와 지상에서 강제 노역으로 많은 환자가 발생했고 또 죽어갔다. 강도 높은 노동과 굶주림으로 어머니들의 젖이 말라 수많은 아이들이 죽어갔다. 라스카사스는 3개월 동안 목숨을 잃은 아이들이 쿠바에서만 7,000명에 이를 것으로 추정했다.

장티푸스, 발진티푸스, 디프테리아, 천연두 등 유럽인들이 가져온 질병에 면역력이 없었던 원주민들이 가장 큰 희생을 치러야 했다. 그리고 모든 무력 정복이 그렇듯이, 특히 여성은 잔인한 처우에 시달렸다. 쿠에노라는 이탈리아 귀족은 젊은 시절 성 경험을 기록해놓았다. 그의 글에서 '제독'이라 부른 자가 바로 콜럼버스인데, 이는 에스파냐 국왕과 맺은 계약 조건 중 하나로, 콜럼버스는 자신을 제독에 임명해줄 것을 고집했다.

쿠에노의 글을 보면, "나는 …… 육욕을 자극할 만큼 …… 매우 아름다운 카리브 여인을 사로잡았는데 제독께서 그녀를 내게

주셨다. 욕망을 채우고자 했지만 그녀는 이를 거부했고, 손톱을 세워 덤벼드는 모습을 보고 정나미가 뚝 떨어졌다. 하지만 이내 밧줄을 집어 …… 흠씬 두들겨 팼다. …… 결국 우리는 합의를 보았다."

원주민 여성을 강간한 증거는 이것뿐만이 아니다. 새뮤얼 엘리엇 모리슨은, "바하마, 쿠바, 히스파니올라에서 그들은 늘 벌거벗고 다니고, 어디서든 쉽게 다가갈 수 있으며, 고분고분할 것으로 추정되는 젊고 아리따운 여성들을 발견했다"고 묘사했다.

도대체 누가 이렇게 추정했는가? 모리슨과 그 밖에 너무도 많은 사람들이 그렇게 추정했다. 그의 뒤를 이은 너무도 많은 작가들이 그러했듯이, 모리슨은 그 정복을 세계 역사에서 가장 위대하고 낭만이 가득한 모험으로 생각했다. 그는 그의 눈에 남자다운 정복으로 비친 그 무엇인가에 휩쓸린 것 같다. 모리슨은 다음과 같이 적었다.

"신세계가 카스티야의 정복자들에게 순결을 고이 바친 1492년 10월, 그 놀라움과 경이 그리고 기쁨은 영생을 허락받지 못한 인간들로서는 결코 또다시 맛볼 수 없으리."

거의 500년이라는 시차를 두고 쓰인 글이지만, 쿠에노의 표현("우리는 합의를 보았다")과 모리슨이 사용한 표현("고이 바친")을 통해 우리는 '고분고분' 했다며 성적 만행을 합리화하는 그 같은 신화가 근대 역사를 관통하는 동안 얼마나 줄기차게 존속해왔는가를 분명히 알 수 있다.

콜럼버스와 서구 문명

어쨌든 나는 콜럼버스의 일지를 읽었고, 라스카사스의 기록도 보았다. 또한 이 시대에 선구적 역저인 한스 코닝Hans Koning의 『콜럼버스의 모험 정신Columbus : His Enterprise』도 읽었다. 그 책은 내가 『미국민중사』를 발표한 당시에 규격화된 틀에서 벗어나 현대사를 해석한 유일한 책이었다.

책이 출간되자, 전국에서 책과 관련한 편지가 날아들기 시작했다. 그 책은 콜럼버스로 시작해서 1970년대로 마무리되는 600쪽짜리였고, 주제는 바로 콜럼버스였다. 책 앞부분에 콜럼버스를 다루었기 때문에 편지를 보낸 사람들이 앞부분만 읽었다고 생각할 수도 있었다. 하지만 그렇지 않았다. 독자들은 콜럼버스 이야기에서 가장 큰 충격을 받았던 것이다. 왜냐하면 모든 미국인은 초등학교 시절부터 "1492년 콜럼버스는 푸른 바다로 항해해 나아갔다"는 콜럼버스 일대기를 천편일률적으로 듣고 배우며 자라났기 때문이다.

오리건 주의 티가드라는 곳을 들어본 적이 있는가? 약 7년 전에 오리건 주 티가드에 있는 고등학교 학생들로부터 학기마다 20, 30통에 이르는 편지를 받기 전까지는 나 역시 모르던 곳이었다. 아마도 그 학생들을 가르치는 교사가 『미국민중사』를 읽도록 추천한 것 같았다(고등학교인 점을 감안하여 거의 '강제로' 읽히고 있다고 표현할 뻔했다). 그 교사는 책 몇 장을 복사하여 학생들에게 나눠주었다. 그리고 학생들에게 책을 읽은 소감과 질문을 편지로 써 내게 부치도록 한 것이다. 절반가량의 학생들은 한 번도 접해보지 못한 자료를 알게 되어서 감사하다는 반응을 보였다. 나머지 학생들은 어떻게 그런 정보를 얻었고 또 어떻게 그런 터무니없는 결론에 도달했는지에 대해 화를 내거나 놀라워했다. 베다니라는 고등학생은 "내가 읽은 모든 선생님의 글 중 '콜럼버스, 인디언 그리고 인류의 진보'라는 글이 가장 충격적이었습니다"라고 썼다. 열일곱의 브라이언이라는 학생은 이렇게 썼다.

"미국 대륙으로 건너온 콜럼버스에 대한 선생님의 글을 읽고 혼란스러웠던 것 중 하나는 …… 선생님 주장에 따르면, 그가 여자, 노예 그리고 금을 노리고 이곳에 왔던 것 같습니다. 선생님께서는 이 많은 정보를 콜럼버스의 일지에서 얻었다고 하셨습니다. 저는 그런 일지가 정말 있는지, 그리고 만약 있다면 왜 우리 역사에는 안 나오는지 이해가 가지 않습니다. 제가 보는 역사 교과서나 사람들이 쉽게 접하는 역사책에는 왜 선생님의 주장이 하나도 안 실렸는지 궁금합니다."

나는 이 편지를 읽고 깊이 생각해보았다. 한편으로 이 학생이 다른 역사책에서는 이 같은 내용을 전혀 다루지 않았다는 데 분개한 것으로 볼 수도 있었다. 아니면 현실적으로 해석하자면, 그 학생이 "나는 선생이 하는 말을 하나도 못 믿겠소! 당신이 꾸며낸 것이야!"라고 말하는 것으로 이해할 수도 있다.

나는 그러한 반응에 놀라지 않았다. 그것은 미국 문화가 다원화되고 다양하다는 주장, '자유로운 사회'에 대한 우리의 자부심이 어떠해야 하는지를 말해준다. 우리는 세대를 거듭하며 콜럼버스에 관해 천편일률적으로 배우고, 너무도 분명한 사실은 빼놓은 채 교육을 마쳤던 것이다.

오리건 주 포틀랜드에서 교사로 재직하고 있는 빌 비글로우 씨는 미국 전역에서 교육하고 있는 콜럼버스 일대기를 바꾸어보려는 운동을 펼치고 있다. 그는 첫 수업 시간이면 맨 앞줄에 앉은 여학생에게 다가가 그 학생의 지갑을 집어간다고 한다. 그 학생이 "선생님께서 제 지갑을 가서가셨어요!"라고 말하면, 비글로우 선생은 "아니, 난 그냥 발견했을 뿐이야"라고 답한다.

빌 비글로우 씨는 최근 출판된 콜럼버스와 관련된 아동 도서를 조사했다고 한다. 그는 그 책들이 전통적인 관점에서 거의 똑같은 방식으로 기술되었다는 것을 발견했다. 초등학교 5학년용 콜럼버스 전기는 이렇게 시작한다. "옛날에 소금기 가득한 바다를 사랑한 소년이 살았습니다." 나로서는 "옛날에 말을 사랑한 한 소년이 살았습니다"라는 문장으로 시작하는 훈족(4~5세기 무렵 유럽을 휩쓴 아시아의 유목민—옮긴이) 아틸라 왕에 대한 아동용 전기를 상상조차 할 수 없다. 비글로우 씨가 조사한 또 다른 초등학교 2학년용 아동 도서는 다음과 같이 마무리된다. "왕과 여왕은 금과 인디언들을 번갈아 살펴보았습니다. 그들은 놀라워하며 콜럼버스의 모험담에 귀를 기울였습니다. 그리고 나서 그들은 교회에서 기도를 드리고 찬송가를 불렀습니다. 기쁨의 눈물이 콜럼버스의 눈가를 가득 채웠습니다."

한번은 교사 연수회에서 강연한 일이 있다. 교사 중 한 분이 라스카사스 신부가 기록해놓은 끔찍한 얘기들을 들려주기에는 아이들이 너무 어리다는 주장을 폈다. 어떤 교사는 아동용 동화도 폭력 얘기로 가득하다며 그의 말에 동의하지는 않았지만, 악행을 저지르는 인물은 마녀와 괴물 그리고 '나쁜 사람들' 이어야지 콜럼버스를 기리는 국경일까지 제정된 영웅일 수는 없다고 주장했다. 어떤 교사들은 아이들에게 쓸데없는 공포심을 일으키지 않으면서도 진실을 전달할 방법을 제시하여 역사를 왜곡하는 일은 피하고자 했다.

아이들은 아직 진실을 받아들일 준비가 안 되어 있다는 주장은 아이들이 성인이 되어서도 진실을 듣지 못한다는 미국 사회의 현실을 설명하지 못한다. 앞에서 얘기한 것처럼, 나는 대학원에 진학해서도 이전에 주입된 신화를 반박할 만한 정보를 접해본 적이 없었다. 내 책을 읽은 다양한 연령층의 독자들이 충격에 휩싸인 것으로 미루어볼 때, 모든 사람이 나와 비슷한 경험이 있다는 것은 확실하다.

성인용으로 출판된 서적들을 살펴보면, 『콜럼버스 백과사전 *Columbus Encyclopedia*』은 (내 책은 1950년 판이지만, 모리슨이 쓴 전기를 포함하여 당시 구할 수 있었던 모든 정보가 담겨 있다) 콜럼버스에 대한 (약 1,000개 단어로 이루어진) 긴 서문이 실려 있지만 그 책에서 그와 부하들이 저지른 만행은 어느 곳에서도 찾아볼 수 없다. 1986년 판『컬럼비아 대학 세계사 *Columbia History of the World*』를 보면, 콜럼버스에 대한 언급이 여러 번 나오지만 원주민에게 저지른 일은 전혀 다루지 않았다. '아메리카 대륙에 진출한 에스파냐와 포르투갈'이라는 주제를 다룬 몇 쪽에서 주민 처우 문제는 당시 신학자와 현대 사학자들 사이에 논쟁거리였다는 정도로 다룰 뿐이다. 다음 구절을 읽어보면 여러분은 아마도 순수한 사실 덩어리만을 담고 있다는 '균형 잡힌 접근'이 어떤 것인지 감잡을 것이다.

"인디언들을 기독교로 개종시키라는 왕권과 교회의 결정, 신대륙을 개발하는 데 필요한 노동력 그리고 인디언을 보호하려 한 일부 에스파냐 사람들의 노력은 대단히 복잡다단한 관습과 법 그리고 제도를 낳았다. 이는 오늘날까지도 역사가들이 에스파냐의 미국 지배에 대해 엇갈린 평가를 내리는 원인이기도 하다. …… 이처럼 논란의 여지가 있고, 또 어떤 의미에서는 해결 가능성이 보이지 않는 문제에 관한 학술 논쟁이 활발히 진행되고 있지만 잔혹 행위, 심한 노동과 질병이 급격한 인구 감소의 원인이 되었다는 사실에는 이견이 없다. 최근 자료를 보면, 1519년 약 2,500만 명에 이르던 인디언 거주민이 1605년에는 100만 명을 약간 넘은 것으로 추산된다."

'엇갈린 평가 …… 학술 논쟁 …… 해결 가능성이 보이지 않는 문제' 등 온갖 현학적인 수사에도 노예화, 강제 노역, 강간, 살인, 볼모로 삼기, 유럽에서 들어온 질병으로 발생한 황폐화 그리고 엄청난 수의 원주민 살육이 사실이었다는 점에 대해서는 이견이 없다. 논쟁은 이러한 사실을 얼마나 중요하게 받아들일 것인가 그리고 우리 시대가 안고 있는 사안들에 어떻게 대입하느냐다.

예를 들어 새뮤얼 엘리엇 모리슨은 콜럼버스와 부하들이 원주민에게 저지른 행위를 묘사하는 데 상당한 지면을 할애하고, '신대륙 발견'의 전체적인 영향을 규정하는 데 '계획적인 대량 학살로 종족을 근절하다'라는 표현을 썼다. 하지만 그는 이것을 콜럼버스에 대한 찬미로 묻어버린 채 『해양인 크리스토퍼 콜럼버스 *Christopher Columbus, Mariner*』 끝부분에 자기 관점을 집약해 보여준다.

"그에게도 단점과 결함이 있었지만 불굴의 의지, 신에 대한 절대적 믿음과 자신이 바다 건너 대륙에 그리스도의 이름을 알리는 사자라는 소명 의식 그리고 무시와 가난과 조롱에도 포기하지 않은 끈기가 그를 위대한 인물로 만들었다. 하지만 그가 지닌 가장 걸출하고 뛰어난 특성인 배를 다루는 기술에서만큼은 어떠한 결함이나 불순한 모습도 찾아볼 수 없다." 그렇다. 배를 다루는 기술!

한 가지 분명히 해둘 점은 나는 콜럼버스를 비난하거나 찬양하는 일에는 관심이 없다. 그러기에는 이미 너무 늦었다. 우리가 할 일은 다른 세계를 향한 항해에 지원한 콜럼버스의 자격을 논하는 추천서를 작성하는 것이 아니다. 콜럼버스 이야기가 중요하다고 생각하는 이유는 우리 자신에 대해서, 우리 시대에 대해서 그리고 나라와 다음 100년을 위해 우리가 내려야 할 선택이 무엇인지를 말해주기 때문이다.

왜 오늘날 콜럼버스에 관한 거대한 논쟁과 500주년 기념행사가 벌어지고 있는가? 왜 아메리카 원주민과 그 밖의 사람들이 정복자를 미화하는 일에 분개하는가? 또 다른 사람들은 왜 격앙되어 콜럼버스를 변호하는가? 그들이 벌이는 열띤 논쟁은 1492년에 관한 것이 아니라 바로 1992년에 관한 것이기 때문이라고밖에 달리 설명할 길이 없다.

신대륙 발견 400주년이었던 1892년을 되돌아보면 이에 대한 실마리를 찾을 수 있다. 시카고와 뉴욕에서 성대한 기념행사가 열렸다. 뉴욕에서는 5일 동안 가두행진, 불꽃놀이, 육군과 해군의 시가행진이 펼쳐졌고, 백만 인파가 이 도시로 몰려들었다. 지금은 콜럼버스 광장이라 명명된 센트럴 파크 한 귀퉁이에서는 그를 기념하는 동상 제막식이 열렸다. 카네기홀에서는 촌시 더퓨의 연설로 기념행사가 펼쳐졌다.

최근 구스타브 마이어스Gustavus Myers의 고전 『위대한 미국의 부에 대한 역사A History of the Great American Fortune』를 읽어보지 않았다면 촌시 더퓨라는 이름이 생소할지도 모르겠다. 그 책에서 촌시 더퓨는 코넬리우스 밴더빌트와 그가 소유한 뉴욕 센트럴 철도회사의 앞잡이로 묘사되어 있다. 더퓨는 돈 가방 몇 개와 뉴욕 주의원들 앞으로 발급된 무임승차권을 들고 뉴욕 주 수도인 올버니로 건너갔고, 뉴욕 센트럴 철도회사를 위한 보조금과 토지를 양도받아 돌아왔다. 더퓨는 콜럼버스 축제를 부와 번영에 대한 축전이라고 생각했다. 그 축제는 "부와 위대한 사람들의 문명을 대변하며…… 그들의 안녕과 여유, 그들의 기쁨과 즐거움……

그리고 그들의 힘을 대변한다."

당시 도시 빈민가를 가득 메운 가난한 미국 노동자들은 큰 고통을 겪었으며, 그 자녀들은 병들거나 제대로 먹지 못하였다. 당시 인구의 큰 비중을 차지했던 지역 노동자들은 비참한 현실에서 벗어날 길이 없는 듯 보였다. 마침내 농민동맹Farmers' Alliances의 분노와 인민당의 봉기로 이어졌다. 이듬해인 1893년에 경제 위기가 닥쳤고 모두가 빈곤했다.

더퓨가 카네기홀 연단에 올랐을 때, 그는 모든 것을 의심해보는 역사 탐구 정신과 과거 애국심 고취수단이었던 모든 환상과 영웅들을 파괴해버린 근대사상의 밉살스러운 태도를 못마땅하게 여긴 일부 사람들의 불평을 감지했을 것이다. 그러니 콜럼버스에 대한 찬양은 애국 행위였다. 의심은 곧 반애국행위였던 것이다. 더퓨에게 '애국심'이란 무엇이었는가? 바로 콜럼버스와 미국으로 대표되는 팽창과 정복을 찬미하는 것이었다. 그가 연설을 한 지 겨우 6년 뒤에 미국은 에스파냐를 쿠바에서 몰아내고 오랜 세월에 걸쳐 진행된 (군사적으로는 간헐적이었고 정치 경제적으로는 지속적인) 쿠바 점령을 시작하였고, 푸에르토리코와 하와이를 점령했으며, 주권을 빼앗기 위해 필리핀과 피비린내 나는 전쟁을 시작했다.

미합중국이 제2차 세계대전 이후 쇠락의 길로 접어든 옛 유럽 제국들과 어깨를 나란히 하는 열강으로 떠오르자, 콜럼버스 축전과 신대륙 정복 기념제에 자연스럽게 따라붙은 '애국심'은 더욱 강화되었다. 당시 정계의 실력자이자 《타임》, 《라이프》, 《포춘》지를 소유한 (시간, 인생, 부라는 이름의 잡지를 소유했을 뿐 아니라 실제로도 그는 시간과 인생과 부를 거머쥐었다) 갑부 헨리 루스는 20세기는 미국의 뜻대로 세계를 움직이는 '미국의 세기'가 될 것이라고 썼다.

조지 H. W. 부시는 1988년 대통령 취임 수락 연설에서 "선의의 편에 선 우리가 세계를 지배했다는 의미에서 금세기는 미국의 세기로 불려왔습니다. …… 이제 새로운 세기로 접어드는 이때, 다음 100년은 어느 나라의 이름으로 불리겠습니까? 나는 다시 한 번 미국의 세기로 불릴 것이라고 단언합니다"라고 말했다.

잔혹한 20세기가 보여준 생각 없는 애국주의에서 벗어나야 할 이때, 벌써 21세기를 미국의 세기로 또는 어느 한 나라의 세기가 되리라고 기대하는 것은 그 얼마나 오만한 태도인가. 21세기 초 달에 미국 식민지를 건설하고, 2019년에는 화성으로 진출한다는 계획을 세워놓은 부시는 스스로 신세계를 '발견하고' 성조기를 꽂는 제2의 콜럼버스라고 생각하는 것 같다.

촌시 더퓨가 콜럼버스를 찬미하며 불러일으킨 '애국심'의 뿌리는 정복당한 사람들은 열등하다는 생각과 맞닿아 있다. 콜럼버스가 인디언을 공격한 것은 그들을 인간 이하의 존재로 보았기 때문에 정당화되었다. 남북전쟁 직전에 미합중국이 텍사스와 멕시코 영토의 많은 부분을 강탈한 사실도 동일한 인종차별주의로 합리화했다. 텍사스 주 초대 주지사를 지낸 샘 휴스턴은 "이 광대한 대륙의 남쪽 끝까지 앵글로-색슨족으로 가득 채워야 합니다. 멕시코인들은 인디언들과 다를 것이 없고, 우리가 그들의 땅을 빼앗아서는 안 되는 이유를 모르겠습니다"라고 공언했다.

20세기 초, 미국은 폭력을 동반한 신팽창주의 노선 아래 카리브 해와 태평양 지역을 강탈할 수 있었다. 이는 열등한 존재를 대상으로 했기 때문에 용인되었다. 1900년에 연방의회 상원의원이 된 촌시 더퓨가 다시 카네기홀 연단에 올라 이번에는 부통령 후보에 입후보한 시어도어 루스벨트를 지지하는 연설을 했다. 필리핀 점령을 미국의 중국 진출을 알리는 서막이라고 찬미하며, 나아가 "마닐라 만에서 울려 퍼진 듀이호의 포성이 아시아와 아프리카 전역을 뒤흔들었고, 베이징의 왕궁에 메아리쳤으며, 동양인들 마음속에 새로이 서구 열강으로 떠오른 새로운 세력의 존재를 각인시켰습니다. 우리는 유럽과 함께 동방의 무한한 시장에 진입하기 위해 분투하고 있습니다. …… 이들은 오직 무력만을 존중합니다. 나는 필리핀이 앞으로 거대한 시장이 되고 부의 원천이 될 것으로 믿고 있습니다"라고 주장했다.

'위대한 대통령' 명단에 끝도 없이 등장하고, 사우스다코타 주 러시모어 산에 (워싱턴, 제퍼슨, 링컨과 함께) 새겨진 거대한 미국 대통령상 가운데 시어도어 루스벨트는 1893년 하와이 병합 실패를 '백인 문명에 대한 범죄행위'로 규정했다. 루스벨트는 『최선을 다한 인생*The Strenuous Life*』에서 이렇게 적었다. "물론 우리 나라의 역사 자체가 팽창의 역사였다. …… 야만인들을 물리치거나 정복할 수 있었던 것은 …… 오직 투쟁 본능을 잃지 않은 문명화된 강력한 종족의 힘 때문이었다." 필리핀에 주둔 중이던 한 미군 장교는 이를 더 직설적으로 표현했다. "돌려서 말할 것도 없다. …… 우리는 미국 인디언들을 몰살시켰고 모두가 그 일을 자랑스러워한다고 생각한다. …… 그리고 만약 필요하다면, 진보와 개화에 방해가 되는 종족을 뿌리 뽑는 일에 양심의 가책 따위를 느껴서는 안 된다."

16세기 초 에스파냐 정부가 공인한 인디언 역사가인 페르난데스 데 오비에도는 정복자들이 원주민에게 저지른 행위를 부정하지 않았다. 그는 "참혹한 살인이 하늘의 별 만큼이나 셀 수 없이 벌어졌다"고 기록했다. 하지만 이것은 용인되는 일이었다. "이교도들에게 화약을 쓰는 것은 하느님께 분향하는 것과 같은 일"이기 때문이었다(이는 필리핀 정복을 위해 육군과 해군을 파병하고 필리핀인들을 '기독교로 개종시키고 문명화하는 일은' 미합중국의 의무라고 말한 매킨리 대통령을 떠오르게 한다). 인디언들에게 자비를 베풀어 달라고 탄원한 라스카사스와는 반대편에 선 신학자 후안 기네스 데 세풀베다는 "이토록 미개하고 야만스러우며 수많은 죄악과 음탕함으로 오염된 사람들을 정복한 정당한 행위를 어떻게 의심할 수 있는가"라고 주장했다.

1531년 에스파냐에 위치한 모교를 방문한 세풀베다는 터키와의 전쟁에 반대하는 대학생들을 보고 격분했다. 학생들은 "모든 전쟁은 …… 가톨릭 신앙에 반하는 것이다"는 주장을 폈다. 이에 그는 에스파냐의 인디언에 대한 부당한 처우를 옹호하는 철학 논문을 발표했다. 그는 아리스토텔레스의『정치학』에서 어떤 사람들은 "노예로 타고났으며," "그들을 올바른 삶의 길로 인도하려면 야생 짐승처럼 몰아세워야 한다"는 구절을 인용했다. 라스카사스는 이에 "우리는 '네 이웃을 너 자신처럼 사랑하라'는 그리스도의 말씀을 따르고자 하니 아리스토텔레스에게 짐을 꾸려서 떠나라고 합시다"라고 반박했다.

'적'의 인간성을 말살하는 행위는 정복 전쟁에서 어쩔 수 없는 부산물이었다. 이교도이거나 열등한 인종을 상대로 벌어진 잔학 행위는 쉽게 용인되었다. 아시아와 아프리카에서 자행된 미국과 유럽 제국의 노예화와 인종분리 정책은 그런 이유로 정당화되었다. 희생자들은 인간이 아니라는 생각에 따라 베트남 마을 폭격, 색출과 분쇄 작전 그리고 미라이 학살 사건은 그 사건을 저지른 자들의 입맛에 맞게 각색되었다. 그들은 '동양인' 또는 '빨갱이'였고, 그런 일을 당해도 마땅한 존재였다.

걸프전에서는 이라크인의 존재를 인정하지 않는 것으로 그들에 대한 비인간화가 진행되었다. 우리는 여성이나 아이들에게 폭격한 것이 아니었고, 도망치거나 항복하는 평범한 이라크 젊은이를 폭격하거나 포격한 것이 아니었다. 우리는 히틀러 같은 괴물인 사담 후세인과 싸웠던 것이다. 비록 우리가 죽인 이라크인들도 그 괴수의 희생자였지만 말이다. 콜린 파월 장군이 이라크 사상자들에 대한 질문을 받았을 때, 그가 내뱉은 말은 "사실 그것은 내가 그렇게 관심을 두고 있는 문제가 아니오"였다.

미국인들은 이라크 전쟁의 폭력을 용인하도록 유인되었다. 그 이유는 이라크인들을 볼 수 없었기 때문이다. 미국이 오직 '스마트 폭탄(정밀유도폭탄)'만을 사용했다고 주장했기 때문이다. 주요 언론사들은 이라크에서 발생한 엄청난 사상자를 외면했고, 전쟁 직후 급수시설을 폭격하는 바람에 수만 명의 어린아이들이 전염병으로 죽어가고 있다는 하버드 의료진의 보고서를 무시했다.

콜럼버스 관련 축제들은 단지 그가 바다에서 이룩한 위업을 기리는 축제일뿐만 아니라 '발전progress'에 관한 축제이자, 지난 500년 '서구 문명'의 태동기에 이루어진 바하마 상륙을 기념하는 축제이다. 하지만 그런 관념은 재고되어야 한다. 서구 문명을 어떻게 생각하느냐는 질문을 받은 간디는 "좋은 사상입니다"라고 답했다. '발전'과 '문명'의 혜택을—기술, 지식, 과학, 보건, 교육, 생활수준의 발전을—부정하는 문제가 아니다. 그러나 여전히 던져야 할 질문이 남는다. 발전, 참 좋은 말이다. 하지만 그 대가로 인적 비용을 얼마나 치러야 하는가? '발전'이 인간에게 미칠 결과는 생각하지 않고 그저 산업 통계와 기술 변화로 측정될 수 있는가? 러시아를 거대 산업국가 반열에 올려놓았다는 이유로 스탈린 통치와 수많은 사람이 겪은 고통을 정당화하는 러시아의 주장에 동의할 수 있는가?

내 기억이 맞는다면, 고등학교 미국사 시간에 남북전쟁과 제1차 세계대전 사이의 시기는 미국이 경제 대국으로 발돋움한 위대한 산업혁명기, 즉 도금시대^{Gilded Age}라고 배웠다. 특히 철강 및 석유산업의 빠른 성장과 엄청난 부의 축적 그리고 전국을 연결한 철도망을 배우며 느꼈던 전율을 아직도 기억한다. 하지만 이 위대한 산업 발전의 대가로 치러야 했던 인적 비용에 대해서는 듣지 못했다. 흑인 노예의 노동으로 얼마나 엄청난 양의 면화가 생산되었는지, 스물다섯 나이로 세상을 떠날 때까지 열두 살 때부터 방적기 앞에 앉아 일한 어린 소녀들을 기반으로 어떻게 섬유산업이 성장하게 되었는지, 여름날 무더위와 한겨울 추위 속에서 말그대로 죽을 때까지 일한 아일랜드와 중국 이민자들로 어떻게 철도가 건설되었는지, 하루 여덟 시간의 노동을 쟁취하기 위해 왜 이민자와 미국 출신 노동자들이 파업에 나서야만 했는지, 도시 빈민가에 사는 노동자계급 자녀들이 왜 오염된 물을 마셔야만 했는지, 왜 영양실조와 질병으로 죽어갔는지……. 이 모든 일들이 '발전'이라는 미명 아래 일어났다.

산업화, 과학, 기술, 의학의 발달은 엄청난 혜택을 가져다주었다. 하지만 서구 문명 500년 동안, 서구 문명이 전 세계를 지배해온 지금까지 그 혜택은 인류의 극히 일부에게만 돌아갔다. 제3세계에는 수십억에 이르는 사람들이 여전히 기아, 무주택, 질병, 유아 사망에 시달리고 있다.

콜럼버스의 원정이 야만을 문명으로 바꾼 사건이었는가? 콜럼버스가 도착하기 전, 수천 년에 걸쳐 건설된 인디언 문명은 무엇이었단 말인가? 라스카사스를 비롯한 많은 사람들이 인디언 사회에 충만한 나눔과 관용 정신에, 그들이 거주한 공동주택에, 미적 감각과 남녀 평등주의에 경탄했다. 북미 지역의 영국 이주자들은 뉴욕과 펜실베이니아에 거주했던 이로쿼이 인디언의 민주주의를 보고 놀라워했다. 미국 역사학자 게리 내쉬는 이로쿼이 문화를 다음과 같이 묘사했다.

"유럽인이 건너오기 전 북동부 삼림지대에는—유럽 사회의 권력 기구인—법령이나 포고령, 보안관이나 경관, 판사나 배심원이나 법정이나 감옥도 찾아볼 수 없었다. 하지만 용인되는 행동 범위는 분명했다. 스스로 자율적인 인격체임을 자랑스럽게 여긴 이로쿼이 인디언들은 옳고 그름에 대한 엄격한 분별력이 있었다."

서부로 세력을 넓히는 과정에서 신생 미합중국은 인디언의 영토를 빼앗고, 그들이 저항하면 죽였으며, 식량과 삶의 터전을 파괴하며 그들을 점점 더 좁은 지역으로 몰아갔다. 그리고 급기야는 인디언 사회를 조직적으로 파괴해나갔다. 북미 지역 인디언들과 벌인 수많은 전쟁 중 하나인 1830년대 블랙호크 전쟁 때 미시건 주 주지사 루이스 카스는 인디언들로부터 수백만 에이커의 땅을 빼앗은 행위를 가리켜 '문명의 발전'이라고 불렀다. 그는 "야만인들은 문명화된 사회에서 살 수 없다"고 말했다.

오늘날 일부는 긍정적인 의미에서 그것을 '사유화'라고 할지도 모른다. 하지만 얼마 되지 않는 사유물을 가지고 살아가고 있던 인디언 자치 지역 해체에 관한 법안이 의회에서 마련된 1880년대를 살펴보면, 우리는 이들 인디언들이 얼마나 '야만'스러운

지 가늠할 수 있다. 이 법안을 작성한 상원의원 헨리 다위스는 체로키족을 방문했을 때 느낀 점을 이렇게 기록했다.

"부족을 통틀어 자기 집이 없는 가정은 없었다. 부족 내에는 단 한 명의 거지도 없었고, 그 부족에게는 단돈 1달러의 빚도 없었다. …… 스스로 학교도 세우고 병원도 지었다. 하지만 체제의 결함은 너무도 명백했다. 그들은 땅을 공동으로 소유하고 있으므로 발전하는 데 한계가 있었다. …… 그곳에는 내 집을 이웃집보다 더 좋게 만들어줄 기업가 정신이 없었다. 문명의 바탕에 흐르는 이기심이 그곳에는 존재하지 않았다."

'문명'의 바탕에 흐르는 그 이기심이 콜럼버스를 충동질했다. 이는 미국 정치 지도자들과 언론이 서방세계가 소련과 동구 유럽에 '이윤 동기'를 심어주어 엄청난 혜택을 베풀어줄 것이라고 떠들어대며 지금껏 떠받드는 그 무엇과 맞닿아 있다. 어떤 면에서 이윤 동기가 경제 발전에 도움을 준다는 점을 인정하더라도 그 동기는 서구 '자유 시장' 역사에 끔찍한 결과를 남겼다. 또한 수백 년 동안 '서구 문명'을 줄곧 무자비한 제국주의로 이끌어왔다.

조지프 콘라드는 한동안 아프리카 콩고 북부에서 지낸 뒤에 발표한 『암흑의 핵심Heart of Darkness』에서 오직 상아에 눈이 먼 백인을 대신해 감옥에 간 흑인들의 행동을 그렸다. 그는 이렇게 썼다.

"속삭이듯 한숨짓듯 대기 중에 '상아'라는 단어가 울려 퍼졌다. 당신은 그들이 상아를 향해 기도라도 올린다고 생각했을 것이다. 저 대지의 내장에서 그 보물을 뜯어낸 것은 그들의 욕망이었고, 마치 금고 안으로 침입해 들어가는 강도떼처럼 그 욕망에는 아무런 도덕적 의지도 남아 있지 않았다."

통제를 벗어난 이윤 추구는 인간을 엄청난 고통에 빠뜨렸다. 일터에서는 착취를 일삼고, 노예화와 잔혹 행위를 야기했으며, 위험한 노동 환경과 아동 노동, 토양과 숲의 파괴 그리고 우리가 숨 쉬는 대기와 마시는 물과 먹는 음식의 오염을 유발했다. 1933년에 발표한 자서전에서 루터 스탠딩 베어 추장은 이렇게 썼다.

"백인들이 엄청난 변화를 가져온 것은 사실이다. 하지만 그 문명의 다채로운 과일들은 비록 화려하고 먹음직스러워 보이기는 하지만 병과 죽음을 퍼뜨린다. 그리고 만약 손과 발을 잘라 불구로 만들고, 강탈하고, 좌절시키는 것이 문명의 일부라면, 도대체 발전이란 무엇인가? 나는 티피(인디언 천막—옮긴이)에서 삶과 그 의미를 명상하고, 모든 만물이 형제임을 받아들이며, 자신과 만물이 하나임을 인정하는 것이 진정한 문명의 정수를 내면화하는 일이라 생각한다."

오늘날 환경 위기는 과학자들과 다른 분야의 학자들에게 지금까지 정의되어온 '발전'의 가치를 다시 생각하도록 만들었다. 1991년 12월, MIT 대학에서는 50명의 과학자와 역사학자들이 서양 사상의 발전 개념을 논의하는 학회를 이틀에 걸쳐 열었다. 《보스턴글로브》는 이 학회에 대해 다음과 같은 기사를 실었다.

"MIT 학술회의의 한 참가자는 자원 낭비와 환경오염으로 가득 찬 이 세계는 이제 성장과 발전 대신 보존과 안정을 생각해야 할 시기라고 말했다. …… 간혹 감정 섞인 언사와 열띤 언쟁으로 경제학, 종교학, 의학, 역사학 그리고 과학 분야의 학자들 간에 논쟁이 중단되기도 했다."

학회에 참가한 역사학자 레오 마르크스는 인간이 자연을 제압하려 한 전통적인 의미와는 거리가 있지만, 자연과 조화롭게 공존하려는 노력 그 자체가 발전이라고 말했다.

따라서 콜럼버스를 비판적으로 되돌아보는 일은 발전과 문명, 상호 관계, 자연 세계를 비롯한 관계에 관한 모든 관계에 의문을 제기하는 것이다.

내가 그랬던 것처럼, 여러분도 우리가 지금까지 했던 방식으로 콜럼버스를 평가해서는 안 된다는 얘기를 여러 차례 들었을 것이다. 그런 사람들은 이렇게 주장한다. "당신들은 20세기의 시각에서 콜럼버스를 평가하고 그를 시대적 상황 밖으로 끄집어내고 있소. 500년 전에 일어난 사건에 우리 시대의 가치를 대입해서는 안 되오. 그것이 바로 역사요."

나는 이러한 논변을 이해할 수가 없다. 잔학 행위, 착취, 탐욕, 노예화 그리고 무력한 사람들에 대한 폭력이 15세기와 16세기 사람들에게만 국한된 가치 체계일 뿐, 20세기를 살아가고 있는 우리는 그 수준을 넘어섰다고 주장하는 것인가? 콜럼버스 시대와 우리 시대를 관통하는 인류의 가치 체계는 전혀 존재하지 않는다는 말인가? 그가 살았던 시대와 우리 시대 모두 노예를 부리는 자와 착취를 일삼는 자가 존재한다는 사실과 동시에 그가 살았던 시대와 우리 시대 모두 그 같은 노예화와 착취에 맞서 인권을 위해 투쟁한 사람들이 있었다는 사실이 바로 그런 가치 체계가 존재한다는 것을 증명한다.

다행히 아메리카 대륙 발견 500주년이 되는 올해, 이전에 열린 콜럼버스 축제와는 달리 미국과 아메리카 대륙 전역에 항의의 물결이 일었다. 그리고 그 중심에 인디언들이 있다. 이들은 학술회의와 모임을 조직하고, 시민 불복종 운동에 참여하고, 미국 대중들에게 500년 전 미국에서 어떤 일이 벌어졌는지 그리고 그 사건이 오늘 우리에게 무엇을 말해주는지 역사의 진실을 알리고 있다.

대다수 신세대 현직 교사들이 아메리카 원주민의 관점에서 콜럼버스를 바라보아야 한다고 주장하는 것은 매우 반가운 일이다. 1990년 가을, 나는 로스앤젤레스에서 열린 콜럼버스 관련 토론회 진행자로부터 전화를 받았다. 그 토론회에 전화를 걸어 의견을 밝힌 사람 중에는 블레이크 린지라는 그 도시 출신의 고등학생도 있었다. 그 학생은 로스앤젤레스 시의회가 콜럼버스 축제에 반대해야 한다는 주장을 폈다. 그 학생은 토론회에 참석한 시의회 사람들에게 에스파냐 사람들이 저지른 이로쿼이 인디언 학살에 대해 얘기했다. 시의회는 아무런 답변도 하지 않았다. 자신을 아이티 섬 출신 이주자라고 소개한 여성이 토론회 도중 전화를 걸어왔다. 그 여성은 "그 여학생 말이 맞아요. 남아 있는 인디언은 없습니다. 아이티 사람들이 마지막으로 대정부 시위를 벌였을 때 콜럼버스 동상을 부숴버렸고, 지금 그 동상은 아이티 수도인 포르

토프랭스 시청 지하에 보관되어 있습니다"라고 말했다. 그리고 "새로운 시대를 상징하는 동상을 세우는 것은 어떨까요?"라는 말로 발언을 마무리했다.

여전히 왜곡된 교과서가 쓰이고 있지만, 더 많은 교사와 더 많은 학생들이 의문을 제기하고 있다. 빌 비글로우 씨는 전통적인 역사서에 반하는 글을 읽은 학생들 반응을 이렇게 묘사했다. 한 학생은 "1492년 콜럼버스가 푸른 대양을 항해했다. …… 그 이야기는 스위스 치즈만큼이나 완벽하다"라고 썼다. 앨런과 베이컨은 교과서에서 중요한 사건들이 다수 누락되었다는 내용의 미국 역사 교과서 비평을 출판업자에게 보냈다. 그 학생은 편지에 "한 가지 사례만 들겠습니다. 콜럼버스는 어떤가요?"라고 적었습니다. 또 다른 학생은 이런 글을 남겼습니다. "저는 출판업자들이 조국에 대한 애국심을 더 높이기 위해 영광스러운 이야기들을 찍어낸 것이라고 느꼈습니다. …… 그들은 우리가 조국을 위대하고 강하며 언제나 옳다고 여기길 바랍니다. …… 우리는 거짓말을 들으며 자라왔습니다."

최초로 배운 콜럼버스 이야기가 진실의 전부는 아니었다는 것을 학생들이 깨닫는 순간, 그 경험은 그들이 받은 모든 역사 교육에 대한 건강한 회의론으로 이어지게 된다. 비글로우 씨의 제자 중 레베카라는 학생은 이런 글을 썼다. "사실 누가 아메리카 대륙을 발견했다는 것이 뭐가 중요한가요? …… 하지만 이에 관해 지금껏 거짓말만을 들어왔고, 다르게 알고 있는 사람이 있다는 생각이 정말 화나게 합니다."

학교와 대학에서 일고 있는 이 같은 새로운 비판적 사고가 이른바 '서구 문명'을 찬양해온 사람들에게는 위협이 되는 것 같다. 레이건 행정부의 교육부 장관이었던 윌리엄 베넷은 1984년 작성한 '고등교육의 인간애에 대한 보고서'에서 서구 문명을 "우리 공동의 문화이며 …… 가장 고귀한 이념이자 열망"이라고 평했다. 서구 문명에 대한 가장 열렬한 옹호자인 철학자 앨런 블룸은 1960년대 사회운동이 몰고온 대학 교육 분위기의 변화를 보고 공포감에 휩싸여 『미국 정신의 종말 *The Closing of the American Mind*』을 집필했다. 그는 코넬 대학에서 교육에 대한 터무니없는 간섭이라 여긴 학생 시위를 접하고 두려움에 휩싸였다. 블룸이 생각한 교육이란 소수의 아주 명민한 학생들이 명문 대학에 모여 플라톤과 아리스토텔레스를 연구하고, 그들의 사색이 강의실 바깥에서 벌어지는 시끄러운 반인종주의 집회나 베트남 전쟁 반대 시위 때문에 방해받기를 거부하는 것이었다.

블룸의 글을 읽으며 조지아 주 애틀랜타의 흑인 단과대학에서 재직 중이었을 때 함께 근무했던 동료들의 얼굴이 떠올랐다. 민권운동이 한창이었을 때에 그들은 구속당할 위험을 무릅쓰고 인종 분리주의에 맞서 연좌 항의 집회장을 향해 강의실을 나서는 학생들을 보고 못마땅해하며 머리를 가로저었다. 그들은 학생들이 자신들의 가르침을 무시한다고 말했다. 사실 그 학생들은 사회 투쟁에 참여한 몇 주 동안에 강의실에서 1년 동안 배우는 것보다 훨씬 더 많은 것을 배웠다.

이 얼마나 편협하고 정체된 교육관인가! 이는 서구 문명이 인류가 이룩한 정점에 있다는 역사관과 완벽하게 맞아떨어진다. 그들은 블룸이 저서에 쓴 것처럼, "오직 서구 국가들 중에서, 즉 그리스 철학에 영향을 받은 나라들 중에서만 절대 선과 자신이 나아가는 길이 일치하는지를 회의해보고자 하는 의지를 찾아볼 수 있다"라고 생각한다. 만약 이러한 회의에 대한 의지가 그리스 철학의 특질이라면, 블룸과 서구 문명을 우상화하려는 그의 동지들은 그 철학에 대해 무지한 것임에 분명하다.

만약 서구 문명이 인류 진보의 정점이라면, 미국은 이 문명을 가장 잘 대표하는 나라일 것이다. 앨런 블룸은 또 이렇게 주장한다. "바로 이것이 세계사에서 미국이 갖는 의미이다. …… 미국은 일관된 하나의 노선을 견지해왔다. 그것은 바로 자유와 평등의 중단 없는 전진이다. 사람들이 이 땅에 처음 정착한 그 순간부터 그리고 최초의 정치체제가 수립되었을 때부터 줄곧 우리에겐 자유와 평등이 정의의 본질이라는 점에서 이론의 여지가 없었다……."

좋다, 그렇다면 흑인들, 아메리카 원주민들, 노숙자들, 의료보험 혜택도 받지 못하는 사람들 그리고 미국 외교정책에 희생된 저 외국인들에게 미국은 "자유와 평등에 대해 …… 일관된 하나의 노선을 견지해왔다"고 한번 얘기해보라.

서구 문명은 복잡다단하다. 그 안에는 많은 것이 담겨 있다. 어떤 것은 품격 있고, 또 어떤 것은 끔찍하다. 루이지애나 KKK(미국 백인우월주의 비밀결사 단체—옮긴이) 단원이자 전 나치주의자인 데이비드 듀크가 사람들이 자신을 잘못 이해하고 있다고 강변하는 것을 들으며, 우리는 서구 문명을 무비판적으로 찬양하기에 앞서 잠시 머뭇거릴 수밖에 없을 것이다. 그는 어느 기자에게 이렇게 말했다. "내 일관된 사상은 서구 문명에 대한 사랑이오."

우리가 콜럼버스 전기는 관습적으로 기술된 역사를 비판적으로 보아야 한다고 주장하면 이를 두고 자유로운 표현에 해가 되는 정치적 정당성만을 고집하는 사람들이라고 매도해버린다. 나는 이런 주장을 이해할 수 없다. 사상의 스펙트럼을 넓히길 거부하고, 역사에 대한 새로운 기술과 새로운 접근, 새로운 정보와 새로운 시각을 인정하지 않는 자들은 바로 낡은 역사, 인습에 갇힌 역사의 수호자들이다. '자유 시장'의 신봉자라 자처하는 그들은 사실 자유로운 상품과 용역 시장을 신봉하지 않는 것만큼이나 자유로운 사상 시장의 가치도 믿지 않는다. 그 가치가 물질을 거래하는 상품 시장이 되었든 아니면 사상 시장이 되었든 간에, 그들은 권력과 부를 가진 자들이 늘 시장을 지배하기 바랄 뿐이다. 그들은 새로운 사상이 그 장터에 들어오면 지난 500년 '문명기' 동안 우리에게 그토록 많은 괴로움과 그토록 많은 폭력과 그토록 빈번한 전쟁을 안겨준 사회 질서에 대해 사람들이 다른 생각을 품게 될까봐 걱정한다.

콜럼버스가 이곳에 오기 전에도 괴로움과 폭력 그리고 전쟁이 있었지만 그때는 자원도 한정되었고 사람들도 서로 고립되어 있어서 그런 일이 생겨날 가능성은 적었다. 하지만 최근 수세기 동안 세계는 놀랄 만큼 좁아졌고, 우리가 공평한 사회를 창조할 가능성은 엄청나게 커졌다. 이제는 기아, 무지, 폭력 그리고 인종차별주의가 의지할 변명거리는 존재하지 않는다.

역사를 다시 생각해보는 것은 단지 과거를 돌아보는 것이 아니라 현재를 응시하는 일이다. 우리가 하고자 하는 일은 이른바 문명의 혜택을 볼 수 없었던 사람들의 관점에서 역사를 바라보는 것이다. 우리가 이루고자 하는 일, 우리가 이루고자 하는 세상을 다른 관점에서 조망하는 일은 아주 단순하지만 매우 중요하다. 21세기로 접어드는 지금, 만약 우리가 그 새로운 세기에 새로운 무엇을 기대한다면, 만약 우리가 그 시대는 미국의 세기도, 서구의 세기도, 백인의 세기도, 남성의 세기도, 혹은 어느 나라나 특정 집단의 세기도 아닌 인류의 세기가 되기를 바란다면 그런 일은 꼭 필요한 것이다.

민주주의를
더 나은 방향으로
이끄는 길

이 글은 하워드 진의 동의를 얻어 1998년 12월 3일에 《그레이매터스》와 인터뷰한 내용을 실은 것

이다.

그레이매터스 │ 먼저 좌파 지식인 전반에 대한 질문을 드리고 싶습니다. 퀘벡에서 발행되는 《락뛰알리떼*L'Actualité*》라는 시사 잡지를 보면, 1970년대 퀘벡 지방에서 활동한 마르크스-레닌주의자에 관한 7쪽짜리 소고가 있습니다. 대부분 마흔다섯 살에서 쉰다섯 살로 접어드는 언론인으로, 교수로, 노동운동가로, 의사로, 지역공동체 활동가로, 기업가로, 정치인으로 활동하는 그들을 담당 기자가 인터뷰했지요. 인터뷰에 응한 사람들 중 대다수가 해고당한 사람들이었기 때문에 사람들이 알아보는 것을 원하지 않았고 이름 밝히기를 원치 않았습니다. 하지만 이 사람들은 세상을 바꾸고자 했습니다. 과거 좌파 지식인들은 공산주의자라는 이

유만으로 캄보디아 크메르루주(캄보디아의 공산계 게릴라 일파—옮긴이)와 폴 포트^{Pol Pot}(1925~1998. 캄보디아 정치인이자 총리 역임—옮긴이)를 지지했고, 미국 제국주의에 대항해 싸운다거나 또는 공산주의를 알바니아나 중국으로 퍼뜨린다는 이유에서 베트남의 베트콩을 지지했습니다.

그 기사에서 인터뷰한 사람들 중 한 인사는 당시 북미 지역 좌파는 (중국, 알바니아 등) 이상으로 추구하는 모델이 있었다는 말을 했습니다. 하지만 오늘날 그런 모델은 더 이상 존재하지 않습니다. 교수님이라면 오늘날 어떤 모델을 추구하시겠습니까?

진 | 미국 내 좌파를 협의로 정의하지 않는 이상, 좌파로 분류된 대다수 사람들은 마르크스주의 관료 체제나 세계 곳곳에 존재했던 독재 정권을 지지하지는 않았다는 사실을 먼저 지적하고 싶습니다. 그런 일은 1950년대에 막을 내렸습니다. 스탈린의 본색이 드러나자 더는 그런 체제를 동경하는 일은 일어나지 않았지요. 잠시 동안이었지만 공산화된 중국에 대해 환상을 품은 때가 있었습니다. 제 생각에는 그 환상에서도 벗어났던 것 같아요. 사회주의와 민주주의를 신봉하는 사람들까지 모두 포함해 좌파를 더 넓은 의미에서 정의한다면, 스스로 마르크스주의자라고 포장했지만 관료적이고 때로는 잔인한 독재 정권을 창출한 다른 나라의 정치 지도자들을 지지했던 좌파는 실제로 소수에 불과하다는 사실입니다. 따라서 단지 마르크스주의자라는 이유에서 좌익 독재자

들을 지지했던 소수와 그 밖의 사람들을 구분하는 것이 매우 중요하다고 생각합니다. 그리고 좌파에 속한 절대다수의 사람들이 스탈린주의를 거부했고, 사회주의와 민주적이고 범세계적인 하나의 새로운 세계질서를 지향했다고 생각합니다.

오늘날 넓은 의미의 좌파가 모델로 삼고 있는 나라는 존재하지 않습니다. 보통 좌파에 속한 사람들이 이 나라 저 나라에서 모델로 삼을 만한 체제를 부분적으로 찾을 수는 있겠지만, 어느 한 나라에서 이상 사회를 발견하기는 어렵습니다. 제가 보기에는 스칸디나비아 국가들에 본받을 만한 점들이 있다고 생각합니다. 또 뉴질랜드 같은 나라는 노인과 어린아이와 여성을 배려하는 사회주의적 특성이 있는데, 그들이 받는 혜택은 미국과 같은 자본주의 사회가 제공하는 수준을 훨씬 넘어섭니다. 그러니까 그런 모델들을 새로운 사회체제의 일부분으로 생각할 수 있겠지요. 하지만 사회주의와 민주주의를 조화롭게 결합한 곳은 아직 지구상에 없습니다.

그레이매터스 | 교수님의 저서 『오만한 제국*Declarations of Independence*』을 보면 좌파가 동구 유럽과 중국 사회주의 체제에 대해서뿐만 아니라 어느 정도는 에스파냐 무정부주의자 등에 집착하는 이유를 언급하셨습니다. 교수님께서는 앞으로 어떤 쪽이 좌파의 이념 모델이 될 것으로 보시는지요?

진 제 생각으로는 역사적으로 실존했던 모델을 찾는 것보다 새로 정의하는 편이 훨씬 쉬울 것 같습니다. 조금 전에 에스파냐 내전 초기의 카탈루냐를 언급하셨는데, 조지 오웰이 『카탈로니아 찬가 *Homage to Catalonia*』에서 묘사했듯이 놀랄 만큼 평등한 사회지요. 역사적으로 그런 순간들이 실재했습니다. 가령 파리 코뮌의 경우 1871년에 단 몇 개월 동안이었지만 다시 한 번 파리에 풀뿌리 민주주의가 뚜렷하게 자리 잡았던 시기가 그런 순간들이었지요. 하지만 이외에는 그런 상태가 유지된 사례를 찾을 수 없습니다. 그러나 이념 모델을 꼽아보라고 한다면, 19세기에 들어 카를 마르크스 및 프리드리히 엥겔스와 함께 주목받은 이념들, 그 밖의 지역에서 큰 반향을 일으킨 에마 골드만, 알렉산더 버크만, 표트르 크로포트킨의 무정부 노동조합주의anarcho-syndicalism, 유진 뎁스, 마더 존스, 헬렌 켈러 같은 미국 사회주의자들을 지목할 수 있습니다. 여기서 오늘날에도 좌파에 속한 사람들이 관심을 가질 만한 이념 모델을 발견할 것이라고 생각합니다.

카를 마르크스를 예로 들어봅시다. 마르크스가 소련에서 벌어진 일을 보았다면 아마 경악했을 것입니다. 소련에서는 노동자계급의 독재 정권이 아니라 중앙위원회나 정치국, 심지어 일인 독재 정권이 탄생했습니다. 마르크스는 공산주의가 개인의 자유를 보장할 것이라 생각했습니다. 그는 『공산당 선언』에서도 이를 언급했고, 경제 정의 문제를 해결하는 일이 정치적 정의, 평등 그리고 진정한 민주주의 구현을 위한 기반으로 보았습니다. 그리고

민주주의를 더 나은 방향으로 이끄는 길

누군가 그의 프롤레타리아 (계급) 독재론을 비판했을 때, 마르크스는 파리 코뮌에 대한 찬양으로 답했습니다. 일단 독재라는 말이 주는 어감이 좋지 않을 뿐 아니라, 오늘날 독재 정권이 빚어낸 결과들에 비춰보면 더욱 그렇겠지요. 하지만 프롤레타리아 독재는 소수가 주도한 독재와는 전혀 다릅니다. 내 말의 뜻을 알고자 한다면 파리 코뮌을 보라고 마르크스는 말했습니다. 그것을 독재라고 할 수는 없죠.

알고 보면 마르크스 사상은 새로운 사회 창조에 관한 것입니다. 즉 기업이 경제를 좌우하는 것을 방지하고, 경제체제 내에 무정부 상태를 일소하자는 사상입니다. 이윤 동기에 따라 누가 무엇을 소유할지가 결정되는 자본주의 경제체제에서 무정부 상태를 없애는 일이 이른바 마르크스주의 국가들에서 그랬듯이 반드시 독재 정권이 들어선다고 할 수는 없겠지요. 또한 이윤 동기로 부는 상위 계층에 집중되고, 하위 계층은 박탈감을, 중산층은 불안감을 떠안게 됩니다. 그리고 어느 단계에 이르면 모든 사람들의 기본적인 요구가 충족될 것이라는 마르크스의 사회관은 가능하지는 않지만 바람직한 것만은 사실입니다. 사람들은 자신의 능력에 따라 사회에 기여합니다. 그리고 사회는 사람들의 필요에 따라 분배합니다. 기술이 인간을 위해 정당한 방법으로 사용됨에 따라 노동시간은 단축됩니다.

미래 사회에 대한 마르크스 사상과 자본주의에 대한 비판 그리고 좋은 사회란 어떤 것인가에 대한 마르크스의 통찰은 오늘날에도 매우 유효합니다. 무정부주의나 사회 민주주의 같은 다른 많은 사상과 더불어 좌파에 속한 사람들에게 유용할 것이라고 생각합니다.

어린 시절에 사회주의자였던 업턴 싱클레어의 작품을 읽었습니다. 그는 『정글*The Jungle*』이라는 작품에서 20세기에 막 접어든 무렵 시카고에 있는 육류 가공 업체의 현실을 폭로했습니다. 그 작품은 소설이었지만 싱클레어는 그 소설 끝에 등장인물의 입을 빌어 좋은 사회란 어떤 모습일까에 대해 묘사했습니다. 그가 말하기를, 좋은 사회에서는 땅에서 얻은 열매가 똑같지는 않지만 공평하게 분배되고, 기업 이윤이 경제체제의 목적이 아니라 사람들의 필요가 의사결정의 기준이 되며, 민주주의가 살아 있고, 사람들 의견이 단지 선거나 정치 지도자를 선정하는 데 그치지 않고 경제를 운영하는 데도 영향을 끼칩니다.

따라서 제 생각으로는 그 사상들 모두가 (공산주의, 사회주의, 무정부주의) 오늘날에도 여전히 의미가 있습니다. 이 사상들은 20세기 초기와 중기에 창궐한 자칭 마르크스주의자들의 관료주의 독재와는 큰 차이가 있다고 생각합니다.

그레이매터스 탁월한 학자로서 오랫동안 활동해오셨는데, 최근에는 희곡 『마르크스 뉴욕에 가다*Marx in Soho*』와 『에마 골드만*Emma Goldman*』을 발표하셨더군요. 문학에 대한 관심뿐 아니라 연작 다큐멘터리를 위한 대본도 준비하고 계신 것으로 알고 있습

민주주의를 더 나은 방향으로 이끄는 길

니다. 진보 정치에서 예술가들의 역할은 무엇이라고 생각하십니까? 에드워드 S. 허만과 노암 촘스키는 오늘날 현존하는 질서를 만드는 일에 일부 지식인들이 담당한 끔찍한 역할에 대해 기술한 바 있습니다. 진보 정치에서 예술과 문학이 해야 할 일은 무엇일까요?

진 위대한 예술가와 작가들이 기존 사회를 거리낌 없이 비판하고 또 다른 사회를 열망하는 모습에 늘 충격을 받아왔습니다. 물론 예외도 있지요. 예술계에는 방금 말씀하신 그런 지식인들처럼, 기존 질서의 옹호자가 되거나 매수되어 봉사하는 사람들도 있습니다. 실제로 그런 예술가들이 있었지요. 물론 히틀러 밑에서 일한 영화인들도 보았고, 다른 나라에서도 잔혹한 정권을 떠받치는 일에 기꺼이 헌신한 예술가들을 보아왔습니다.

저는 예술가 하면, 톨스토이가 떠오릅니다. 그는 어느 순간 자신이 쓴 위대한 소설도 세상을 바꾸기에는 부족하다는 결론을 내렸던 것 같습니다. 그래서 시민 불복종 운동이 왜 필요한지, 군인들이 출전 명령을 왜 거부해야 하는지, 농민한테 무엇이 절실하게 필요한지에 대한 글을 쓴 것이겠지요. 뿐만 아니라 러시아 농민이 처한 어려움을 덜어주기 위한 운동에도 투신했습니다. 그 밖에도 파리 코뮌에 헌신한 예술가들, 파리 코뮌 지도자였던 코르베가 떠오릅니다.

현대로 들어오면 사르트르와 카뮈가 떠오릅니다. 비록 두 사람이 다양한 문제에 대해 서로 다른 의견이었지만, 이들 모두 파시즘에 반대했고 더 나은 사회를 창조하자는 이념에 자신의 이름과 예술을 바쳤습니다. 또한 사회적 신념을 가진 극작가들에게서 늘 감동을 받아왔습니다. 체호프와 고골리, 아서 밀러와 릴리언 헬먼 그리고 음악가와 가수들, 시인들에게서도 마찬가지고요. 이 땅에서 일어난 흑인 인권운동과 거기에서 폴 로비슨이나 랭스턴 휴즈가 맡았던 역할을 생각해봅니다. 그들은 단지 사람들에게 기쁨과 즐거움을 주는 시작詩作 활동이나 노래를 부르는 일에 만족할 수 없었습니다. 자신의 시와 노래가 이 시대에 벌어지는 사회운동에 도움이 되기를 원했습니다.

그래서 저는 예술가들이 긍정적이면서도 아주 특별한 역할을 수행한다고 봅니다. 예술은 자칫 건조하고 호소력이 떨어질 수 있는 이념의 문제를 음악, 시, 소설, 연극 그리고 미술을 통해 전달되는 열정으로 고취시킬 능력을 가지고 있기 때문입니다. 예술은 힘을, 다시 말해서 감정으로 이념의 강도를 고취시키는 특별한 힘이 있습니다. 그렇기에 지배 세력이 거의 모든 물리력, 군사력, 경제력을 거머쥔 현실에서 예술은 대등한 상황을 만들고자 하는 것입니다. 따라서 주류에 속하지 못한 사람들, 돈이 없는 사람들, 무력을 동원할 수 없는 사람들, 사회운동을 조직하는 사람들과 같이 권력에서 소외된 사람들에게 예술은 사람들을 동원하고, 사람들에게 영감을 주고, 종이에 인쇄된 글귀나 안내 책자나 책만 가지고는 할 수 없는 일들을 위해 정말 필요한 것입니다.

그레이매터스 예술은 권력 구조에 대한 정서적 혁명과 정서적 저항을 가능하게 하죠.

진 에마 골드만의 자서전을 읽어보면, 단순히 그녀 삶에 대한 얘기가 아니란 것을 알게 됩니다. 그녀의 자서전을 학생들에게 권했습니다. 학생들은 단지 그녀의 인생 역정이나 그녀가 겪은 사건들만을 읽은 게 아니었습니다. 학생들은 정신적으로 성장했고, 이 여인이 겪은 일과 지켜내고자 한 것, 용기와 권력에 대한 저항에 감화를 받았습니다. 그녀의 자서전을 읽는 것은 특별한 감정적 경험이었지요.

그레이매터스 교수님께서는 에마 골드만과 그녀의 권력에 대한 저항에 대해 얘기하신 적이 있지요. 교수님의 저서 『오만한 제국』에서 "법에 대한 절대 복종으로 얼마간 질서를 이룰 수는 있지만 정의를 구현할 수는 없다"고 말씀하셨습니다. 우리가 언제, 또 어떤 이유에서 법에 복종하지 말아야 하며 오늘날 법에 대한 불복종이 초점을 맞추어야 할 부분은 무엇이라고 생각하시는지 궁금합니다.

진 언제나 법을 어기라는 주장이 시민 불복종 운동의 원칙은 아닙니다. 다만 어떠한 경우에도 반드시 법을 따라야 한다는 원칙을 거부하는 것입니다. 그리고 그것은 법과 도덕이 어떤 상황에서 부합하고, 또 부합하지 않는지, 그리고 법이 전쟁이나 인종주의 혹은 성차별주의와 같은 끔찍한 행위에 편을 드는지에 대해 판단하겠다는 의지의 표명입니다. 그러니까 불의를 조장하는 법에 복종해서는 안 되는 것이죠. 때로는 법 그 자체에 복종을 거부하기도 하지만, 때로는 무단 침입이나 시위를 금지하는 법률에 대한 불복종 운동이 일기도 합니다. 1930년대 미국에서 파업 노동자들이 공장을 점거하거나 흑인 인권운동가들이 식당에서 연좌농성을 벌였던 것처럼 말이지요.

하지만 불복종 운동의 핵심은 법이 신성불가침한 것이 아니라는 점입니다. 사실 법은 신이 제정한 것도 아니고, 어느 거룩한 기관에서 만든 것도 아니니까요. 법은 인간이 만든 것이지요. 물론 소수의 여성이 참여하기는 했지만 대개는 남성, 그것도 권력을 가진 남성이 만들었습니다. 그리고 그들은 법을 민주주의 이념의 객관적인 표현으로서 집행하지 않고, 법을 통과시킨 자들의 이익을 따라 운영했지요.

이는 현대 사회에서 입법기관이 통과시킨 법안들을 살펴보는 것만으로도 쉽게 알 수 있습니다. 미합중국이 수립된 순간부터 지금까지 미국에서 통과된 법을 살펴보면, 제정된 법 대부분이 엘리트와 부자에게 호의적이라는 사실을 발견할 것입니다. 미국 역사의 모든 기간에 걸쳐 기업에게 엄청난 보조금이 지급되어왔다는 사실을 알게 될 것입니다. 철도회사, 석유회사, 해운회사에 유리한 법안들은 의회를 통과했지만 빈민과 도움의 손길을 절실

민주주의를 더 나은 방향으로 이끄는 길

하게 필요로 하는 사람들을 위해 제정된 법안은 극히 소수에 지나지 않는다는 사실을 깨닫게 될 것입니다.

우리 모두가 학교에서 배운 것처럼 법에 대해 경외감을 가질 필요가 없습니다. 법이 정한 대로 생각해야 한다는 것은 근본적으로 민주주의와는 거리가 먼 발상입니다. 왜냐하면 그런 발상은 한 개인으로서 옳고 그름을 스스로 판단할 권리를 박탈하여, 자기들끼리 무엇이 옳고 무엇이 그른지를 결정해온 소수의 법률 제정자 집단한테 모든 권한을 이양하기 때문입니다.

다시 말하면, 불복종 운동이란 민주주의를 더 나은 방향으로 이끌고, 권력을 갖지 못한 사람들에게 사회의 주류에 맞설 무기를 제공하는 것입니다. 그리고 시민 불복종 운동을 가장 잘 이해하려면 그 역사를 살펴봐야 합니다. 하루 여덟 시간 노동을 쟁취하기 위해 노동자들이 어떻게 투쟁했는지, 베트남 전쟁에 반대하는 사람들이나 평등을 위해 싸운 여성들이 어떤 방식으로 그 운동을 전개했는지 살펴보는 것입니다.

바로 이 순간에도 오늘날 미국에서는 온갖 수위의 불복종 운동이 전개되고 있습니다. 몇 가지 예를 들어보지요. 미국의 막대한 국방 예산과 군국주의 문제에 대한 관심을 불러 모으기 위해 핵무기 생산 시설에 들어가 시민 불복종 운동을 벌이거나, 핵무기 생산을 방해할 목적으로 활동에 참여하는 사람들이 있습니다. 1980년대와 1990년대에는 아메리카훈련소가 있는 조지아 주 포트베닝에서 사람들이 항의 집회에 참석했다가 체포되는 일이 벌어졌습니다. 아메리카훈련소는 라틴 아메리카 군사정권의 경찰 및 군 요원들을 고문기술자와 암살대원으로 양성한 악명 높은 기관입니다. 지난주(1998년 11월)만 해도 수천 명의 인파가 포트베닝에 모여 아메리카훈련소에 대한 항의 집회를 열었습니다. 필립 베리건은 메인 주 바스에 주둔해 있는 핵무장 구축함에 반대하는 시민 불복종 운동에 헌신적인 많은 사람들 중 하나입니다. 그 역시 다른 사람들과 함께 체포되었지만, 그들은 소련이 해체되고 나서도 여전히 막대한 돈을 군사병기 제작에 쏟아 붓는 사실을 널리 알리고자 했던 것입니다.

1988년 11월 말, 보스턴 시민들은 시민 불복종 운동의 일환으로 주 의회 의사당을 점거했습니다. 1995년 클린턴과 공화당원들의 합의로 통과된 복지개혁안에 따라 수천 가지에 이르는 매사추세츠 주 빈민 복지 혜택이 폐지되는 데 항의하기 위해서였습니다. 이처럼 시민 불복종 운동은 불의에 대한 항의 수단으로 매우 활발히 전개됩니다.

그레이매터스 저는 교수님께서『오만한 제국』에서 시민 불복종 운동이 지난 수백 년간 미국의 정치체제에 변화를 가져온 중요한 수단이었다고 기술하신 부분에 특히 감명을 받았습니다. 자유에 관한 대중적 신화가 거둔 성과는 용기 있는 사람들이 주도하고 때로는 위험천만한 행동이 요구되는 시민 불복종 운동의 성과에 비교조차 할 수 없습니다.

민주주의를 더 나은 방향으로 이끄는 길

진 │ 중고생들에게 민주주의의 근간이라고 늘 선전되고 있는 분립된 세 종류의 권력기관을 통해 심각한 불평등이 시정된 적이 없다는 것을 미국의 역사는 보여주고 있습니다. 인종차별이나 경제적 불평등, 또는 정부가 전쟁에 나서지 못하도록 행동에 나선 것은 의회나 대통령이나 대법원이 아니었습니다. 언제나 시민과 시민 불복종 활동이 시민들의 결의를 촉구했고, 대통령과 의회 그리고 대법원을 움직이게 했습니다.

조금 전에 이런 일이 수백 년 동안 계속되었다고 말씀하셨는데, 19세기 중반으로 거슬러 올라가 1850년대를 살펴보면, 이 땅에 반노예제 정서를 촉발한 사람은 링컨이 아니었다는 사실을 알게 될 것입니다. 1850년대로 들어서면서 1850년에 제정된 탈주 노예에 관한 법률Fugitive Slave Act에 반대하는 다양한 불복종 활동이 나타났습니다. 1930년대부터 남북전쟁이 발발할 때까지 점점 더 강력하게 성장한 그 운동에 대해 링컨은 대수롭지 않게 반응했던 것입니다. 탈주 노예에 관한 법률은 남부 노예 소유주들을 지원하기 위해 연방정부가 탈주한 노예들을 다시 남부로 돌려보내도록 규정했습니다. 그러자 북부의 탈주 노예, 노예가 아닌 흑인 그리고 백인들이 모여 위원회를 결성했습니다. 그들은 탈주 노예들을 구출하기 위해 법원과 교도소로 쳐들어갔지요. 그들이 펼친 활동은 분명 시민 불복종 운동이었습니다. 재판에 회부된 사건 중 대부분이 무죄를 선고받았는데, 그 이유는 비록 법을 어겼지만 배심원들이 법에 동의하지 않는 이들의 도덕성을 인정했기 때문이지요.

그레이매터스 좌파는 피할 수 없는 자본주의의 위기를 언급하며 자본주의 체제에 맞서곤 했습니다. 하지만 공산주의가 몰락하고 나서도 자본주의는 여전히 살아남았습니다. 주요 매체에서 현체제의 불평등 문제를 공론화하려면 우리 사고방식에 어떤 종류의 각성이나 변화가 있어야 할까요?

진 교육해야 할 것이 너무도 많습니다. 이 땅의 텔레비전, 라디오 방송국과 주요 신문사들을 통제하는 거대 기업들이 대중매체를 장악하고 있지만, 그 교육은 반드시 이루어져야 합니다. 우리는 과거에 이미 이런 일을 경험한 바 있습니다. 비록 보도기관이나 통신수단을 통제하지는 못했지만, 다양한 사회운동에 귀를 기울이도록 만들었습니다. 전국 조직을 건설하고, 극적인 사건을 통해 목소리를 높이고, 시위, 저항운동, 불매운동과 파업으로 시민 불복종 활동을 펼치고, 말과 행동으로 대중을 교육하며 그런 일을 성취해냈습니다.

이제는 미국 대중이 새로운 사회질서를 만들어갈 사상들에 귀기울일 준비가 되어 있다고 믿습니다. 그러한 믿음의 근거는 미국 정치체제에 대한 깊은 불신과 불만이 존재한다는 데 있습니다. 이 정치체제가 제대로 작동하지 않는다는 공감대가 미국인들 사이에 형성되어 있습니다. 그렇기 때문에 50퍼센트가 넘는 유권자가 투표권을 행사하지 않는 것입니다. 투표권을 행사하는 사람들에게서도 열의를 찾아볼 수 없습니다. 미국에 있는 두 개의 주요 정당이 정치과정을 과점하며 다른 의견, 다른 목소리, 다른 정치적 선택을 허용하지 않는다는 공감대가 형성되어 있습니다. 지난 5년에서 10년 동안 실시했던 여론조사 결과를 보면 흥미로운 사실을 발견할 수 있습니다. 바로 두 주요 정당보다 일반 미국인이 훨씬 더 진보적인 성향을 보인다는 점입니다. 미국 대중은 도움이 필요한 사람들을 위해 정부가 경제에 개입하기를 바랍니다. 대중들은 정부가 부자들에게 더 무거운 세금을 부과하기 바라며, 이 나라에서 가장 부유한 사람들만이 혜택을 보는 자본 소득에 대한 세금 경감 조치에 반대합니다.

대중들은 여론조사를 통해 그들이 민주당원이나 공화당원이 아닌 새로운 정치 세력이 의원직에 도전하는 모습을 보고 싶어한다는 것을 여러 차례 밝혔습니다. 한편에서는 이 체제가 더 많은 부와 권력을 상류층으로 집중시켰고, 다른 한편에서는 아직 스스로 정치 세력화하지 못한 재야의 축적된 잠재력이 존재합니다. 그리고 중대하고 극적인 변화가 일어나려면 더 많은 교육이 이루어져야 합니다. 변화를 갈망하는 이 땅의 수백만 민중은 더 많은 연대를 해야 한다고 생각합니다.

그레이매터스 마지막 질문으로, 지난 40년 동안 시민운동에 헌신해오신 교수님 자신에 대해 몇 말씀해주시겠습니까? 교수님께서는 베트남전이 한창이던 1970년대에 줄곧 남부에서 벌어진 인종차별 반대 투쟁에 관여하셨습니다. 어떻게 교수님께서는 냉소주의나 절망에 빠지지 않고 진보의 변화를 추구하는 일에 일관되게 헌신할 수 있으셨습니까?

진 │ 전국의 여러 사람과 함께한 덕분이라고 생각합니다. 전국을 돌며 많은 얘기를 하고, 미국 전역을 찾아갔습니다. 어딜 가든 정의로운 일을 하려는 사람들을 봅니다. 또 투쟁하는 사람들을 봅니다. 평등을 위해 투쟁하는 여성, 인종차별에 맞서는 사람, 자신의 권리를 위해 조직을 일구는 동성애자, 대외 정책에 이의를 제기하는 사람들. 어느 곳을 가더라도 이런 일을 목격합니다. 그리고 어딜 가더라도 훌륭한 사람들을 만나게 됩니다. 아무리 작은 마을이라고 하더라도 사회 변혁에 헌신해온 진정으로 훌륭한 사람들이 반드시 있습니다. 바로 이런 것이 저에게 용기를 불어넣고, 저를 지탱해줍니다.

한편으로는 일종의 역사의식이 저를 지탱해주었다고 생각합니다. 아무것도 달라진 것이 없는 주변을 둘러보면 냉소주의와 비관론에 빠지는 것이 자연스럽게 느껴질 수도 있습니다. 그러나 냉소적이고 비관적인 느낌은 미국 역사의 모든 시기에 걸쳐 존재해왔습니다. 하지만 역사의 어떤 순간에 사람들이 목소리를 내기 시작하고 함께 모이기 시작하면, 갑자기 깜짝 놀랄 만한 변화가 생겨나고 중요한 사건이 일어납니다. 1930년대 일어난 노동운동

민주주의를 더 나은 방향으로 이끄는 길

이 그러했고, 1960년대 민권운동, 반전운동 그리고 여성운동과 함께 그런 일이 발생했습니다. 그리고 약간의 역사관만으로도 그런 비관론은 사라질 수 있다고 믿습니다. 이런 운동들이 일어나기 수년 전에는 모든 것이 어둡게 보였지만, 어느 순간이 되면 전면적인 변화가 찾아온다는 사실을 깨달을 것입니다. 민중의 분노가 강을 이룰 때, 그리고 그들이 모이기 시작할 때 변화는 매우 급격하게 이루어집니다.

한 가지만 더 말씀드리지요. 지속적으로 주장을 펼치고, 실천하려 노력하고, 또 참여하도록 한 요인은 바로 그것이 삶을 더 흥미롭고, 즐겁고, 가치 있게 만들어주기 때문입니다. 톨스토이의 『이반 일리치의 죽음』을 되새겨봅니다. 그 소설에서 이반 일리치라는 출세한 인물이 임종을 맞아 이렇게 자문합니다. '과연 나는 올바로 살아왔는가? 나는 부와 성공을 이루고 사회로부터 존경도 받았다. 그런데 왜 만족을 느끼지 못하는 것인가?'

그가 만족스럽지 않았던 이유는 세상을 바꾸기 위해 아무런 일도 하지 않았기 때문입니다. 저는 참여하는 사람들이 더 풍성하고 충만한 삶을 살아간다고 믿습니다. 바로 그것이 저를 지탱해주는 힘입니다.

좌파가 된다는 것 :
계급의식을 가지고 자라나기

이 글은 『달리는 기차 위에 중립은 없다(You Can't Be Neutral on a Moving Train : A Personal History of Our Times)』 13장에 실렸던 내용을 수정한 것이다.

이 시를 지은 것은 내가 십대였을 때였다.

　　　　필립 삼촌을 찾아가
　　　　안부를 전하렴.
　　　　누가 오늘 1마일을 걸어
　　　　안부를 전할까,
　　　　눈 속에 얼어붙은 그 도시
　　　　검은 고가철도 아래에
　　　　서 있는 삼촌의 신문 가판대
　　　　삼촌은 나무상자 위에 앉아 있었네.

혹한과 폭염에도 아랑곳 않고.

길 건너 작은 쪽방 세 칸짜리 집에 산다네.

오늘 나무상자는 온데간데없고,

가판대 위에 필립 삼촌만이 몸을 감고 있네,

두개골을 야전 외투 안으로 파묻은 채로.

그가 웃으며 막대 껌 한 개를 내게 건네주었네,

붉게 얼어버린 뻣뻣한 손가락으로.

오늘 네 삼촌 필립을 찾아가렴.

6월이 되어 어머니께서 또 말씀하셨네.

안부를 전하러 나는 1마일을 걸었네.

도시는 사탕만큼 단내를 풍기고

내 발에는 새로 산 고무 밑창 운동화.

판자로 단단히 못질 된 가판대는

햇살 속에 고요하네.

필립 삼촌은 차갑게 누워, 잠들어 있네,

검은 고가철도 아래, 나무상자 위에,

길 건너 작은 방 세 칸짜리 집에.

　내가 아직도 이 시를 기억하는 이유는 '시문학'의 전형이어서
가 아니라 1930년대를 브루클린 빈민가에서 보낸 성장기에 대한
기억을 되살려주기 때문이다. 당시 부모님은 형편이 어려울 때마
다 도움의 손길을 뻗어준 은인들에게 의지해야 했다. 두루마리 종

이에 그날의 구입 내역을 기록하고 외상을 준 길모퉁이 식료품점 주인, 구루병에 걸린 나를 수년간 무료로 치료해준 친절한 의사 선생님 그리고 군에 복무한 대가로 신문 가판대 운영권을 받아 우리 가족이 집세를 내기 어려울 때마다 돈을 융통해준 필립 삼촌.

아버지는 사형제였다. 오스트리아에서 태어난 유대인 이민자로 제1차 세계대전이 터지기 전 미국으로 건너와 삼촌과 뉴욕에 있는 공장을 전전했다. 공장에서 벗어날 기회를 찾던 아버지는 결혼식 일을 봐주며 간간히 레스토랑에서 웨이터로 일했고 2지역 웨이터노동조합의 조합원이었다. 그 노동조합은 조합원 자격을 엄격히 관리했지만, 일손이 달리는 신년 전야에는 '2세들'이라고 불린 조합원의 아들들이 아버지와 함께 일을 나가곤 했는데 나도 예외가 아니었다.

매순간이 지옥이었다. 우스꽝스러울 정도로 소매가 짧아 아버지에게 빌려 입은 티가 났던 웨이터용 턱시도(아버지는 약 165센티미터였고 나는 열여섯에 이미 180센티미터가 넘었다). 손님들이 주문한 로스트비프와 안심 스테이크를 연회장으로 가지고 들어가기 전 웨이터들에게 닭날개로 끼니를 때우게 한 고용주들. 새해가 밝기 전 화려하게 차려입은 모든 사람들이 우스꽝스런 같은 모자를 쓰고 올드랭사인을 불러대고, 웨이터 차림을 한 나는 다가오는 새해에 대한 아무런 감흥도 없이 긴장된 얼굴로 담당 테이블을 정리하는 아버지를 바라보고 있었다.

아버지의 이름은 에디였다. 대공황이 몰아닥쳤을 때에는 결혼식도 줄어들어 일거리가 많지 않았다. 아버지는 노동조합 사무실에 앉아 일감을 기다리며 카드놀이로 시간을 보내는 일에도 지쳐 갔다. 그래서 아버지는 유리창 청소부, 손수레 노점상, 가두 넥타이 판매원, 공공사업촉진국의 센트럴파크 공공근로직 등 닥치는 대로 일하셨다.

유리창 청소부로 일하던 어느 날 몸을 지탱하던 안전띠가 끊어져 사다리에서 지하철 입구의 콘크리트 계단으로 추락했다. 아마도 내가 열두 살이었을 때로 기억하는데, 아버지가 피를 흘리며 아파트로 실려왔다. 아버지는 아주 심하게 다쳤었다. 어머니는 아버지가 다시는 유리창 청소 일을 못하도록 하셨다.

아버지는 평생 보잘것없는 보수를 위해 뼈 빠지게 일했다. 열심히 일하기만 하면 미국에서는 누구나 부자가 될 수 있다고 말하는 정치인이나 언론사 논설위원들의 점잔빼는 연설, 그 비결을 떠벌이는 기업체 임원들을 접할 때면 나는 늘 화가 치밀어 올랐다. 나는 이것이 우리 아버지와 수백만의 남녀 노동자들에 대한 거짓말이라는 것을 알고 있었다. 그들은 말 그대로 고된 직업에 종사하며 힘들게 일했다. 그들은 그 누구보다도 더 열심히, 금융업자나 정치인들보다 더 열심히 일한 사람들이었다.

우리 어머니는 아무런 보수도 없이 쉬지 않고 일했다. 어머니는 시베리아의 이르쿠츠크에서 자랐다. 아버지는 직장에서 근무 시간 동안에만 일을 했지만, 어머니는 밤낮없이 일하며 가족을 돌보고, 먹을 것을 장만하고, 요리하고, 청소하고, 홍역이나 이

하선염, 백일해, 편도선염 등 병치레하는 자식들을 데리고 병원을 찾았다. 게다가 생활비도 관리했다. 초등학교 4학년 교육이 배움의 전부였던 아버지는 읽기나 셈을 잘하지 못했다. 어머니도 7학년까지밖에 다니지 못했지만, 지적 능력은 그 이상이었다. 우리 가족에게 어머니는 지적 지도자이자 힘의 원천이었다.

어머니의 이름은 제니였다. 어머니는 이르쿠츠크에 사시던 외할머니가 결혼하게 된 사연을 들려주셨다. "그 사람들이 이르쿠츠크에 배속된 군인이던 유대인 소년을 집으로 데려와서 말했지. 이 사람이 네가 혼인할 사람이다"라고. 외할아버지와 외할머니는 미국으로 이주했다. 외할머니는 아들 셋과 딸 셋을 낳고 30대에 세상을 떠났다. 평생 동안 할머니 가슴에 못질을 한 외할아버지는 가족을 버렸다. 십대에 불과했던 어머니는 동생들이 장성하여 직장을 잡을 때까지 엄마 노릇을 하게 되었다.

어머니는 이모 소개로 같은 공장에서 일하던 아버지를 만났고, 두 분의 열정 넘치는 결혼생활은 평생 이어졌다. 아버지는 예순일곱에 세상을 떠났다. 은퇴할 만큼의 돈을 모으지 못했던 아버지는 생의 마지막까지 결혼식장과 레스토랑에서 음식 쟁반을 날랐다. 어머니는 아버지보다 훨씬 더 오래 사셨다. 독립을 고집하셨던 어머니는 가까운 친지들에게 스웨터를 떠주고, 쇼핑 쿠폰을 모으고, 친구들과 어울려 빙고 게임을 하면서 혼자 살았다. 하지만 말년에 뇌졸중으로 쓰러지고 나서 요양원으로 들어갔다.

우리는 서너 칸짜리 셋집을 옮겨다니며 살았다. 몇해 겨울은 중앙난방식 아파트에서 났다. 또 어떤 때는 '냉골 아파트'라고 불린 곳에서 보내기도 했다. 석탄을 사용하는 부엌 풍로를 제외하곤 아무런 난방장치도 없었고, 그 풍로로 데운 물을 제외하곤 온수도 공급되지 않았다. 공과금을 내는 일은 언제나 전쟁이었다. 겨울해가 지는 네 시쯤 학교에서 돌아와 보면 집 안이 캄캄하곤 했다. 전기가 끊기면 어머니는 촛불 아래 앉아 뜨개질을 했다.

냉장고 대신 아이스박스가 하나 있었는데 우리는 5센트 혹은 10센트짜리 얼음덩이를 사러 '얼음 창고'를 드나들었다. 겨울철이면 창문 바로 바깥쪽 창턱에 나무상자를 마련하여 자연의 힘을 빌려 음식물을 차게 보관했다. 샤워 시설은 없었지만, 부엌에 있는 빨래통이 욕조가 되어주었다.

어느 날 아버지가 나를 데리고 한참 동안 시내를 헤맨 끝에 중고 라디오 하나를 구입했다. 그걸 어깨에 들쳐 멘 아버지를 뒤쫓아 종종걸음 치며 개선장군처럼 귀가한 그날까지 우리 집에는 라디오가 없었다. 전화도 없었다. 한 구역 아래에 있는 사탕 가게로 우리를 찾는 전화가 걸려오면, 동네 꼬마애가 한걸음에 달려와 알려주고 2페니나 5센트를 받아갔다. 때로는 우리도 전화가 오기를 기다리며 전화기 근처에서 서성이다가 5센트를 벌기 위해 달음박질을 치곤 했다.

배를 곯았던 기억은 없었다. 집세를 못 낼 때는 있었다(우리 가족은 종종 셋집에서 쫓겨나기 직전에 집을 옮겼다). 공과금을 못 낼 때도 있었다. 하지만 먹을 것이 떨어지는 법은 없었다. 아침에는 늘

좌파가 된다는 것 : 계급의식을 가지고 자라나기

뜨거운 시리얼이 있었고, 저녁에는 뜨거운 스프가 나왔다. 언제나 빵, 버터, 계란, 우유, 국수, 치즈, 사워크림, 닭고기 프리카세(프랑스 요리로 가늘게 썬 고기 스튜―옮긴이)로 배를 채울 수 있었다.

어머니는 당신만의 방식대로 영어를 구사하면서도 전혀 부끄러워하지 않았다. 나는 어머니가 친구들과 '아주 가까운 심줄very close veins'이나 '가랑이 통증'에 대해 얘기를 나누는 것을 들곤했다. 어머니는 유제품 가게에 들러 '괴물 치즈'가 있느냐고 묻기도 하셨다. 아버지가 무엇을 잊어버리면 어머니는 "에디, 기억해봐요, 머리를 결딴내봐요"라고 말하곤 했다.

우리 네 형제는 별로 머물고 싶지 않은 어두운 방에서 둘 혹은 셋이 한 침대를 쓰며 자랐다. 그래서 나는 길거리나 학교 운동장에서 핸드볼이나 축구, 소프트볼 또는 야구를 즐겨 했다. 그렇지 않으면 신문사에서 주최한 아마추어 복싱대회에 출전하여 우리 동네에서는 상당한 명사였던 이웃집 청년에게 권투를 배우며 시간을 보냈다.

집에서 시간을 보낼 때에는 책을 읽었다. 나는 여덟 살 때부터 닥치는 대로 읽기 시작했다. 처음 읽은 책은 길에서 주은 것이었다. 첫 부분이 찢겨나가 있었지만 개의치 않았다. 그 책 제목은 『타잔과 오파의 보석Tarzan and the Jewels of Opar』이었는데, 그 이후로 나는 에드거 라이스 버로스Edgar Rice Burroughs의 타잔 소설뿐만 아니라 체스 말처럼 움직이는 화성인 보병과 기병의 전쟁을 다룬 『화성의 체스 말들The Chessmen of Mars』이나 지구 중심부에 존재하는 이상한 문명 이야기를 다룬 『지구의 중심부에서At the Earth's Core』와 같은 판타지 소설의 열렬한 독자가 되었다.

집에는 책이 한 권도 없었다. 아버지는 전혀 책을 읽지 않았다. 어머니는 로맨스 잡지들을 읽었다. 두 분 모두 신문은 보았다. 두 분은 빈민을 도운 프랭클린 루스벨트가 좋은 사람이라는 것을 제외하곤 정치에 대해서도 아는 것이 별로 없었다.

소년 시절 나는 아동용 도서를 읽어보지 못했다. 부모님은 그런 책에 대해 아는 바가 없었다. 내가 열 살이었을 때 《뉴욕포스트》로부터 찰스 디킨스 전집을 받았다(물론 부모님은 디킨스를 들어본 적도 없었다). 부모님은 신문에 인쇄된 응모권을 모아두었다가 몇 푼을 보태서 매주 한 권씩 받아 보게 해주셨다. 부모님은 내가 책읽기를 매우 좋아한다는 걸 알고 그 행사에 응모했던 것이다. 그렇게 해서 나는 책을 받는 순서대로 디킨스 작품을 읽었다. 나는 응모권도 떨어지고 더는 읽고 싶지 않을 때까지 『데이비드 코퍼필드』를 시작으로 『올리버 트위스트』, 『위대한 유산』, 『피크위크 보고서』, 『어려운 시절』, 『두 도시 이야기』 등 모든 작품을 읽어나갔다.

디킨스는 내가 알고 있는 유일한 작가였지만 그가 현대문학에서 어떤 위치를 차지하고 있는지 알지 못했다. 하지만 그가 내 안에 감정을 요동치게 한 것만은 분명했다. 돈으로 법을 마음대로 휘두르는 권력에 대한 분노가 일어났다. 무엇보다도 가난한 자들에 대한 깊은 동정심이 생겨났다. 나는 스스로 올리버 트위스트처럼 가난하다고 여기지는 않았다. 내가 그의 삶에 공감했기 때문에 그 이야기에 감동받았다는 것을 깨닫지 못했다.

내가 공책에 이런저런 글을 쓰고 있다는 것을 알고 계셨던 부모님은 열세 살 생일에 중고 언더우드 타자기를 선물해주셨다. 타자기에는 타자 치는 법이 실린 실습책도 달려 있었는데, 오래지 않아 내가 읽은 모든 책에 대한 독후감을 타자기로 작성하여 서랍에 보관하게 되었다. 나는 그것을 누구에게도 보여주지 않았다. 내가 그 모든 책을 읽고 무언가를 쓸 수 있다는 사실에 기쁨과 자부심을 느꼈다.

열네 살 때부터 나는 방과 후 시간과 여름방학을 이용해 돈을 벌기 시작했다. 세탁소에서 옷을 배달했고, 퀸즈(뉴욕 시 동부의 구)에 있는 골프장에서 캐디로 일했다. 아버지가 웨이터 일을 그만두고 차린 사탕 가게에서도 일을 도왔다. 사탕 가게는 결국 망했지만, 가게를 운영하는 동안 나와 세 동생들은 밀크셰이크, 아이스크림 그리고 사탕만큼은 실컷 먹을 수 있었다.

나는 마지막으로 사탕 가게를 운영하던 때를 기억하는데 다른 때도 상황은 비슷했다. 우리 여섯 식구는 브루클린의 부시윅 가에 있는 지저분하고 낡은 5층짜리 건물에 사탕 가게와 방이 네 개 딸린 아파트를 얻어서 살았다. 그 거리는 늘 생기가 넘쳤다. 모든 사람이 바깥으로 쏟아져 나온 듯한 봄과 여름이면 더욱 그랬다. 의자에 앉아 있는 노인들, 아기를 안고 있는 애기 엄마들, 공놀이

를 하는 십대들, 말도 안 되는 얘기를 지껄이며 여자애들을 놀리던 '젊은 남자애들.'

　당시 나는 열일곱 살이었고 국제정치에 관심을 갖기 시작한 터라 그 시절을 특히 생생하게 기억한다. 당시 나는 유럽의 파시즘에 관한 책을 읽고 있었다. 이탈리아에서 무솔리니가 권력을 장악하는 과정을 그린 조지 셀데스*George Seldes*의 『톱밥 시저*Sawdust Caesar*』에서 눈을 떼지 못했다. 무솔리니에 맞서 싸우다 파시스트 당원들에게 납치되어 살해당한 통일사회당 대표 자코모 마테오티의 용기는 내 마음속에서 지워지지 않았다.

　나는 히틀러 치하 독일의 상황을 서술한 『나치 테러에 관한 갈색 책*The Brown Book of the Nazi Terror*』도 읽었다. 그 책은 극작가나 소설가의 상상을 넘어서는 한 편의 드라마였다. 그리고 그 무렵 나치 전쟁광들은 라인란트, 오스트리아 그리고 체코슬로바키아로 세력을 넓혀갔다. 신문과 라디오는 긴박한 소식들로 가득했다. 체임벌린이 뮌헨에서 히틀러와 회동하는가 하면, 느닷없이 숙적 소련과 나치 독일이 예상치도 못한 상호불가침조약을 발표했다. 그리고 마침내 폴란드 침공과 함께 제2차 세계대전이 일어났다.

　공산주의자, 사회주의자, 무정부주의자들과 미국의 진보주의자 수천 명이 대서양을 건너가 에스파냐의 민주 정부를 위해 싸웠었다. 에스파냐 내전은 파시스트 프랑코 장군의 승리로 끝났다. 함께 길에서 축구를 하고 놀던─작고 말랐지만 동네에서 가장 빠른

발을 가졌던—젊은 청년이 사라졌다. 몇 달이 지나자 이런 소문이
돌았다. 제리가 프랑코에 맞서 싸우기 위해 에스파냐로 갔다.

부시윅 거리에서 농구를 하거나 떠들며 놀던 사람들 중에는 나
보다 몇 살 많은 젊은 공산주의자들도 있었다. 그들은 직장이 있
었지만, 퇴근 후와 주말에는 마르크스주의 책자를 이웃에 나눠주
고 관심 있는 사람이라면 누구와도 밤을 새워 정치에 관한 얘기를
나눴다.

나는 관심이 있었다. 그때 나는 세상 돌아가는 소식을 읽어 알
고 있었다. 나는 청년 공산주의자들과 소련의 핀란드 침공에 관
해 논쟁을 벌였다. 그들은 그 침공이 미래의 공격으로부터 소비
에트연방을 보호하기 위해 어쩔 수 없는 일이었다고 주장했지만,
내게는 약소국에 대한 야만스런 침략 행위로밖에 보이지 않았다.
그들이 치밀하게 준비한 그 어떤 변명도 나를 설득시키지 못했다.

하지만 나는 그들의 여러 가지 주장에 공감했다. 그들은 나와
마찬가지로 미국의 풍요와 빈곤의 극명한 대비에 분개한 철저한
반파시스트주의자들이었다. 나는 그들을 존경했다. 그들은 정치,
경제 그리고 세계 곳곳에서 일어나는 일들을 아주 많이 알고 있는
듯 보였다. 그리고 그들은 용감했다. 나는 그들이 길에서 책자를
나눠주는 일을 단속하고 토론 모임을 분쇄하려고 한 지역 경찰에
저항하는 모습을 보았다. 게다가 그들은 재미있는 청년들이었고,
운동도 잘했다.

어느 여름날 그들은 그날 저녁에 열리는 '시위'에 함께 참가하

지 않겠느냐고 내게 물었다. 나는 그런 일을 한 번도 해본 적이 없었다. 부모님께 적당히 둘러댄 후 우리는 지하철을 타고 타임스 스퀘어로 향했다. 우리가 도착했을 때 타임스 스퀘어는—인파로 가득한 거리에 번쩍이는 불빛이—여느 저녁때와 다름이 없었다.

"시위는 어디에서 열리고 있지?" 친구 리언에게 물었다.

그는 큰 키에 금발로 전형적인 '아리아인' 모습을 하고 있었지만, 자연 숭배자이자 뉴저지 교외를 근거로 활동하며 섭생을 중시하는 독일 사회주의 계열 소속 독일 공산주의자의 아들이었다.

"기다려봐, 열 시부터야." 그가 말했다.

우리는 군중 사이를 어슬렁거렸다.

시계탑이 열 시를 알리는 종을 울리자, 광장의 모습이 바뀌었다. 군중 속에서 깃발이 솟았고, 천 명도 넘는 사람들이 깃발과 피켓을 들고 대오를 만들며 평화와 정의를 비롯해 그날 준비한 열두 가지 구호를 외쳤다. 전율이 느껴졌다. 폭력은 없었다. 그 모든 사람이 인도를 따라 행진하며 교통을 방해하지도 않았고, 질서정연하게 열을 지어 타임스 스퀘어를 행진하고 있었다. 나와 내 친구는 플래카드를 든 두 여자 뒤에서 걷고 있었다. 친구가 "우리가 하자"고 말했다. 우리는 플래카드 양쪽 끝을 잡았다. 나는 〈모던 타임스〉에 등장한 찰리 채플린이 된 느낌이었다. 그 영화에서 찰리 채플린이 아무 생각 없이 길에 떨어진 신호용 붉은 깃발을 집어들자 수천의 군중들이 주먹을 쳐들고 행진하며 그의 뒤를 따랐다.

어디선가 사이렌 소리가 들렸고, 나는 어디 불이나 사고가 났으려니 생각했다. 하지만 그때 어딘가에서 비명 소리가 들렸다. 기마경찰과 경찰관 수백 명이 시위 대열로 돌진하며 곤봉으로 사람들을 내려치는 것이 눈에 들어왔다. 나는 놀라고 당황했다. 그곳은 분명 미국이었다. 잘못된 것이 있다면 그것이 무엇이든 간에 아무런 거리낌 없이 그 잘못에 대해 얘기하고, 글로 쓰고, 집회를 열고 시위할 수 있는 나라였다. 그것은 헌법과 권리장전에도 나와 있는 권리였다. 우리나라는 민주주의 공화국이었다.

내가 이런 여러 가지 생각에 빠져 있던 불과 몇 초 사이에 거구의 한 남자가 내 어깨를 잡고 돌려세우더니 무엇인가로 힘껏 내리쳤다. 나는 그를 자세히 보지 못했다. 몽둥이로 맞았는지 주먹으로 맞았는지, 아니면 곤봉이었는지도 모른 채 나는 의식을 잃었다.

30분쯤 흘렀을까. 나는 어느 건물 문 앞에서 정신을 차렸다. 시간이 얼마나 흘렀는지 전혀 알 수 없었지만, 의식을 회복하자 끔찍한 광경이 눈에 들어왔다. 시위대도 경찰도 내 친구 리언도 보이지 않았고, 타임스 스퀘어는 여느 때처럼 토요일 밤을 즐기려는 인파로 가득했다. 마치 아무 일도 없었다는 듯이, 마치 그 모든 일이 꿈이었던 것처럼. 하지만 나는 내가 꿈을 꾼 것이 아니라는 것을 알고 있었다. 내 머리 한쪽에 솟은 혹에서 아픔이 느껴졌다.

하지만 정작 나를 괴롭힌 것은 내 뇌리 한편에 자리한 이런 생각이었다. '그 젊은 공산주의자들 말이 옳았어.' 주정부와 경찰은 대립적인 이해관계로 얽혀 있는 이 사회의 공정한 심판관이 아니었다. 그들은 부와 권력의 편이었다. 언론의 자유라고? 언론의 자유를 행사하려는 순간 곤봉과 총으로 무장한 경찰이 말을 타고 나타나 막아설 판이었다.

그날 이후 나는 미국의 자기-교정적인 특성을 신봉하는 자유주의자가 아니었다. 나는 이 나라가 근본적인 문제를 안고 있다고 믿는—단지 엄청난 부유함 곁에 존재하는 빈곤과 흑인에 대한 혹독한 처우만이 문제가 아니라, 뿌리에서부터 썩어 있다고 믿는—진보주의자가 되었다. 이러한 상황을 해결하기 위해서는 단순히 새 대통령이나 새로운 법이 아니라 낡은 질서를 뿌리 뽑고—협동, 평화, 평등주의에 바탕을 둔—새로운 사회를 만들어나가야 했다.

어쩌면 나는 그 단 한 번의 경험을 너무 과장하고 있는지도 모른다. 하지만 나는 그렇게 생각하지 않는다. 작지만 중요한 어떤 사건을 통해 우리 인생이 바뀔 수도 있고, 이성이 다른 종류의 사고방식을 수용할 수도 있다고 믿는다. 이러한 믿음은 그저 생각해보는 데 그치고 말았는지 아니면 어떤 행동을 취했는지에 따라 두려울 수도 있고 또 유쾌할 수도 있다.

타임스 스퀘어에서 그 일을 겪은 뒤 몇 년 동안은 '나의 공산주의자 시절'이었다. 그런 표현은 오해를 불러일으키기 십상인데, 그 이유는 '공산주의자'라는 단어가 이오시프 스탈린이나 죽음과 고문으로 가득한 강제노동수용소, 실종된 표현의 자유, 소비에트 연방에 조성된 두렵고 섬뜩한 분위기, '사회주의'를 가장한 채 70년간 이어온 추악한 관료주의를 연상시키기 때문이다.

스스로 '공산주의자'라 칭한 내가 만난 노동자계급 출신 젊은 이들의 생각이나 목표에는 전혀 그런 것을 찾아볼 수 없었다. 분명 내 머릿속에는 없었다. 영국 신학자인 캔터베리 수석 사제 같은 사람들이 널리 퍼뜨린 낭만적인 이미지를 제외하곤 소련에 관해 알려진 것도 많지 않았다. 공산주의 운동으로 널리 알려진 그의 『소비에트 권력_The Soviet Power_』에서 자본주의에 환멸을 느낀 이상주의자들에게 그들이 갈망하던 미래의 모습, '민중'이 나라의 주인이 되고 모두가 일자리와 무상 의료 혜택을 나누며, 여성도 남성과 동등한 기회를 누리고, 수백에 이르는 다양한 인종 집단이 모두 존중받는 그런 세상을 제시했다.

저 멀리 소련이 바로 그런 낭만적이면서도 아련한 이상향이었다. 가까이서 전국 노동자들을 조직화하는 일을 주도한 공산주의자들을 보았을 뿐이었다. 그들은 그 누구보다도 담대했다. 디트로이트 자동차 노동자, 피츠버그 철강 노동자, 노스캐롤라이나 방직 노동자, 뉴욕 피혁 노동자 그리고 웨스트코스트 항만 노동자들을 조직화하고 구속과 구타의 위험도 무릅썼다. 남부에서 흑인들이 린치를 당했을 때, '스코츠보로 소년들_Scottsboro Boys_(1931년 화물 열차에서 흑인 청소년들과 백인들 사이에 실랑이가 벌어져 스코츠보로로 이송되어 재판에 회부되었다. 법원은 백인들의 거짓 진술만 믿고 흑인 청소년들에게 무기징역과 사형을 언도했다. 미국 공산당과 인권 단체들이 이 사건의 진위를 문제 삼아 인권 문제를 제기했으나 결국 누명을 벗지 못하고 감형되는 수준에서 사건이 마무리되었다—옮긴이)'이 누명을 쓰고 앨라배마 감옥에 수감되었을 때, 그들이 제일 먼저 목소리를 높였을 뿐만 아니라 시위를 주도하고 공장 출입문과 백악관 담장에 자기 몸을 쇠사슬로 묶어 항의했다.

내게 '공산주의자들'이란 소련의 관료가 아니라, 택시기사 노조를 설립하려 했다는 이유로 어느 날 사장이 고용한 폭력배들에게 폭행을 당해 멍이 들고 피를 흘리며 집에 돌아온 택시 운전사, 친구 리언의 아버지였다.

공산주의자들이 무솔리니의 에티오피아 침공과 히틀러의 유대인 처형을 반대한 최초의 반파시스트들이라는 사실은 모두가 알고 있다. 그리고 무엇보다도 인상에 남는 것은 독일과 이탈리아에서 무기와 비행기를 지원받은 프란시스코 프랑코가 거느린 파시스트 군대에 맞서 마드리드와 에스파냐 국민을 수호하고자 전 세계에서 모여든 자원병들과 에이브러햄 링컨 여단에 자원한 수천 명의 지원자들도 다름 아닌 공산주의자들이었다는 사실이다.

이 나라 최고의 인물들이, 누구라도 존경할 만한 남녀 영웅들이 어떤 식으로든 공산주의 운동과 관련을 맺고 있었다. 인종차별과 파시즘에 맞서 매디슨 스퀘어가든을 멋진 음성으로 울려 퍼지게 한 전설적인 가수이자 배우이며 운동선수였던 폴 로브슨Paul Robeson도 그중 하나였다. 문학계 인물들(시어도어 드라이저 Theodore Dreiser와 W. E. B. 뒤부아는 공산주의자가 아니었던가?)과 재능과 사회의식을 겸비한 할리우드의 배우, 작가 그리고 감독들도 있었다. (그렇다. '할리우드의 10인'은 의회 위원회에서 험프리 보

좌파가 된다는 것 : 계급의식을 가지고 자라나기

가트를 비롯해 많은 사람들을 변호했다.)

다른 운동에서와 마찬가지로 공산주의 운동 역시 독단주의에 빠진 정의감이나 의심을 허용하지 않는 폐쇄적 사고, 의견이 다르다는 이유로 모진 박해를 받던 사람들이 반대파를 탄압하기도 했었다. 하지만 개별 정책이나 개별 행동이 때로는 비위에 거슬릴 만큼 불완전하기는 했을지언정, 카를 마르크스의 이론과 그를 추종하는 사상가나 저술가들의 숭고한 이상으로 표현된 이념의 순수성만은 남아 있었다.

나는 마르크스와 엥겔스가 쓴 『공산당 선언』을 처음 접했던 때를 기억한다. 이 책을 썼을 당시 마르크스는 서른 살, 엥겔스는 스물여덟 살로 그들 역시 젊은 진보주의자들이었다. "지금까지 존재하는 사회의 역사는 계급투쟁의 역사다." 그것은 부정할 수 없는 진실이었고, 어느 역사를 보더라도 알 수 있는 것이다. 헌법은 ("우리 미합중국의 인민들 ……"과 "어떤 주도 …… 그 어떤 개인도 …… 법에 의한 평등한 보호를 부정하지 않는다") 온갖 치장을 하고 있지만 미국 역시 그 예외는 아니었다.

마르크스와 엥겔스의 자본주의 분석은 사리에 맞았다. 그 착취의 역사와 심지어 자유주의적 '민주주의' 국가인 이 나라에서조차 발견되는 극심한 빈부 격차 생성에 대한 분석은 타당했다. 그리고 그들이 내세운 사회주의 미래상은 독재도 관료정치도 아닌 자유로운 사회였다. 그들이 말한 '프롤레타리아 독재'는 사회가 부자들의 독재에서 빈자들의 독재로, 다시 진정한 민주주의와 진

정한 자유를 누리는 무계급 사회로 나아가기 위한 과도기 국면이
었다.

이성적이며 공정한 경제체제는 노동 시간의 단축을 가능하게
하고 모든 사람이 자신이 원하는 일을 할 수 있는 자유를 줄 것이
다. 시를 쓰고, 자연을 느끼고, 운동경기를 즐기고, 진정한 인간
이 되고, 자신이 가진 가능성을 실현하는 일에 매진할 것이다. 민
족주의는 과거지사가 될 것이다. 전 세계 인류는 인종과 출신 대
륙을 넘어 평화와 협력 속에 살아갈 것이었다.

내가 십대 때 읽은 책들 중에는 그 같은 이상을 고스란히 담아
낸 미국 최고 작가들의 작품도 있었다. 나는 업턴 싱클레어의 『정
글』을 읽었다. 시카고 도축장은 자본가의 착취를 보여주는 전형이
었다. 이 책의 마지막 부분에 나와 있는 새로운 사회 모습에 머리
카락이 곤두섰다. 존 스타인벡의 『분노의 포도 *The Grapes of Wrath*』
는 빈민이 소모품으로 전락하고 자신의 삶을 바꿔보려는 어떤 시
도도 경찰의 곤봉과 마주해야만 하는 삶의 조건에 대한 감동스런
외침이었다.

열여덟 살이던 무렵, 나는 아직 직장을 잡지 못했다. 우리 가
족은 수입원이 없었다. 나는 브루클린 해군 조선소 공무원 선발
시험에 응시했다. 3만 여 명의 젊은 남성들이 몇백 개의 자리를
놓고 경쟁을 벌였다(여성이 지원한다는 것은 꿈도 꿀 수 없었다). 그
해가 1940년이었고, 뉴딜 정책이 대공황을 누그러뜨리기는 했지
만 종지부를 찍지는 못했었다. 시험 결과가 발표되었을 때 응시

　　　　　　　　　　　　　좌파가 된다는 것 : 계급의식을 가지고 자라나기

자 중 400명이 만점을 받았고 일자리를 얻었다. 나도 그중 하나였다. 나와 가족에게 공무원은 대단한 성공이었다. 나는 주당 40시간을 일하고 14달러 40센트를 받았다. 매주 집에 10달러를 내놓고 나머지는 점심값과 용돈으로 썼다.

이 시기가 내게는 중공업계에 발을 들여놓는 순간이기도 했다. 3년 동안 나는 수습 선박 조립공으로 일했다. 항구 가장자리에 급경사를 이루고 있는 '신수상'에서 일하며 전투함 USS 아이오와호 건조에 참여하게 되었다. 〔많은 세월이 지난 1980년대에 나는 스태튼 아일랜드(뉴욕 만 안쪽에 있는 섬)에서 열린 일단의 평화주의자들에 대한 재판에 증인으로 참석했는데, 그들은 그곳에 정박 중이던 전투함 USS 아이오와호에 핵무기 탑재를 반대하는 시위를 벌인 혐의를 받고 있었다.〕 우리는 선체를 이루는 강철판을 조립해야 했기 때문에 냄새와 소리가 수백 배 증폭되는 '선저 내부'에 있는 좁은 강철 칸막이 사이를 하루 종일 기어 다녀야 했다. 치수를 재고 망치질하고, '용접기'와 '절단기'로 자르고 또 용접했다.

여성 노동자는 한 명도 없었다. 숙련직은 흑인들에게는 냉담하다고 알려진 미국노동총연맹AFL : American Federation of Labor 직능조합에 소속된 백인 남성들의 몫이었다. 조선소에서 일하는 소수 흑인들에게는 리벳 작업과 같은 가장 고되고 육체적으로 힘든 일들이 주어졌다.

일은 힘들어도 고정 수입과 나도 아버지처럼 집에 돈을 가져간다는 자부심 하나로 버텨낼 수 있었다. 우리가 하는 일이 전쟁 지원 사업에 일조하고 있다는 자긍심도 있었다. 하지만 무엇보다도 세상을 바꾸기 위해 무언가 해야겠다고 다짐한 젊은 진보주의자였던 동료 수습생들과 우정을 나눈 일을 손꼽지 않을 수 없다. 그들 중 일부는 나처럼 선박 조립공이었고, 다른 이들은 조선공, 기계공, 배관공, 판금공이었다. 숙련 노동자 직능조합에서 받아주지 않았기 때문에 우리는 수습공들을 하나의 노동조합 단체 아래 뭉치기로 의견을 모았다. 우리는 함께 행동하며 노동조건을 개선하고, 급여를 인상하고, 직장 생활에 재미를 더하고자 근무시간이나 퇴근 후에 동료의식을 키우는 데 노력을 기울였다. 우리는 300명에 이르는 젊은 노동자들과 함께 이 일을 성공적으로 이루어냈다. 이 일은 내가 노동운동에 실제로 발을 들여놓는 계기가 되었다. 우리는 노동조합을 조직하고 노동 그 자체의 황량함을 몰아내기 위해 문화와 우애를 나누는 작은 공간을 마련하는 등 수세기에 걸쳐 노동자들이 해온 활동들을 이어갔다.

수습노동자연맹의 간부로 선출된 우리 네 사람은 각별한 친구가 되었다. 우리는 일주일에 한 번 저녁에 만나 정치와 경제 관련 서적을 읽고 세계정세에 관해 얘기를 나눴다. 이 무렵 우리 또래 몇몇 친구들은 대학에 다니고 있었지만, 우리는 스스로 훌륭한 교육을 받고 있다고 느꼈다.

하지만 나는 기쁜 마음으로 조선소를 떠나 공군에 입대했다. 유럽에서 전투비행 임무를 수행하는 동안 나의 정치적 사고는 급격한 변화를 겪었다. 진보주의자들을 비롯해 많은 사람들의 마음을 사로잡았던 소련에 대한 동경에서 벗어났다. 제2차 세계대전이라는 특수한 환경 속에서 나치 독일에 맞선 붉은 군대의 뜻밖의 승전보를 접한 상황이었다. 이러한 변화를 맞이하게 된 계기는 영국, 프랑스, 미국, 소련 연합국의 목적이 진정으로 반파시스트적이며 민주적인가라는 의문을 제기한 다른 승무조 사수와의 만남이었다.

그가 건네준 한 권의 책이 내가 수년간 가지고 있던 생각을 완전히 흔들어놓았다. 그 책은 아서 쾨슬러Arthur Koestler가 쓴 『요가 수도자와 인민위원The Yogi and the Commissar』이었다. 쾨슬러는 한때 공산주의자였고 에스파냐 전쟁에도 참가한 바 있지만—사실 증거와 빈틈없는 논리를 바탕으로—스스로 '사회주의' 나라라는 소련의 주장이 사기라고 확신하게 되었다. 전쟁이 끝난 후 나는 『실패한 신The God That Failed』을 읽었는데, 그 책에서 그토록 고결한 정신과 정의, 헌신에 대해 감히 의심을 품을 수도 없는 작가들이—리처드 라이트, 앙드레 지드, 이그나치오 실로네 그리고 쾨슬러조차도—공산주의 운동과 소련에 대한 신뢰를 잃었다고 술회했다.

미국에 대한 환멸이 민주주의에 대한 나의 신념을 약화시키지 못했듯이 소련에 대한 환멸이 사회주의에 대한 나의 신념을 사라지게 하지는 못했다. 이는 나의 계급의식에, 미국에서 부자와 가난한 자가 판이하게 살아가는 모습에 대해 내가 가지고 있는 의식에, 수천만 명의 사람들에게—음식, 집, 의료 혜택—생존을 위한 기초 필수품도 제공하지 못하는 사회의 실패에 대한 의식에 당연히 아무런 영향도 끼치지 못했다.

묘하게도 내가 육군 항공대 소위로 임관하면서—더 좋은 옷과 음식과 더 많은 돈, 민간인이었을 때보다 높은 지위를 누리며—특권계층의 삶이 어떤 것인지를 맛볼 수 있었다.

전쟁이 끝나자 제대금 수백 달러와 제복, 훈장을 챙겨 군대를 나왔다. 나는 아내 로즈와 함께 살게 되었다. 우리는 젊고 행복한 부부였다. 하지만 우리는 베드포드-스터이버슨트에 위치한 쥐가 들끓는 지하층 아파트 말고는 다른 집을 구할 수가 없었다. 나는 다시 일자리를 구해야 하는 노동자계급으로 돌아와 있었다. 브루클린 해군 조선소로 돌아가볼까도 했지만, 이전에 좋았던 점들은 모두 사라지고 끔찍한 노동만이 남아 있었다. 나는 웨이터, 도랑 파는 인부, 양조장 노동자로 일했고, 실직 기간 중에는 실업급여로 생활했다. (군인이었을 때는 아주 중요한 인물이었지만 직장도, 전망도, 그리고 제2차 세계대전 참전 용사들에게 쏟아졌던 환호도 없이 고향으로 돌아온 베트남 참전 용사들의 기분을 너무나 잘 이해할 수 있다. 자아가 점점 소멸되는 그 느낌을.) 그러는 동안 큰딸 마일라가 태어났다.

둘째 아이의 출산을 앞둔 스물일곱 나이에 나는 제대군인원호법의 도움으로 뉴욕 대학에 입학했다. 원호법에 따라 4년 동안 무상으로 대학 교육과 매달 120달러를 지원받았다. 로즈는 마일라와 제프를 탁아소에 맡기고 시간제 일자리를 구했다. 나 역시 학교 수업이 끝나면 야간 근무를 했고, 우리는 그렇게 살아남을 수

좌파가 된다는 것 : 계급의식을 가지고 자라나기

있었다.

사람들을 돕는 일에 나서지 말아야 한다는 정부의 주장, 그런 일은 '사기업체'의 손에 맡겨두어야 한다는 정부의 말을 들을 때마다 나는 제대군인원호법과 비관료주의의 그 놀라운 효율성을 떠올리게 된다. 주택, 의료보호, 교육은 사기업체들이 전혀 관심을 기울이지 않는 필수품들이다(가난한 사람들에게 이런 것들을 공급하면 이윤이 남지 않고, 사기업체는 이윤 없이는 움직이지 않는다).

대학 입학과 더불어 우리 생활도 바뀌었다. 우리는 구질구질한 지하층에서 나와 맨해튼 시내 이스트 강가 저소득층을 위한 임대 주택으로 이사했다. 방 네 개에 공공요금은 집세에 포함되어 있었다. 쥐나 바퀴벌레도 없었고, 아래층에는 나무 몇 그루와 놀이터가 있고 강을 따라 공원도 있었다. 우리는 행복했다.

뉴욕 대학과 컬럼비아 대학을 다니는 동안, 나는 맨해튼 창고 지하에서 네 시부터 자정까지 무거운 의류 상자를 전국 도시로 운송하는 트레일러트럭에 싣는 일을 했다. 창고에서 짐을 부리는 우리 근무조는 특이했다. 흑인 한 명에 온두라스 출신 이민자 한 명 그리고 (기혼자이자 아이들도 있어서 쥐꼬리만 한 봉급을 조금 더 불리기 위해 자신의 피를 팔았던) 참전 용사도 있었다. 한동안 우리와 함께 일한 제프 로슨이라는 청년의 아버지는 존 하워드 로슨으로 할리우드 작가 중 열 손가락에 안에 꼽히는 인물이었다. 컬럼비아 대학 재학생이었던 또 다른 젊은이는 외조부인 사회주의 노동운동 지도자 다니엘 드 레온의 이름을 물려받은 사람이었다.

(몇 년 후 그를 다시 만났을 때 그는 정신질환을 앓고 있었다. 한참 뒤에 그가 차고에서 자동차의 일산화탄소를 들이마시고 자살했다는 얘기를 전해들었다.)

우리는 모두 '좌익'으로 알려진 65구역 노동조합 조합원이었다. 하지만 트럭 짐꾼들은 창고의 짐 부리는 작업에 관여하는 것을 꺼리는 듯이 보이는 노동조합보다도 더 좌경화되어 있었다. 우리는 비가 내려도 강설 대비용 장비도 없이 실외 길바닥에서 짐을 실어야 하는 노동조건에 분개하고 있었다. 회사에 계속해서 장비를 요구했지만 아무런 소용이 없었다.

어느 늦은 밤 비가 세차게 쏟아졌다. 우리는 작업을 멈추고 비옷을 지급하겠다는 다짐이 없으면 일을 계속하지 않겠다고 선언했다. 관리자는 제정신이 아니었다. 일정을 맞추려면 트럭이 그날 밤에 출발해야 한다고 그가 말했다. 그에게는 무엇을 약속할 수 있는 권한이 없었다. 우리가 말했다. "젠장, 우리는 그 빌어먹을 일정 때문에 물에 빠진 생쥐 꼴이 되지는 않겠소." 그는 전화기 쪽으로 가더니 집에서 저녁 파티를 즐기고 있던 회사 중역에게 신경질적으로 전화를 걸었다. 그가 전화를 끊고 돌아와 말했다. "됐어, 자네들에게 비옷이 지급될 거야."

다음 근무일에 창고로 출근해보니 번쩍이는 새 비옷과 방수모가 나란히 줄맞춰 있었다.

지금까지가 나의 인생에서 첫 33년을 보낸 세계에 관한 얘기였다. 백수와 형편없는 일자리의 세계, 두 살배기와 세 살배기 아이들을 남의 손에 맡기고 집사람과 함께 학교와 직장을 다니며 비좁고 지저분한 집에서 대부분의 시간을 보내고, 아이들이 아파도 돈 때문에 개인 병원에 가는 것을 주저하다가 결국 종합병원 인턴들 손에 아이들을 맡기던 세계였다. 이는 세상에서 가장 부유한 이 나라에서조차 대다수 사람들이 살아가는 모습이다. 그리고 적당한 학위로 무장하고 그 세계에서 빠져나와 대학 교수가 된 지금도 나는 그 세계를 결코 잊지 않았다. 나는 한 번도 계급의식을 버리지 않았다.

정치 지도자들은 계급이라는 표현을 아주 조심스러워한다. "그는 계급에 대한 적대감을 호소하며, 계급 간 대립을 부추깁니다"라는 말이 왜 한 정치인이 다른 정치인에게 퍼부을 수 있는 최악의 비난이 되는지 나는 알고 있다. 그렇지만 아주 오랜 세월 동안 계급 간 대립은 그저 떠도는 말이 아니라 삶의 현실에서 존재해왔다. 아마도 그런 말들은 현실의 불평등이 없어지는 그날 사라질 것이다.

단지 내가 가난한 집 아이로 태어나 돈에 쪼들린 젊은 가장으로 살았기 때문에 계급의식을 갖게 된 것이라고 주장한다면 뭘 모르고 하는 소리이다. 비슷한 환경에서 자랐지만 전혀 다른 사회관을 가진 사람들도 많이 있고, 나와는 전혀 다른 젊은 시절을 보냈음에도 나와 가까운 세계관을 가진 사람도 많다.

스펠먼 대학 역사학과 학과장이 되어 내게 한두 사람 정도 고용할 수 있는 권한이 주어졌을 때 (제아무리 작은 권한이라도 사람들을 들뜨게 만들 수 있다) 하버드와 컬럼비아를 졸업한 명석하고 젊은 역사학자 스토튼 린드Staughton Lynd에게 스펠먼 교수직을 제안했다. 우리는 뉴욕에서 열린 역사학자 모임에서 처음 만났고, 거기서 스토튼은 흑인 대학에서 교편을 잡고 싶다는 희망을 이야기했었다.

스토튼은 나와는 아주 다른 환경에서 자랐다. 부모님인 로버트와 헬렌 린드는 컬럼비아와 새라 로렌스 대학의 저명한 교수이자, 사회학의 고전『중류 도시Middletown』의 공저자였다. 그럼에도 우리가—인종, 계급, 전쟁, 폭력, 민족주의, 정의, 파시즘, 자본주의, 사회주의 따위—하늘 아래 존재해온 모든 정치 문제에 대해 의견을 나눌수록 사회관과 가치관이 너무도 유사하다는 것을 분명히 확인할 수 있었다.

이 같은 경험에 비춰볼 때, 전통적인 교조적 '계급 분석'은 그대로 유지될 수 없다. 그러나 독단이 붕괴된 바로 그 자리에 희망은 솟는다. 사람들은 자라난 환경이 어떠했든지 간에 우리가 생각하는 것보다 훨씬 열린 사고를 가졌으며, 과거를 바탕으로 그들의 행동을 자신 있게 예단할 수 없다. 우리 모두가 새로운 사상과 새로운 태도에 영향받기 쉬운 약점을 가진 존재들이기 때문이다. 그러한 약점이 바람직한 것과 또 그렇지 않은 온갖 가능성을 낳기도 하지만, 그러한 약점이 존재한다는 것은 신나는 일이다. 그 같은 약점은 어떤 인간도 포기해서는 안 되고, 어떤 생각의 변화도 불가능한 것으로 치부될 수 없음을 뜻한다.

부시의 대테러 전쟁의 진실

앤서니 아르노브(Anthony Arnove. 미국 좌파 출판사인 사우스 엔드 프레스의 편집자이며, 현재 전미작가노조 회원이다—옮긴이)와 가진 이 대담은 2002년 9월 13일자 《소셜리스트 워커 (Socialist Worker)》에 실렸던 것이다. 양측의 양해를 얻어 내용을 수정 보완하여 실었다.

아르노브 조지 W. 부시가 이라크 침공의 북소리를 높이고 있습니다. 왜 하필 지금 이런 일이 일어나는 것일까요? 그들이 이라크전을 계획하는 것은 석유 때문일까요?

진 제 생각에는 시간이 지날수록 다른 나라는 물론 미국 대중들에게 '테러와의 전쟁'은 잘해야 실패고 잘못하면 협잡으로 받아들여질 수 있기 때문입니다.

아프가니스탄을 폭격한 지 거의 1년이 되어가고 있습니다만, 오사마 빈 라덴의 흔적은 찾지도 못했고, 테러리스트 조직을 근절했다는 징후도 보이지 않습니다. 따라서 부시 행정부는 사람들의 주의를 실패에서 성공으로 돌릴 필요가 있습니다. 이라크를 손쉬운 상대로 여기는 한, 그곳에서 벌어지는 전쟁은 9·11 사태 이후 늘 그래왔던 것처럼 이 나라는 다시 부시를 중심으로 뭉칠 것입니다.

석유가 중요한 동기라는 데에는 의심의 여지가 없습니다. 제2차 세계대전 이후 미국의 모든 중동 정책은 그곳에 매장된 막대한 석유 자원을 통제하려는 욕망에 바탕을 두고 있습니다. 게다가 유가와 석유로부터 발생하는 이윤을 통제하고자 하는 욕망은 말할 것도 없습니다.

그렇다고 단지 석유 때문만은 아닙니다. 전쟁 분위기를 조성해 대중의 지지를 이끌어내려는 정치적 동기도 있지요. 다음으로는 미국의 손길에서 상당히 멀리 벗어나 있는 다른 나라에 대한 통제력을 확고히 하려는 동기가 있습니다. 미국은 미국 정책에 순종하지 않는 나라가 존재한다는 것을 참지 못합니다. 이라크가 가까운 우방이었을 때에는 미국에 순종했지만, 1990년에 이라크가 쿠웨이트를 침공하면서부터 상황이 달라졌습니다.

또한 대이라크 전쟁은 전쟁을 빌미로 해서 내외국인 가릴 것 없이 공민권을 제한할 수 있는 위기감을 미국 내에 유지하는 데에도 도움이 될 것입니다.

아르노브 | 부시 행정부와 그 밖의 전쟁 지지자들은 민주주의라는 미명 아래 '테러와의 전쟁'을 정당화하고자 했습니다. 진정으

로 그들이 노리는 것은 무엇일까요?

진 부시 행정부는 물론 민주당에서 전쟁을 지지하는 사람들이 정말 중요시하는 것은 9·11 사태가 발생하기 훨씬 전부터 이미 미국이 중요하게 여겨온 것들입니다.

독립전쟁이 끝나갈 무렵부터 오늘에 이르기까지, 미국 정부의 오랜 관심은 국가권력의 확대였습니다. 먼저 본토 대륙으로, 다음엔 카리브 해와 태평양으로 그리고 제2차 세계대전 이후에는 세계 전역으로 국가권력을 확대하는 것이었죠.

국가권력을 확대할 때마다 명분은 있었습니다. "신의 뜻이다", "에스파냐를 구해야 한다", "필리핀인들에게 '문명'과 '기독교 신앙'을 전파해야 한다", "독일이 우리 상선을 침몰시킨다", "북한이 남한을 침략했다", "통킹 만에서 총격을 받았다", "공산주의의 확산을 막아야 한다."

하지만 이 모든 명분 뒤에는 미국의 경제와 군사력을 확대하려는 의지가 있었습니다. '테러와의 전쟁'은 미국이 또 다른 지역에 정치, 경제, 군사적 영향력을 확대할 수 있는 기회인 것입니다.

아르노브 혹자는 9·11 사태 이후 억류된 사람들이 처했던 상황을 제2차 세계대전 중 일본인 이주자를 감금한 사건과 비교했더군요. 교수님께서는 그 시절을 경험하셨는데, 당시 사회 분위기는 어떠했습니까?

진 일본인 감금은 미국 대중들이 눈치 채지 못하도록 은밀하게 진행되었고, 설령 눈치 챘더라도 정확히 무슨 일이 벌어지는지 알 수가 없었습니다. 사태를 감지한 많은 자유주의자와 진보주의자들도 그러한 일이 전쟁에서 승리하는 데 꼭 필요한 조치라 믿고 침묵을 지켰지요. 일본인들에 대한 인종차별적 태도가 광범위하게 확산되어 있었고, 그 때문에 동정심을 갖기가 더 어려웠습니다.

오늘날 이 나라에는 이주자들에 대한 적대적 정서와 인종적 편견이 여전히 건재합니다. 이슬람교도들이 헌법의 권리도 보장받지 못하고, 또 내놓고 항의도 해보지 못하고 감금되는 것을 보기가 괴롭습니다.

아르노브 민권운동 참여자로서, 정치 지도자들이 성조기에 경의를 표하는 문제에 대한 얘기를 들으며 어떤 느낌을 받으셨나요? 그 성조기 아래 당연히 보장되어야 할 기본권들이 아프리카계 미국 흑인들에게는 부정된다는 것을 잘 알고 계시는 입장에서 말입니다.

진 미국 흑인들은 늘 성조기와 '애국심'에 대해 서로 상반되는 두 가지 느낌을 동시에 가지고 있습니다. 한편으로 그들은 이나라에 전쟁이 닥치면 기꺼이 나가 싸울 의지가 있는 국가의 일원으로 인정받기를 원했습니다. 다른 한편으로는 이 땅의 흑인들이 겪고 있는 상황에 비춰볼 때, '자유를 위한' 전쟁이란 위선이라는 것도 잘 알고 있습니다.

남북전쟁에 참여한 흑인들은 전장에 나가 싸울 권리를 얻기 위해 투쟁했지만, 그들이 총알받이로 이용되고 졸병 노릇이나 하게 될 것을 알고 있었습니다. 필리핀에 진출한 흑인 병사들은 처음에는 자신들도 백인들처럼 군인이 될 수 있다는 것을 증명할 기회라고 생각했지만, 조국에 머물러 있는 흑인 동포들이 린치를 당하는 동안 자신들은 다른 유색인종을 살해하고 있음을 이내 깨달았습니다.

제2차 세계대전 중 비록 (특히 조 루이스 같은) 일부 흑인 지도자들이 전쟁에 대한 흑인들의 지지를 이끌어내기 위해 이용되기도 했지만, 흑인들의 불만은 엄청났습니다. 그 이유는 단지 병영 내에서 벌어진 인종차별 때문만이 아니었고, 이 나라가 흑인들을 처우한 방식 때문이었습니다. 예를 들어 프랭클린 루스벨트 대통령은 반린치 법안에 대한 지지 요청을 거부했었죠.

아르노브 | 9·11 기념일이 다가오자, 정치인들은 다시 성조기를 몸에 두르고 자유와 민주주의를 얘기합니다. 무슨 동기에서 그러는 것일까요?

진 | 미국 정치 지도자들이 성조기로 자신을 감싸는 이유는 '자유와 민주주의'를 위해 일한 경력이 너무도 빈약해서 그것을 감

추려고 그러는 것입니다. 그 경력에는 건강보험, 고용 그리고 주택 관련 기금이 턱없이 부족한 상황에서도 막대한 자금을 군비로 지출하는 것도 포함되어 있습니다. 또 거기에는 이 땅의 빈민에 대한 정치인들의 무관심 때문에 절박한 상황 속에서 성장할 수밖에 없는 수많은 유색인들을 투옥하는 것도 포함되어 있습니다. 그들이 말하는 애국심이란 이 모든 문제를 은폐하고 시민들의 주의를 다른 곳으로 돌리기 위한 수단입니다.

아르노브 │ 원래 베트남전은 다른 전쟁과 같은 수준의 국민적 지지를 받았습니다. 하지만 결국 많은 국민들이 반대하게 되었습니다. 이런 변화는 언제부터 생겼고 또 왜 생겼나요?

진 │ 응답자의 61퍼센트가 전쟁을 지지했던 1965년과 61퍼센트가 전쟁에 반대한 1971년 사이에 미국 여론은 극적인 변화를 겪었습니다. 반대 여론이 점차 확산되었죠. 1965년에 보스턴 커먼 공원에서 백여 명이 모여 반전 집회를 열었습니다. 1969년에는 같은 장소에서 열린 반전집회에 10만 명이 운집했지요. 이후 전국적으로 수백만이 시위에 참여했습니다.

1967년과 1968년 무렵에 베트남전은 무고한 사람들을 상대로 벌인 야만스런 전쟁임을 마침내 미국인들이 깨달아 그 같은 변화가 생겼다고 믿고 있습니다. 시민들은 텔레비전을 통해 미국 해병대원들이 농가를 불태우는 모습과 네이팜탄에 희생된 아이들의 모습, 미라이 학살 현장을 목격했습니다. 또한 시간이 흐를수록 미국인 사망자가 늘어가는 것도 보았지요.

베트남전에서처럼, 저는 진실을 깨닫는 것이 중요하다고 믿습니다. 전쟁을 지지하는 자연스러운 경향 따위는 존재하지 않습니다. 그런 것은 정치 지도자들이 인위적으로 주입하는 것입니다. 그리고 보통은 우호적이고 도덕적인 미국인들이 정부 소식통과는 다른 정보를 접하기 시작하면, 정부가 내세우는 주장에 대해 다시 생각해보고 의심을 품게 됩니다.

아르노브 지난 세기 초 미국의 선도적 사회주의자였던 유진 뎁스는 바로 이 애국심 문제에 대해 많은 고민을 했습니다. 전쟁과 애국심에 대한 그의 견해를 설명해주시겠습니까?

진 뎁스는 제1차 세계대전을 반대한 반전운동 지도자였습니다. 그는 10년형을 언도받았고, 자유주의자로 알려진 대법관 올리버 웬델 홈즈가 이끄는 대법원에서 전원 합의로 형이 확정되었습니다. 그는 오하이오 주 캔턴에서 발표한 연설 때문에 형을 언도받았지요. 전쟁은 지배계급이 일으키고 그 전쟁을 노동자계급이 치른다고 주장했습니다. 그는 이렇게 말했습니다.

"역사적으로 전쟁은 정복과 약탈을 위해 수행되어왔다. 라인 강을 따라 솟아 있는 첨탑으로 무장한 성채에서 중세 봉건영주들은 주인으로 군림하며, 그들의 영토를 넓히기 위해 그들의 권력과 그들의 명성과 그들의 부를 확대하기 위해 서로 전쟁을 선포했었다. 하지만 현대의 봉건영주들인 월스트리트의 귀족들이 전장으로 나가지 않은 것처럼, 정작 그들 자신은 전장으로 향하지 않았다.

오늘날 자본주의자들의 선조인 중세 봉건귀족들이 그 모든 전쟁을 일으켰다. 그리고 그들 밑에 비참한 농노들이 그 전쟁을 모두 치러냈다. 가난하고 무지한 농노들은 그들의 영주를 숭배하도록, 그리고 영주들이 전쟁을 선포하면, 자신들을 우습게 여긴 영주 및 귀족들의 이익과 영광을 위해 서로 숨통을 끊다가 죽어가는 것을 애국하는 의무로 배웠다.

그리고 그것이 바로 전쟁이다. 지배계급은 언제나 전쟁을 일으키고, 피지배계급은 늘 전장에서 피를 흘린다. 지배계급은 언제나 얻을 뿐 잃는 것이 없지만, 피지배계급은 늘 얻는 것도 없이—심지어 자신의 목숨까지도—잃기만 해왔다."[1]

데브스는 전쟁이 '부자의 배를 불리고, 빈민을 사지로 몰아넣는' 계급의 문제임을 올바르게 이해했다.

부시의 대테러 전쟁의 진실

흩어진 좌파

이 글은 1999년 《프로그레시브》 2월호에 실렸던 글을 다시 수록한 것이다.

스스로 자유주의자 또는 진보주의자로 생각하는 많은 사람들이 클린턴이 맞고 있는 시련(미국 제42대 대통령인 클린턴이 1990년대 중반 백악관 인턴 직원과 성관계를 가졌던 사실이 드러나 탄핵위기에 처했던 사건을 지칭한다—옮긴이)으로 이 땅에 성적 매카시즘이 판을 칠 것이라는 두려움에 빠진 듯하다. 제1차 걸프전 중 이라크 민간인의 시신과 미국의 폭격, 그리고 클린턴이 레이건의 스타워즈 계획을 부활시키며 수십억 달러의 국방 예산 증액을 주장하는 사태를 목격한 혹자라면 다음과 같이 생각할지도 모른다. 현재 가장 중요한 문제는 이라크와 세계를 상대로 한 클린턴의 공격이 아니라 클린턴에게 쏟아지는 공격이라고 믿는 사람들에게 균형감각을 되찾아주는 일이라고.

좌파 중 탄핵 소추 과정에 격분한 사람들은 클린턴을 문제의 핵심으로 보지 않으려고 했다. 비록 그들 중 일부는 우익 인사들이 이따금씩 "그가 잘한 일도 있지 않은가"와 같은 말을 경전 외우듯 되뇌는 것을 들으며 분노에 휩싸이기도 했지만, 그들은 대통령으로서 그가 이룬 행적에 후한 점수를 주기 어렵다는 것을 알고 있었다. 그가 '잘한 일'은 쥐꼬리만 하고 '잘못한 일'은 태산과도 같다는 사실을 잘 알고 있는 사람들은 어느 진정서에서 "아래 서명한 본인들은 클린턴에 대해 견해가 다르다"고 표현한 것처럼, 소심한 진술서에 만족했다.

클린턴 탄핵에 반대하는 사람들이 우려하는 것은 클린턴이 아니라 클린턴을 쓰러뜨린 이후에 손길을 뻗칠 우익 캄스탁주의자들Comstockites(미국 우편국 감독관이자 정치가인 앤서니 캄스탁이 1873년 의회에 영향력을 행사해 음란물과 피임에 관한 정보 유통을 금지하는 컴스탁 법을 통과시켰다―옮긴이)이라고 말한다. 이들은 성적 사생활이 침해당할까봐, 그리고 최근 수십 년 동안 문화혁명으로 이룩한 자유가 음흉한 청교도들에 의해 훼손되어질 것을 걱정한다. 나는 이것이 이 땅에 살고 있는 사람들이 이미 거부한 바 있는 성적 구속들을 다시 부과하고자 하는 소수파의 쓸데없는 시도라고 생각한다. 이는 시끄럽고 강력하기는 하지만 여전히 수적으로 열세인 소수파의 마지막 저항에 대한 과민 반응이라고 본다.

여러 차례 실시된 여론조사에서 대중들이 클린턴 탄핵을 거듭 반대한 것이 이에 대한 명확한 증거이다. 이러한 결과는 때로 대통령의 개인적 '인기'나 국민의 경제 만족도로 설명되기도 한다. 하지만 이는 모든 미국인이 바라고 매력적인 이류 대통령에게조차도 부여하고자 하는 개인의 자유에 대한 권리선언에 더 가깝다.

소수의 극우 핵심 세력을 제외하면 대체로 대중은 지금 공격받고 있는 성적 자유를 원칙으로 받아들인 것이 분명하다. 흑인 인권운동, 반전운동 그리고 여권운동으로 들끓었던 1960년대와 1970년대는 우리 문화를 이미 돌이킬 수 없는 상태로 변화시킨 성 혁명기였다. 그 혁명은 옛 시절을 기억하는 사람들을 충격에 빠뜨리며 게이와 레즈비언, 누드, 혼전 및 혼외정사를 거리낌 없이 보여주는 영화에서, 텔레비전과 라디오에서 그리고 잡지에서도 확인할 수 있다(미국의 주류 계층에서 인기가 있었던 〈매디슨 카운티의 다리〉를 생각해보라).

이는 성적 매카시즘이 종이호랑이를 사냥하기 위해 수렵대를 조직한 데 대한 진보 진영의 우려를 보여준다. 진보 진영은 지금까지 대체로 유리하게 이끌어온 전쟁을 치르기 위해 정글로 들어갔다. 그 대신 그들은 클린턴과 공화당원들이 주도권을 쥐어온 전쟁터로부터 도망쳤다. 클린턴은 재임 기간 내내 공화당원들과 연합하여 빈민의 이익에 반하는 행동을 일삼았고, 기업주들의 배를 더욱 불리고, 엄청난 규모의 군사조직을 유지하며 그 힘을 해외에 힘없는 사람들을 상대로 휘둘러왔다. 클린턴의 주요 정책들은 공화당의 지지를 받아왔다. 가난한 여성과 아동을 대상으로 한 뉴딜 정책의 보장 비용을 폐기했고, 감옥을 증설하고 사형을 확대했으며, 대인지뢰금지협약(일명 오타와협약이라고도 불린다. 1997년 체결되어 1999년 3월 1일 발효되었다. 2007년 12월, 155개국이 가입되어 있으나 미국을 비롯한 남북한, 중국, 인도, 파키스탄 등 여러 나라가 이 조약에 서명하지 않았다—옮긴이) 비준과 핵실험 중단을 거부하고, 계속해서 전 세계를 상대로 무기를 판매하며 경제봉쇄를 이용해 이라크와 쿠바 국민들을 잔혹하게 학대했다.

간단히 말해서, 미국의 많은 좌익 세력은 기득권 세력의 양당 체제에 비판자라는 역사적 사명을 포기하도록 (스스로를) 현혹시키고 있다. 그들은 미국의 경제 정의와 해외 인권에 대한 목소리가 그 어느 때보다도 절실한 이 시기에 자신의 힘과 역량을 분산시키고 있다.

계급이 실종된 선거

이 글은 2000년 《프로그레시브》 11월호에 실렸던 글을 다시 수록한 것이다.

2000년 대통령 선거운동 기간 중 (선거비용으로 220만 달러를 쓴) 조지 부시가 (겨우 170만 달러를 쓴) 앨 고어를 '계급투쟁'에 의존하고 있다고 비난하면서 보기 드물게 흥미로운 장면이 연출되었다. 이 일은 1988년 대통령 선거 당시 (집안 내력인지는 몰라도) 아버지 부시가 마이클 듀카키스 후보를 계급 간 적개심을 부추기고 있다며 비난했던 일을 상기시켰다.

비난을 당한 두 후보 중 그 누구도 "그렇다, 이 나라에는 계급이 존재한다"며 당당하게 맞서는 후보를 보지 못했다. 오직 랠프 네이더만이 이 나라는 부자, 가난한 자 그리고 그 사이에서 불안에 떨고 있는 자들로 나뉘어 있다고 주장했다. 이 같은 언사는 그의 텔레비전 토론회 참여를 금지시킬 만큼 용서받지 못할 무례로 간주되었다.

우리는 이 나라가 계급으로 나뉘어 있다는 사실을 입에 담아서는 안 된다고 배워왔다. 그런 말은 정치 지도자들의 비위를 상하게 한다. 우리는 모두가—나와 엑손사, 당신과 마이크로소프트, 최고경영자의 자녀와 경비원의 자녀들이—가족이라고 믿어야만 한다. 우리는 공동의 이해를 추구한다. 그렇기 때문에 마치 그것이 우리 모두의 이익인 양 '국가이익'을 위해 전쟁을 수행하고, 마치 핵무기가 단지 일부의 안보만이 아니라 모두의 안보를 강화하는 양 '국가 안보'를 위해 어마어마한 군비예산을 편성한다.

그 때문에 우리 문화는 초등학교 1학년 때부터 매일 같이 "······모두가 자유와 정의를 누리고, 하느님 아래 모두가 하나인 국가"라는 구절이 담긴 국기에 대한 맹세를 읊어대며 우리 의식 속에 깊이 뿌리박힌 애국심이라는 이념에 푹 젖어 있다. 나는 '모두가 하나인'이라는 어려운 구절에서 혀가 꼬이곤 했다.

여섯 살 나이에 정치적으로 명민하지 못했던 나는 비록 당시에는 깨닫지 못했지만, 시간이 지나고 나서야 이 나라가 애초부터 계급과 인종으로, 그리고 출신 국가에 따라 분리되어 있다는 것을 알았다. 그리고 그 역사가 무시무시한 계급투쟁으로 얼룩져 있다는 것도 알게 되었다.

그 문화는 계급투쟁을 역사책에 오르지 못하게 하기 위해, 하나라는 이념을 유지시키기 위해, 분명하지는 않아도 사악한 존재임이 분명한 '저들'로부터 고귀한 '우리'를 보호하기 위해 온갖 노력을 기울인다. 2000년에 개봉된 (수백만의 관객을 상대로 상영된 유치원생 수준의 역사물) 영화 〈패트리어트The Patriot〉에서 그려냈듯이, 그것은 영국의 지배에 저항한 영광스런 투쟁 속에 하나로 뭉친 미국 혁명에서부터 시작된다. 미합중국 헌법 제정자들을 중심으로 한 그 신화는 미국인들이 정말로 한 가족이었고, 우리의 바탕이 된 헌법이 "우리, 미합중국 인민은……"으로 시작하는 헌법 전문 첫 문장에 자랑스럽게 나타나 있듯이 모두의 이익을 대변한다는 생각에 기초한다.

하지만 우리 눈에는 미국 혁명이 하나된 인민으로부터 수행된 것이 아님은 분명하다. 혁명에 이르기까지 150년이라는 세월은―하인과 노예 대 그들의 주인, 소작인 대 지주, 먹을 것과 밀가루를 달라며 폭동을 일으킨 도시 빈민 대 악덕 상인, 반란을 일으킨 선원 대 선장들 간의―투쟁으로, 즉 계급 간 투쟁으로 점철되어왔다. 혁명전쟁이 시작되었을 때, 이주민들은 그 전쟁을 해방전쟁이라고 생각했지만, 다른 많은 사람들은 그 전쟁을 하나의 지배 집단이 또 다른 집단으로 바뀌는 사건으로 이해했다. 흑인 노예와 인디언들에게는 영국인이든 미국인이든 매한가지였다.

이 같은 혁명 내부의 계급투쟁은 조지 워싱턴이 이끈 부대에서 하극상 사건을 통해 극적으로 표출되었다(인구 비율로 볼 때 혁명 기간 중 사상자의 수는 제2차 세계대전 중 미국인 사상자 수를 넘어섰다). 전쟁이 일어난 지 5년이 지난 1781년, 뉴저지 주 모리스타운에 주둔 중이던 펜실베이니아 부대 내에서 아일랜드와 스코틀랜드 그리고 독일 등 국외 출신자들이 중심이 된 천 명이 넘는 병사들이 반란을 일으켰다. 그들은 장교들이 높은 급여에 좋은 식사와 옷가지를 지급받는 반면 사병과 하사관은 형편없는 음식에 넝마를 걸치고 신발도 없이 행군하며, 수개월 동안 급여를 받지 못하거나 받더라도 아무런 가치도 없는 대륙 통화로 지급되는 것을 보아왔다. 사소한 규율이라도 위반하면 장교들은 그들을 학대하고 폭행과 채찍질을 일삼았다.

하극상에 가담한 자들은 모병 기간이 만료되었으니 제대시켜 달라고 요구했다. 그들은 강압에 못 이겨 복무하고 있었다. 1780년 봄, 모리스타운에 주둔 중인 코네티컷 부대에서 11명의 탈영자들이 사형을 언도받았는데, 백 명에게 제대명령서를 위조해준 한 사람을 제외하고는 형 집행 직전에 모두 집행유예를 받았다는 사실을 이미 알고 있었다.

이때 조지 워싱턴은 뉴저지 주 프린스턴에 집결한 (그가 지휘한 부대의 꽤 많은 숫자에 해당하는) 1,700명의 항명자들과 타협하기로 결정했다. 하극상에 가담한 많은 사람들이 고향으로 돌아가게 되었고, 워싱턴은 병사들의 불만을 잠재우기 위한 돈을 여러 주지사들에게 요청했다. 펜실베이니아 부대는 잠잠해졌다. 하지만 뉴저지 부대에서 수백 명이 가담한 또 다른 반란이 일어나자 워싱턴은 가혹한 처방을 내렸다. 그는 '이 위험한 사상'이 파급될 수 있겠다고 생각했다. '가장 심각한 위반자들' 중 두 명은 현장에서

계급이 실종된 선거

군법회의에 회부되어 총살형을 받았다. 그리고 다른 가담자들이 흐느끼는 가운데 형이 집행되었다.

하워드 패스트Howard Fast는 『거만한 자와 자유로운 자The Proud and the Free』에서 칼 반 도렌Carl Van Doren의 고전 역사서 『일월의 반란Munity in January』을 바탕으로 항명에 가담한 이들의 이야기를 들려준다. 패스트는 항명에 가담한 잭 말로니라는 병사를 통해 혁명군 내의 계급갈등을 생생하게 보여준다. 그 병사는 토머스 페인Thomas Paine(1737~1809. 영국 태생의 미국 작가―옮긴이)의 글과 자유에 대한 약속을 상기시키며, 자신은 자유를 위해 죽을 각오가 되어 있지만 "저 비겁한 필라델피아 의회나 비단과 견수자로 처바른 저 고귀한 펜실베이니아의 숙녀 분들, 더러운 뉴저지 나리들과 돼지 같은 지주 놈들의 재산을 지키기 위해 죽지는 않겠다"고 말한다.

독립전쟁이 승리로 막을 내리자, 미합중국 헌법 제정자들은 시민들이 제멋대로 일으킨 온갖 소요에 대응하기 위해 연방정부에 강력한 권한을 부여하는 헌법을 제정했다. 이제 갓 태어난 이 나라에서도 계급투쟁은 계속되었다. 새로운 정부는 노예 소유주, 무역 상인, 제조업자 그리고 땅 투기꾼들의 이익을 위해 헌신하는 대신 백인 남성들에게 정치활동에 어느 정도 영향력을 행사할 수 있지만 지배할 수는 없는 자격을 부여했다.

이어지는 200년은 한 계급이 지배한 국가 통제의 역사다. 정부는 부자들과 굳게 손잡고 철도 왕들에게, 제조업자와 선주들에게 국가 자원이라는 엄청난 선물을 주었다. 대공황 초기에 찰스 비어드Charles Beard(1874~1948. 미국 역사가—옮긴이)는 '엄격한 개인주의의 신화'를 신랄하게 비판하는 글을 발표했다. 그는 제조업과 금융 재벌들이 정부로부터 보조금과 온갖 지원을 받지 못하면 치열한 경쟁에서 살아남을 만큼 강하지 못하다는 것을 알고 있었다.

지배계급은 (나는 되도록 이 과격한 구식 표현을 쓰지 않으려 하지만, 이 표현은 단순하면서도 확고한 진실을 전달해준다) 노예와 노동자, 농민 그리고 특히 이 대륙 토착민들의 저항에 부딪칠 때마다, 19세기와 20세기 내내 그랬던 것처럼 이 배은망덕한 자들의 입을 틀어막기 위해 군과 사법제도를 동원해줄 것을 정부에 요청한다.

그때나 지금이나 정치 지도자들은 부자들의 이해에 따라 좌우되는 계급사회에 살고 있다는 사실을 드러내는 사람을 매우 싫어한다. 그렇기에 제1차 세계대전에 반대한 유진 뎁스가 오하이오에서 열린 어느 집회에서 "언제나 지배계급이 전쟁을 일으켰고, 피지배계급은 그 전쟁을 치러냈다"는 내용의 발언은 용서받을 수 없었다. 그는 10년형을 언도받았고, 올리버 웬델 홈즈는 애국적 자유주의 정신에 입각하여 그 판결을 대법원에서 만장일치로 확정했다.

아무리 사소할지라도 계급에 따른 차별을 암시하는 행위는 분노에 찬 반응을 불러일으킨다. (물론 스스로 선거운동을 위해 엄청난 액수의 돈을 챙기긴 했지만) 2000년 앨 고어가 부시를 광분 상태로 몰아넣으려면 단지 '큰 돈'에 대한 의혹을 입에 올리기만 하면

계급이 실종된 선거

되었다. 물론 부시가 걱정할 이유는 없었다. 고어와 조지프 리버먼은 초갑부의 지배가 아무런 위협이 되지 않았다. 《뉴욕타임스》는 서둘러 부시를 안심시켰다. 2000년 8월 그 신문 일면을 장식한 기사 제목은 '상원의원으로서 리버먼은 친실업계라는 것이 자랑스럽다'였다. 그 신문은 실리콘 밸리의 첨단산업계는 리버먼을 매우 좋아하며 코네티컷의 군산복합체도 그에게 75억 달러짜리 '바다늑대' 잠수함 계약을 성사시켜준 데 대해 고마워한다는 기사를 실었다. 그 기사는 부시를 안심시키기에 충분했다.

경제적 위계에서 가장 밑단을 이루고 있는 사람들에 대해 정치인들이 완전히 손을 놓고 있는 것을 보고 있노라면 (조직화된 노동계의 지지를 얻기 위해 민주당이 동원하는 수사와 태도에도) 두 주요 정당이 계급 문제에서는 매한가지임이 극명해진다. 《뉴욕타임스》의 한 기자가 플로리다 주 크로스 시티 주민들을 만나 2000년 대통령 선거에 대해 얘기를 나누고 이런 결론을 내렸다. "이곳 주민들은 앨 고어와 조지 W. 부시 두 사람 모두를 유복하게 태어난 사람, 집안 대대로 부유했던 사람들로 보고 있습니다. 이곳 사람들에게 그들은 모두 똑같아 보입니다."

건설 노동자의 아내이자 셰브론 주유소에서 출납원으로 일하는 신디 램은 기자에게 이렇게 말했다. "나는 그들이 우리 같은 사람들을 좋아한다고 생각하지 않아요. 정말 우리를 생각한다면, 이처럼 손 놓고 있지는 않겠죠. 만약 그네들이 방 두 칸짜리 이동식 주택에서 살아본 경험이 있었더라면 이러지는 않았을 거예요."

맥도날드 매장 관리직으로 일하며 최저임금보다 조금 많은 시간당 5달러 15센트를 받는 한 흑인 여성은 부시와 고어에 대해 "나는 이들에게 아무런 관심도 없어요. 내 친구들도 마찬가지고요. 내 생활이 달라질 건 없어요"라고 말했다.

그 선거는 지나갔고, 이제 우리는 2004년 조지 W. 부시와 존 케리 중 한 후보를 선택해야 하는 전과 비슷한 상황을 맞았다. 케리는 중산층과 노동계급의 지지를 받으면서도 이 나라 부유층 세력과 유대를 유지하고 제국주의적인 양당 정치체제를 지지하는 또 다른 민주당원이다. 부시와 케리 중 누가 2004년 선거의 승자가 되건 우리의 정치 경제체제를 지배해왔던 바로 그 계급이 다시 권력을 잡을 것이다. 누가 대통령이 되건 취임 다음날부터 우리는 똑같은 도전에 직면할 것이다. 우리 사회의 대부분을 차지하는 빈민들을 어떻게 사회운동 세력으로 묶어낼 것인가. 과거 '계급투쟁'이 임박했다며 주도권을 쥔 자들을 두려움에 떨게 만들고 정의를 구현해낸 그런 사회운동에 어떻게 그들을 동참시킬 것인가.

새로운 세기의 그 위대한 도전에 호응하는 그 같은 운동은 민주주의에 생명을 불어넣을 수 있다.

연방협박국 FBI
(Federal Bureau of Intimidation)

이 글은 1992년 10월 보스턴 지역 교회에서 했던 연설을 정리한 것이다. 〔제목인 연방협박국 (Federal Bureau of Intimidation)은 미연방수사국인 FBI(Federal Bureau of Investigation)의 명칭을 말장난을 이용해 비꼬아 표현한 것이다―옮긴이〕

그들도 우리에 대해 이러쿵저러쿵 얘기하고 있으니, 나도 한번 미연방수사, FBI Federal Bureau of Investigation에 대해 얘기해보고자 한다. 그들은 사람들의 입에 오르내리기를 꺼린다. 심지어 여러분이 지금 그들에 관한 얘기를 듣고 있다는 사실조차도 싫어한다. 그네들은 아주 예민한 사람들이다.

악명 높은 미연방수사국 역사 중에서도 널리 알려진 미연방수사국과 마틴 루터 킹 목사의 역사를 살펴보면, 미연방수사국이 그를 무력화시키고자 죽거나 자살하도록 만들려고 했을지도 모른다. 그들은 분명히 미국 흑인 지도자인 그를 파멸시키려 했다. 그리고 킹 목사를 감시한 역사를 추적해보면, 몽고메리 버스 보이콧 사건에서부터가 아니라 킹 목사가 미연방수사국을 비판하던 때부터 시작된다. 그 순간 모두 네 개나 되었던 후버의 귀가 갑자기 곤추섰다. 그리고 그는 말했다. '좋아, 킹에 대한 작업을 할 때가 되었군.'

나는 교회위원회 보고서를 읽으면서 특히 이 문제에 관심이 많았다. 1975년에 상원특별위원회가 미중앙정보국과 미연방수사국을 조사하여 방대한 보고서를 발간했다. 이를 통해 언제부터 미연방수사국이 킹 목사에게 관심을 갖게 되었는지 알 수 있었다. 1961~1962년에 일어난 몽고메리 버스 보이콧 사건 이후, 연좌운동 이후, 1961년 자유의 승차운동 이후 조지아 주 남부 남쪽 끝에 있는 노예도시나 다름없는 아주 작은 도시 올버니에서 군중 시위가 일어났다. 그 도시에서 그런 일은 한 번도 없었다. 그곳은 겉보기에 조용한 도시였고, 모두가 행복하게 살아가고 있었다. 그런데 갑자기 흑인들이 들고일어나 올버니 거주 흑인 대부분이 투옥되었다. 시위에 참여한 모든 사람을 가두기에는 감옥은 턱없이 협소했다.

애틀랜타 남부 지역 위원회에서 올버니에서 일어난 시위를 보고서로 작성했다. 미연방수사국에 대해 매우 비판적이었던 그 보고서는 《뉴욕타임스》를 통해 공개되었다. 그리고 킹 목사는 미연방수사국의 역할에 대한 생각을 묻는 질문에 미연방수사국은 본연의 임무를 수행하지 않고 있으며, 미연방수사국이 인종주의적이라는 보고서 내용에 동의한다고 말했다.

그 시점에서, 미연방수사국은 그 보고서를 작성한 자가 누구인지 조사에 착수했다. 그 보고서의 작성자가 바로 나였기 때문에, 당연히 미연방수사국의 조사에 관심이 있었다. 나는 정보자유법 Freedom of Information Act을 통해 미연방수사국이 나에 관해 알고자 하는 모든 정보를 제공했다. 아마도 호기심이 발동했던 것 같다. 스스로 시험해보고 싶었다. 왜냐하면 미연방수사국이 나에 관한 서류철 하나 가지고 있지 않다는 사실이 알려지면 몹시 불명예스러울 뿐만 아니라 내 친구들을 대할 면목이 없었을 것이기 때문이다. 하지만 천만다행으로, 전혀 중요하지 않은 내용으로 가득 찬 수백 쪽짜리 서류철이 하나 있었다. 아마도 미연방수사국에는 대단히 중요하겠지만 양식 있는 사람에게는 사소한 그런 정보들이었다.

우리는 민주주의 국가에 살고 있으면서 이 같은 기묘한 상황에 처해 있다. 그렇기 때문에 미연방수사국과 미합중국의 민주주의를 얘기해야 하는 것이다. 우리 모두가 그렇게 알고 있고, 모두가 그렇다고 말하고, 귀에 못이 박히도록 들어왔고, 커서는 충성을 맹세하고, 국기에 예를 갖춰야 하고, 민주주의를 찬양하고, 전체주의 나라들을 목격하고, 폭정에 관한 역사를 읽고, 그리고 여기에 민주주의의 횃불이 빛나고 있다. 이 모두에는 어느 정도 진실이 담겨 있다. 다른 나라라면 사정이 달랐겠지만, 미국에서는 투옥되지 않고도 할 수 있는 일들이 분명히 있다.

하지만 미국은 아주 복잡한 체제다. 미국에는 분명 민주주의적 요소가 존재하기 때문에 미국을 규정하는 일은 매우 까다롭다. 미국에는 우리 모두가 감사히 여겨야 할 것들이 있다. 가령 우리는 엘살바도르에서처럼 암살대의 위협에 시달리지 않아도 된다. 다른 한편으로 미국은 그다지 민주적이지 않다. 미국을 그다지 민주적이지 않은 곳으로 만드는 원인 중 하나가 연방수사국이나 중앙정보부 같은 집단의 존재이다. 민주주의는 개방성에 기초하므로 비밀 정책이나 이견을 가진 시민에 대한 비밀 명부는 민주주의 정신에 이롭지 않다.

이외에도 미합중국을 민주국가라고 하기엔 부족하다. 이를테면 경찰서 안팎에서 경찰과 시민들이 마주칠 때 생기는 일이 그러하다. 또 이 나라의 민주주의와는 동떨어진 일종의 파시스트 집단인 군에서 벌어지는 일은 또 어떤가. 민주주의의 작은 진열장이어야 하지만—어떤 증거를 채택할지, 어떤 증거를 보류할지, 배심원들에게 어떤 지시를 내릴지, 유죄에 어떤 형량을 선고할지—법정의 모든 결정권을 가진 '황제들'이 통치하는 법정은 또 어떠한가.

따라서 그것은 기묘한 민주주의다. 사람들에게는 투표권이 있고 선택권이 있다. 클린턴, 부시 그리고 페로! 대단하지 않은가. 《타임》과 《뉴스위크》. CBS와 NBC. 이러한 사회가 다원주의 사회라 불린다. 하지만 우리 삶이 펼쳐지는 일상의 너무도 많은 곳에서, 어찌된 일인지 민주주의는 찾아볼 수 없다. 그리고 그 민주주의를 관통하여 내미는 전체주의의 섬뜩한 손길 중 하나가 바로 연방수사국이다.

〈미시시피 버닝Mississippi Burning〉 영화를 보면서 미연방수사국에 대한 얘기를 해야겠다고 마음먹게 됐다. 나는 "미연방수사국에 관해 더 듣고 싶은 사람 없습니까?"라고 소리치고 싶을 정도로 극한 심리 상태에 빠져 있었다. 그런데 그때 〈미시시피 버닝〉 영화를 보게 된 것이다. 그 영화는 미국 민권운동의 역사에서 아주 중요한 사건을 배경으로 삼고 있다.

1964년 여름, 민권운동에 참여한 두 명의 백인과 한 명의 흑인 젊은이가 필라델피아 주―형제애의 도시라는 뜻을 지닌―필라델피아의 어느 교회에서 일어난 화재 사건을 조사하기 위해 길을 떠난다. 그들은 체포되어 구금되었다가 한밤중에 풀려났다. 이후 자동차의 추격을 당하고 감시를 당하다가 사슬과 곤봉으로 심하게 구타당했다. 그리고 1964년 6월 21일 총에 맞아 숨졌다. 처형당한 것이다. 그들의 시신은 8월이 되어서야 발견되었다. 그 사건은 이 영화에 어울리는 거대한 주제였다.

나는 〈미시시피 버닝〉이 미시시피에서 일어난 테러, 폭력, 그 추악함을 잘 표현했다고 생각했다. 하지만 잘나가던 그 영화는 아주 쓸데없는 짓을 한다. 살인자들이 체포되는 장면에서 연방수사국 요원과 연방수사국 조직 전체를 이 사건의 영웅으로 묘사한 것이다. 그 당시 남부에서 그 운동에 참여한 사람은 물론 민권운동 역사를 조금이라도 아는 사람이라면 그 같은 묘사에 경악하고 말았을 것이다.

나는 그 운동에 참여했던 수많은 사람 중 하나에 불과하다. 나는 1956년부터 1963년까지 약 7년간 조지아 주 애틀랜타의 한 흑인 대학에서 교편을 잡고 있었고, 조지아 주 올버니와 앨라배마 주 셀마 그리고 미시시피 주의 해티즈버그에서 일어난 운동에 참여했다. 1964년 여름에는 미시시피 주의 그린우드, 그린빌 그리고 잭슨에서 활동하였다. SNCC, 즉 학생비폭력조정위원회Student Nonviolent Coordinating Committee 활동에도 관여했다. 그 당시 남부에서 일어난 운동에 관여했던 사람이라면 미연방수사국은 신뢰할 수 없고 민권운동의 친구가 아니라는 사실을 분명히 알고 있었다.

코앞에서 사람들이 구타당하는 동안 넥타이 차림의 연방수사국 요원들은 그저 기록만 했다. 이런 일은 수도 없이 되풀이되었다. 시련이 닥칠 때마다 민권운동을 하는 사람들은 연방수사국 상위기관인 법무부에 수없이 전화를 걸었다. "여보세요, 여기 위험에 빠진 사람이 있어요. 사람이 구타당하고 있어요. 사람이 끌려가고 있어요. 사람이 죽어가고 있어요. 여기 연방정부의 도움이 필요합니다. 우리에게 헌법이 있지 않은가요? 우리에겐 권리가 있어요. 우리에게는 삶을 이어갈, 길을 걸을, 말할, 기도할, 시위를 벌일 헌법의 권리가 있어요. 권리장전이 있어요. 그것이 미국이고, 그것이 민주주의예요. 당신들은 법무부 직원들이고, 미국의 헌법을 실행하는 것이 당신들이 해야 할 일 아닌가요. 그렇게 하겠다고 서약을 해놓고 도대체 어디에 있는 거죠?"

법무부는 답을 하지 않았다. 그들은 답신 전화도 하지 않았고,

연방협박국 FBI(Federal Bureau of Intimidation)

현장에 나타나지도 않았으며, 현장에 와서도 아무 조치도 취하지 않았다.

민권운동은 미연방수사국의 역할을 명확히 알고 있었다. 미연 방수사국뿐만이 아니었다. 미연방수사국 뒤에는 법무부가 있었고, 그 뒤에는 워싱턴이, 그리고 정치권이 있었다. 이는 다시 앨라배마, 미시시피 그리고 조지아 주에 인종차별주의자들을 판사로 임명한 케네디로 연결되었다. 케네디는 남부의 민주당 성향인 정치 집단에 혜택을 주기 위해 이들을 판사로 임명했다. 흑인 문제에 대해 그가 걱정한 것은 텔레비전 중계로 행정부와 미국이 전 세계에 망신을 당하면 어쩌나 하는 것뿐이었다.

상황이 그 지경에 이르러서야 조치가 취해졌다. 걱정 마세요. 우리가 리틀록에 군대를 파견하겠소. 옥스퍼드, 미시시피에 군대를 파견하지요. 엄청나고 극적인 일을 벌이시오. 하지만 그 일을 시작하고 마무리되는 동안 국제적인 관심을 끌지 못할 거라면, 포기하시오. 남북전쟁이 끝나고 1877년에 남부 백인과 거래를 한 북부 정치인들이 흑인의 운명을 남부 권력자들과 대농장주의 자비심에 맡겼듯이, 그 흑인들을 그곳에 있는 법집행관들의 자비심에 맡기시오.

이 같은 상황이 시간대별로 어떻게 전개되었는지 상세히 알고 싶다면, 매리 킹Mary King이 쓴 『자유의 노래Freedom Song』를 읽어 보라. 그녀는 학생비폭력조정위원회 애틀랜타 지부 직원으로 언론사와 정부, 법무부에 전화 거는 일을 맡고 있었다. 그녀는 전화를 걸어 "여보세요, 세 명의 젊은이가 미시시피 주 필라델피아에서 실종되었어요"라고 말했다. 그녀는 수도 없이 전화를 걸었고, 며칠이 지나서야 답변을 들을 수 있었다. 그들은 시체로 발견되었다. 아무리 많은 전화를 했다고 하더라도 그들 목숨을 구하지는 못했을 것이다.

이미 늦은 일이긴 하지만, 그들의 목숨을 구할 방법이 전혀 없었던 것은 아니었다. 그런데 나는 그 방법을 보도한 언론을 보지 못했다. 만약 연방 요원들이 세 사람의 여행에 함께했더라면, 만약 미시시피 주 필라델피아 경찰서에 연방 요원들이 있었더라면, 그런 일은 일어나지 않았을지도 모른다. 만일 누군가가 법을 따르겠다고, 헌법의 권리를 지키겠다고, 그저 길을 가고, 차를 몰고, 얘기를 나누고, 일을 하는 사람들의 권리를 보호하겠다고 결심했다면, 세 사람의 목숨을 앗아간 살인사건은 막을 수도 있었다.

세 사람이 실종되기 12일 전인 1964년 6월 9일 워싱턴 D. C.에서 집회가 열렸다. 버스를 가득 메운 미시시피에 거주하는 흑인들이 국민 극장까지 그 먼 길을 달려왔다. 워싱턴까지 정말 멀고도 먼 버스길이었다.

기자와 청중 앞에서 펼친 흑인들의 증언을 듣기 위해 단과대학 학장, 작가들을 비롯해 미국의 저명인사들이 참석했고, 증언은 녹취되고 기록되었다. 그들은 이들 지원자들이 그곳까지 왔기 때문에 그해여름 미시시피에서는 매우 위험한 상황이 벌어질 것이라고 증언했다. 또 자신들이 겪은 일과 그들이 구타당했던 일, 미시시피 강에서 떠다니다 발견된 흑인 시체에 대해 증언한 뒤 그들이 죽임을 당할 것이라고 말했다. 우리는 연방 정부의 보호가 필요하다고 말했다.

이 청문회에서는 헌법 전문가들이 나와 연방 정부는 미시시피로 되돌아가는 사람들을 보호할 절대 권력을 가지고 있다며 법률 문제를 정확히 지적했다. 미합중국 법전 제333절, 제10장은 지방 정부가 헌법의 권리를 거부하거나 또는 그 보호에 실패할 경우 무슨 일이든 할 수 있는 권한을 부여한다(앞으로도 거듭 언급할 것이므로 어떤 조항들은 잘 기억해두기 바란다).

그런 과정을 거쳐 국민 극장에서 있었던 모든 진술은 문자로 기록되었고 법무장관인 로버트 케네디에게 전달되었다. 백악관에도 전달했다. 그리고 연방 정부에는 미시시피에 연방보안관을 파견해줄 것을 요청했다. 파병을 요청한 것도 아니었고, 단지 평상복 차림의 연방보안관 수백 명을 요구했었다. 이때가 1964년이었고, 이 무렵 베트남에 보낸 군인이 4만 명에 이르렀으니, 제복도 입지 않은 공무원을 200명쯤 미시시피에 파견하는 것쯤이야 그리 어려운 일도 아니었다. 법무장관은 아무런 답변도 하지 않았고 대통령도 말이 없었다. 12일이 지나고 그 세 사람은 실종됐다.

왜 이런 일을 영화에서 표현하지 않았는가? 왜 아무도 그 일에 대해 말하지 않았는가? 때문에 미연방수사국 요원들이 이 영화에서 영웅으로 탈바꿈된 것이다.

잘 알다시피, 그 일은 미연방수사국 역사의 일부에 불과하다. 역사를 거슬러 올라가 보면, 미연방수사국은 시어도어 루스벨트가 주도한 수사국에서부터 출발했다. 이 역사를 연대별로 되짚을 생각은 없으니 너무 걱정하지 말기를 바란다. 그것은 참으로 암울한 역사다. 1908년에 나폴레옹 조카의 아들이었던 시어도어 루스벨트 행정부의 법무장관 보나파르트는 훗날 미연방수사국의 전신인 수사국을 만들었다. 이 기구가 처음 한 일은 새로 통과된 연방법인 맨법Mann Act을 시행하는 것이었다. 이 법은 부도덕한 목적에서 여성을 주 경계선 너머로 수송하는 것을 불법으로 규정했다. 첫 기소자는 흑인 헤비급 챔피언이었던 잭 존슨Jack Johnson이었다. 기소 이유는 그가 백인 여성과 함께 살고 있었고 실제로 주 경계선을 넘었기 때문이다. 이는 미연방수사국이 처음으로 이룬 영웅적 행위였다.

인종차별주의는 오래전부터 미연방수사국과 늘 함께해왔고, 그 전통은 지금까지도 이어진다. 〈미시시피 버닝〉을 보면 흑인 연방수사국 요원이 등장하는데, 1964년이 될 때까지 연방수사국에서 근무한 흑인 요원은 없었다. 흑인 운전 기사나 혹은 청소부는 혹 있었는지도 모르겠다. 하지만 1964년에 흑인 수사관은 존재하지 않았다. 그렇다. 인종차별은 바로 어제(1992년 10월)까지도 계속되고 있었다. 아마 디트로이트로 기억되는데 한 흑인 연방수사국 직원이 동료 백인 수사관들로부터 온갖 얼토당토않은 일들로 괴롭힘을 당해왔다. 이런 의문이 떠오를 것이다. 연방수사국 사람들 사이에 연대감은 어디로 갔는가? 우리 연방수사국 직원들은 흑백이 함께 손잡고, 이 문제를 풀어나갈 것이다. 하지만 연방수사국이 이러한 일에 가치를 두지 않는다는 것은 명백하다.

미연방수사국과 인종차별에 관해 할 말이 너무나 많다. 단지 J. 에드거 후버에 국한된 일이 아니다. 모든 사람들이 "그래, J. 에드거 후버는 정말 흑인들을 싫어했지"라고 말한다. 그는 민권운동을 증오했다. 물론 그는 혼자가 아니었다. 마치 만병통치약이라도 되는 듯이 이 모든 것을 후버나 미연방수사국에 뒤집어씌우는 것은 너무나 쉬운 일이다. 대통령은 "이런, 미안합니다, 그들이 무슨 짓을 하고 있었는지 몰랐습니다"라고 말한다. 이는 올리버 노스Oliver North(베트남 참전 해병 출신의 정치인. 레이건 행정부의 이란-콘트라 게이트 사건으로 유명해짐—옮긴이)의 경우와 딱 맞아떨어진다. 만병통치약 노스는 온갖 미친 짓을 벌였다. 그가 자신을 변호하기 위해 "나는 그들을 위해 그 일을 했다"는 진술은 확실히 맞는 말이다. 그는 그들을 위해 그 일을 했지만, 이제 그들은 그에게 등을 돌렸다. 그들이 잘 돌봐줄 테니 그가 걱정할 필요는 없다. 그들은 자기편 하나는 잘 챙긴다.

미중앙정보부나 미연방수사국 소속 사람들이 범죄를 저지르면 어떤 처벌을 받는가? 어떤 처벌도 받지 않는다. 그들이 저지른 일은 그냥 묻혀버린다. 미연방수사국과 미중앙정보부가 저지른 범죄가 얼마나 되는지 알고 있는가? 정보 수집이라는 그럴듯한 명분 아래 얼마나 많은 무단침입 행위와 주거침입을 자행해왔던가? 한번 주거침입을 해보라. 낮이 되었든 밤이 되었든 무단침입을 하고, 자신에게 어떤 일이 닥칠지 한번 보라. 하루 중 어느 시간대에 저질렀는지에 따라 형벌이 달라진다. 미연방수사국은 주거침입을 수도 없이 저질러왔다.

이러한 주거침입에 관여한 미연방수사국 요원은 수백에 이른다. 실제로 두 사람은 기소되기까지 했다. 이런 일은 종종 일어난다. 미연방수사국이 저지른 불법행위에 대중들이 지대한 관심을 보이면, 조직 내에서 두 사람을 골라 기소하고 그들이 유죄라고 확정한 후 구형한다. 몇 년 형을 받았느냐고? 그들은 형을 살지 않았다. 한 사람은 5,000달러, 또 다른 사람은 3,500달러 벌금형에 처했다. 그것은 미연방수사국의 경비로 처리되었다. 그러고 나서 그들은 정의가 살아 있으며 체제에는 문제가 없다고 주장한다.

1976년에 미중앙정보부 직원인 리처드 헬름스가 위증죄를 저지른 사건을 기억하는가? 1950년에 알저 히스Alger Hiss는 위증죄로 4년을 감옥에서 보냈다. 헬름스는 감옥에서 두 시간도 보내지 않았다. 히스가 유죄라고 한다면, 헬름스의 위증 내용이 히스보다 훨씬 심각했음을 확인할 수 있다. 하지만 중앙정보부 요원이라면, 연방수사국 요원이라면 문제가 되지 않는다.

올리버 노스의 말이 맞다. 그는 그들을 위해 그런 일을 했다. 그는 그들이 그에게 기대했던 일을, 그가 해주기를 바랐던 일을 했을 뿐이다. 그들은 부인이라는 방법을 적절히 사용한다. 아주 편리한 장치이다. 대통령이 바라는 대로 해야 하지만, 궁지에 몰

연방협박국 FBI(Federal Bureau of Intimidation)

리면 대통령은 그가 원했다는 사실이나 그가 지시했다는 사실을 부인할 수 있다.

미연방수사국뿐만이 아니다. 정부도 마찬가지다. 그것은 이곳저곳에 있는 몇 사람이 문제가 아니라 체제가 문제인 것이다. 미연방수사국은 수백만 명의 명단을 가지고 있다. 그곳에서는 수천만 명에 대한 보안 색인을 관리한다. 정확히 몇 명이나 관리하는지는 비밀에 부쳐져 있다. 보안 색인. 그것은 국가비상사태를 대비해 재판 없이 구금할 사람들을 추려놓은 것이다. 그런 식이다. 미연방수사국은 오래전부터 비상사태가 닥치기를 기다리며 준비해왔다. 재판도 없이 사람들을 잡아들여서는 외부와 연락도 되지 않는 곳에 감금해버리는 남아프리카공화국이나 이스라엘, 또는 아이티를 보며 사람들은 소름끼쳐 할 것이다. 잡혀간 사람들이 어떻게 되었는지 알 수 없고, 또 어디에 있는지도 모른다. 미연방수사국은 이 같은 일을 하기 위해 오랫동안 준비해왔다. 이제 비상사태만을 기다릴 뿐이다. 앞서 언급한 나라들은 모두 비상사태인 나라들이다. 남아프리카공화국도 비상사태이며, 칠레 또한 비상사태이다.

제임스 매디슨은 오래전에 이미 그 점을 분명히 했다. 미합중국 헌법 제정자들은 바보가 아니었다. 그들이 비록 백인 부유층에 반동적인 노예 소유주들이었지만 바보는 아니었다. 매디슨은 자유를 침해하는 가장 좋은 방법은 외부의 위협을 만들어내는 것이라고 말했다.

이 같은 상황에서 국민이 할 수 있는 일은 무엇인가? 우선 한 가지 방법은 그냥 미연방수사국을 노출시키는 것이다. 그들은 드러나는 것을 아주 싫어한다. 그들은 비밀 조직이다. 모든 일을 비밀리에 처리해야 한다. 그들의 힘은 비밀주의에서 나온다. 우리는 그들이 어디에 있는지, 누구인지, 또 무엇을 하고 있는지 모른다. 그들이 우리 통화 내용을 도청하고 있을까? 그렇다. 그렇다면 우리에게는 어떤 대처 방법이 있을까? 절대 꿈도 꿔서도 안 되는 방법은 미연방수사국을 견제하는 법을 만드는 것이다. 이런 방법을 생각했던 사람들은 늘 있었다. 그런 방법은 전 세계에 웃음거리만 될 뿐이다. 우리 상대는 법이 안중에도 없는 사람들이다. 그들은 수천 번도 넘게 법을 어겨온 자들이다. 또 하나의 법을 만든다는 것은 가소로운 일이다.

우리가 할 수 있는 유일한 방법은 미연방수사국을 대중 앞에 노출시키는 것이다. 그 정체를 알리고 조롱하는 것이다. 그들은 그런 처우를 받아 마땅하다. 그들은 쓰레기통을 샅샅이 뒤지는 '쓰레기 연구원'을 고용한다. (쓰레기통 안에는 여러 가지 흥미로운 것들로 가득하다.) 그들은 노출되어야 하고, 한때 그들이 머물렀던 성역 밖으로 끌어내야 한다. 그리고 덧붙이자면 그들은 이미 끌려나왔던 적이 있다. 그것은 지난 30년간 미국에서 일어난 사건 중 위안으로 삼을 만하다. 미연방수사국은 한때 손댈 수 없는 절대적인 존재였다. 모두가 연방수사국을 경외시했다. 1965년에 미국인들을 대상으로 한 설문조사에서 "당신은 미연방수사국이

연방협박국 FBI(Federal Bureau of Intimidation)

매우 훌륭하다고 생각합니까?"라는 질문에 응답자 85퍼센트가 "그렇다"고 답했다. 1975년에 다시 똑같은 질문을 했을 때, 35퍼센트가 "그렇다"고 응답했다. 엄청난 하락을 보인 이유는 사건별 교육, 노출 교육 때문이다.

미연방수사국도 대중적 지지를 잃고 있다는 사실을 알고 있으며, 그런 이유에서 좀더 친절하고 좀더 점잖게 보이려고 한다. 그러나 그들이 미국시민자유연맹American Civil Liberties Union과 조직통합에 나설 것으로 보이지는 않는다. 그들이 어떤 달콤한 말을 하건 간에, 그들은 습관처럼 해왔던 시민의 권리를 짓밟는 일을 계속할 것이다.

여러분이 할 수 있는 중요한 방법 역시 미연방수사국을 계속해서 노출시키는 것이다. 도대체 무엇 때문에 연방수사국이 이런 일들을 벌이겠는가? 사람들에게 겁을 줘서 혼을 빼기 위해 그러는 것이다. 소련의 침략 위협이나 사회주의 노동당이 이 나라를 집어삼킬 것이라고 생각해서 그들이 이러는 것인가? 이 나라가 안팎에서 발생한 절박한 위험 때문에 현재 그들의 목표가 된 그누군가를 미행하는 것인가? 아니다. 그들이 공작을 벌이는 이유는 이들 단체를 싫어하기 때문이다. 그들은 민권단체를 싫어하고, 여성단체를 싫어하고, 반전단체와 중앙아메리카 사람들의 단체를 싫어한다. 그들은 사회주의 운동을 싫어한다. 그들은 현상을 유지하기 위해 체제와 기업체들 그리고 정치인들을 위해 일한다. 그리고 그들은 변화를 추구하는 사람들이 겁먹고 떨게 만들려고 한다. 따라서 그들에 대한 가장 좋은 방어와 저항은 끊임없이 반격하고 끊임없이 그들을 드러내는 것이다. 그것이 내 생각이다.

연방협박국 FBI(Federal Bureau of Intimidation)

교사는 어떻게 학생들을
가르칠 것인가

이 글은 『우리 수업을 다시 생각한다 : 평등과 정의를 위한 교육(Rethinking Our Classrooms : Teaching for Equity and Justice)』 1권에 실린 바버라 마이너와 가진 대담을 요약한 것이다. 빌 비글로우, 린다 크리스텐슨, 스탠 카프, 바버라 마이너, 밥 피터슨 편(Rethinking Schools : Milwaukee 1994) 150~153. 하워드 진과 리싱킹스쿨즈 출판사의 동의를 얻어 실었다.

마이너 왜 학생들이 역사를 공부해야만 하나요?

진 나는 마음속에 하나의 목표를 가지고 역사를 공부하기 시작했습니다. 그것은 나를 둘러싼 세상 속에서 논제와 문제들에 대한 답을 찾는 것이었습니다. 대학에 진학할 무렵 나는 조선소에서 일했고, 공군에 복무할 때 전쟁에도 참전했습니다. 전쟁과 평화, 부와 빈곤, 인종차별에 관한 질문들을 역사에 물었습니다.

확실히 과거를 조사하는 일은 흥미롭습니다. 마치 추리소설을 읽는 재미를 느낄 수도 있으니까요. 지식 그 자체를 위한 지식을 옹호하고 그것이 우리 삶에 보탬이 된다고 주장할 수 있겠지요.

물론 그것도 좋은 일이겠지만, 현재 우리를 둘러싼 문제를 이해하고 해결하고자 하는 원대한 목표를 놓고 보면 그런 일은 하찮은 것입니다. 학생들에게 역사를 벗어나기 위해 역사로 들어가도록 도와주어야 합니다. 일부 역사학자들처럼 역사 속으로 들어가 길을 잃어버려서는 안 된다는 말도 해주어야 합니다.

마이너 현재 미국의 역사교육 방식의 주요 문제점은 무엇이라고 생각하십니까?

진 가장 큰 문제는 세계와 고립된 채 미국 역사에 지나치게 초점을 맞춘다는 것입니다. 역사를 국가주의 관점에서만 바라보는 점은 모든 나라의 공통된 문제이며, 때로는 도를 넘어서기도 합니다. 몇몇 주에서는 심지어 주의 역사에 대한 1년 과정을 이수하도록 요구하기도 합니다. 하지만 미국을 세계사의 맥락 속에서 바라본다고 해도, 우리는 다시 세계를 공정하게 보지 않았다는 문제와 마주칩니다. 우리는 서방세계, 실제로는 서부유럽에 관심을 집중해왔습니다.

저는 1956년에 애틀랜타에 있는 스펠먼 대학에서 했던 첫 수업을 잊지 못합니다. 영국사는 필수 과정으로 지정되어 있었지만 필수 과정으로 지정된 흑인, 아시아인 또는 아프리카인의 역사에 대한 수업은 없었습니다. 그리고 게시판에는 영국 왕조인 튜더와 스튜어트 가문의 계보가 게시되어 있었죠. 우리와 가장 가까운

교사는 어떻게 학생들을 가르칠 것인가

이웃으로 경제 정치적으로 가장 긴밀한 관계에 있는 라틴아메리카에 대한 미국의 경시는 특히 심합니다.

또 하나 심각한 문제는 대통령, 의회, 대법원, 장군들처럼 지위가 높고 힘 있는 사람들의 눈을 통해 미국의 역사를 가르치는 것입니다. 역사 교과서가 "이제 군 지휘관들의 관점에서 멕시코 전쟁을 살펴보고자 합니다"라고 말하지는 않지만, 교과서에서 그 전쟁을 위대한 군사적 승리라고 가르치는 것이 바로 그런 일입니다. 예를 들어 어떤 사람이 멕시코와 벌인 전쟁에 대해 포괄적인 시각을 가지고자 한다면, 어떤 문제의식과 관점을 담아야 하겠습니까?

멕시코 전쟁은 어떻게 하나의 사건이 수많은 논제를 제기할 수 있는가를 보여주는 사례입니다. 우선 그 전쟁은 단순한 군사행동으로 비춰지면 안 됩니다. 전쟁사는 지나치게 전투 이야기로 뒤덮여 있는데, 바로 이것이 전쟁 뒤에 숨은 정치적 요인을 못 보게 하는 방법 중 하나입니다. 멕시코 전쟁에서 전투에만 주목한다면, 멕시코시티로 개선해 들어간 얘기만 늘어놓고 멕시코 전쟁과 노예제도의 관계나 노예 상태의 영지로 전락할 수도 있었던 영토의 취득에 대해서는 입을 다무는 일이 얼마든지 가능합니다.

멕시코 전쟁사에서 일반 병사들의 관점도 빼놓을 수 없습니다. 멕시코 전쟁에 자원한 병사들은—약간의 봉급과 제대금, 보잘것없는 사회적 지위를 보장받기 위해 군에 입대하려는 노동자계급 빈민들이 넘쳐났기 때문에 정부는 징용제를 도입할 필요가 없었다—그 전쟁으로 치러야 할 피의 대가가 어떤 것인지도 모르는 채 전장으로 떠났습니다. 그리고 그들 중 많은 병사가 탈영했습니다. 예를 들어 윈필드 스콧 장군 휘하의 일곱 연대가 멕시코시티로 진군하던 중 탈주했습니다.

멕시코 전쟁에 참전한 매사추세츠 의용군 얘기는 꼭 알아야 합니다. 그들 중 반이 전사했고, 나머지 반은 고향으로 돌아와 귀향 환영 연회에 초대되었는데, 지휘관이 연설을 하려 하자 여기저기서 야유가 터져 나와 연단에서 내려올 수밖에 없었습니다.

지금까지 시도해보지 않은 역사 교육을 해보는 것도 좋을 듯합니다. 다시 말해 그 전쟁을 다른 편, 즉 '적군'의 입장에서 살펴보는 것이죠. 멕시코인들의 관점에서 멕시코 전쟁은 다음과 같은 질문을 생각해보게 합니다. 전쟁으로 국토의 40퍼센트를 빼앗긴 그들은 어떤 심정이었을까? 포크 대통령이 전쟁의 구실로 삼은 사건을 그들은 어떻게 받아들였을까? 그 사건을 사실이라고 믿었을까 아니면 조작되었다고 여겼을까?

미국 내에서 전쟁에 반대했던 사람들 얘기도 빼놓을 수 없습니다. 헨리 소로Henry Thoreau와 논문 「시민 불복종Civil Disobedience」에 대해 얘기할 차례가 되었군요. 우리는 의회가 어떻게 행동했는지를 살펴보아야 합니다. 멕시코 전쟁 당시 하원의원이었던 에이브러햄 링컨에 대해서도 살펴보아야 합니다. 정치인들과 정치에 대해 많은 것을 배우게 될 것입니다. 왜냐하면 에이브러햄 링컨이 한편에서는 전쟁에 반대하면서도 다른 한편에서는 전쟁 비용을 마련하기 위한 예산안에 찬성했기 때문입니다. 이것이 중요한 이유는 의회 내에서는 정부의 전쟁 계획에 적당히 반대하다가 대통령이 전쟁을 일으키면 그 전쟁이 무엇이 됐건 예산을 통과시키는 이런 일이 미국 역사에서 수도 없이 되풀이되었기 때문입니다.

마이너 교수님께서는 역사 수업이 날짜나 전투, 의원이나 대통령 이름의 나열이 되지 않도록 하기 위해 어떤 방법을 사용하십니까?

진 미국 역사를 보면 어떤 사건이라도 내용을 보강하여 오늘날에 대입해볼 수 있습니다. 여기서 중요한 점은 연대기에 집착하지 않고 현재와 과거를 오가며 유사점을 찾아내는 것이죠.

학생들에게는 신문기사나 텔레비전 프로그램을 떠올릴 만한 어떤 특정한 역사 사건이 있었는지를 물어보아야 합니다. 학생들로 하여금 연관성을 찾게 하고, 특수한 역사 사건이 또 다른 사건과 어떤 공통점이 있는지 찾아가는 과정에서 역사는 살아 숨 쉬게 되고 단지 과거가 아닌 현재가 됩니다. 그리고 논쟁을 불러일으킬 만한 문제를 제기하고 학생들에게 묻습니다. "우리가 멕시코 영토를 빼앗은 것은 옳은 일이었나? 우리가 그 일을 자랑스러워하고 기념해야 하는가?"

역사 교사들은 종종 자신들은 옳고 그름에 대한 판단을 피해야 한다고 생각합니다. 옳고 그름은 주관적인 문제이며, 그런 문제는 학생과 교사들의 의견이 일치할 수 없다고 생각하기 때문입니다. 그러나 그 불일치의 영역이 가장 중요합니다. 옳고 그름과 정의의 문제는 언제나 제기되어야만 하는 문제입니다. 학생들은 "이것이 옳은가요, 이것이 그른가요?" 하는 질문을 받으면 관심을 갖게 되고, 나아가 세상에 단순하고 절대적이며 합의를 이룬 보편적 답은 없다는 것을 깨닫는 순간 논쟁을 벌이게 됩니다. 그것은 맞거나 틀리거나 하는 선택형 문제를 푸는 것과는 전혀 다릅니다. 그 같은 교육은 학생들이 역사에 대한 이해를 높이는 데 커다란 도움을 줄 것입니다.

교사들은 2년 혹은 4년마다 투표를 하는 것이 국민으로서 행사할 수 있는 최고의 행위라는 생각은 잘못된 교육에서 비롯됐음을 알려야 합니다. 이를 위해 사회운동사가 필요한 것입니다. 교사들은 셰이즈의 반란, 식민지 시대의 반란, 노예제도 폐지 운동, 민중운동, 노동운동의 정신을 인식해야 하며, 이러한 이야기가 대통령과 의회 그리고 대법원 역사 속에 묻혀버리게 해서는 안 됩니다. 역사에서 사회운동과 저항운동의 중요성을 가르치는 일은 학생들에게 역사에서 가장 중요한 배우는 국민이라는 인식을 심어줍니다.

예를 들어 학생들은 대공황 기간에 전국에서 파업과 시위가 있었다는 사실을 배워야 합니다. 그리고 그러한 소요와 저항이 있었기에 루스벨트와 의회가 사회보장법, 실업보험, 주택보조금 같은 법을 입법해야만 했다는 사실도 알려주어야 합니다.

마이너 학생들이 단순히 새로운 사실을 암기하는 것에 그치지 않도록 하려면 교사들의 비판적 사고도 키워야 하지 않을까요?

진 주입된 생각을 다른 것으로 바꾸는 것은 위험한 일이며 매우 까다로운 문제이기도 합니다. 제아무리 노력을 기울인다고 하더라도 교사는 결국 수업의 중심인물이고 권위와 함께 성적을 매기는 권력을 갖습니다. 교사는 학생들이 어떤 사실이나 사상을 받아들이도록 몰아가는 함정에 쉽게 빠질 수 있지요. 그것을 극복하기 위해서는 엄청난 연구와 학생들을 다루는 섬세한 방법이 필요합니다. 제가 사용한 방법은 학생들에게 역사를 공부할 때 그 누구도 절대적인 신의 계시와 같은 답을 줄 수 없는, 의견이 분분한 문제를 다룬다는 점을 명확히 하는 것이었습니다. 그리고 교사로서 의견이 있고, 학생들도 자기 의견이 있으며, 교사로서 최대한 많은 정보를 제공하도록 노력하겠지만 빠뜨린 정보도 있을 수 있다고 밝혔습니다. 과거에 벌어진 크고 작은 사건과 논쟁에 관한 전문가들은 있지만, 옳고 그름과 정의의 문제에 관한 전문가란 없으며, 학생들 의견도 교사 의견만큼이나 훌륭하다는 사실을 학생들에게 이해시키기 위해 노력했습니다.

마이너 그렇다면 어떻게 정의감을 키우면서 "그래, 저마다 의견이 있게 마련이지"라는 상대주의의 덫을 피하셨습니까?

진 상당히 불분명한 경향을 보이는 대학 교육에는 특히 상대성이 적합하다고 봅니다. 사람들이 도덕 문제에 대해 입장을 밝히지 않는 이유는 이런 면도 있고 저런 면도 있기 때문이지요. 나는 사례를 들어가며 이런 문제에 대처했습니다. 단순히 양쪽 의견만을 제시하고 그냥 넘어가지 않았습니다. 나는 확실한 입장을 밝혔습니다. 만일 콜럼버스를 다루고 있다면 나는 이렇게 말합니다. "보라, 콜럼버스를 20세기 기준으로 평가해서는 안 된다고 말하는 이런 사람들이 있다. 하지만 나는 기본적인 도덕률은 20세기이든 15세기이든 다르지 않다고 생각한다." 단순히 역사를 접시 위에 늘어놓고 "모두 타당하니 무엇을 취하든 나는 상관하지 않겠다"라고 말하지는 않습니다. 학생들에게 "나는 여러분이 무엇을 선택하는지에 관심이 있다. 하지만 그것들이 모두 타당하다고 생각하지는 않는다. 그렇다고 해서 여러분이 내 의견을 따를 필요는 없다"고 밝힙니다.

사람들이 자신의 생각을 밝히지 않는다면 세상은 정체된다는 걸 학생들이 깨닫기를 바랍니다. 그런 세상을 누가 원하겠습니까?

마이너 교사들이 반인종주의적 관점을 장려할 수 있는 특별한 방법이 있는지요?

진 역사를 가르치며 이러한 도덕적 목표는 고려되지 않습니다. 사람들이 노예제의 실상을, 인종차별의 실상을, 인종차별에

교사는 어떻게 학생들을 가르칠 것인가

가담한 정부의 실상과 평등을 위한 투쟁의 실상을 알아야 한다고 생각합니다. 하지만 그것만으로는 부족합니다. 나는 학생들에게 평등의 문제에 관한 감정적인 깨달음이 있어야 한다고 생각합니다. 학생들은 노예가 된다는 것이 어떤 것인지, 노예선에 짐짝처럼 실리는 것이 어떤 것인지, 가족과 생이별한다는 것이 어떤 것인지를 느껴보려고 해야 합니다. 소설, 시, 자서전, 실록, 한때 노예였던 사람들이 쓴 회고록과 노예들이 쓴 편지들, 프레더릭 더글러스Frederick Douglass의 저작과 같은 글들이 많이 소개되어야 한다고 생각합니다. 민중의 노여움과 분노를 느끼기 위해서는 학생들이 민중의 이야기 그 자체를 배워야 합니다.

전반적으로 역사학에서 문학이 충분히 활용되지 못한다는 생각이 듭니다. 사람들은 리처드 라이트의 『깜둥이 소년』과 쿤테 쿨렌Countee Cullen의 시를 꼭 읽어야 합니다. 앨리스 워커Alice Walker의 소설, 랭스턴 휴즈Langston Hughes의 시와 로레인 한스베리Lorraine Hansbury의 『태양 속의 건포도A Raisin in the Sun』를 반드시 읽어봐야 합니다. 이 작품들은 일반 역사 수업에서는 얻기 힘든 감정적인 충격을 주지요.

학생들이 미국 정부와 노예 및 인종 간의 관계를 배우는 것은 특히 중요합니다. 노예제도와 인종차별이 남부만의 문제였다는 견해에 쉽게 빠질 수 있습니다. 그 문제에 대해 연방정부의 책임을 묻지 않고 넘어간 경우가 허다했고, 연방정부는 평등의 길로 나아가는 흑인들을 돕는 자비로운 세력으로 인식할 수 있습니다.

이 시대의 학생들은 어떻게 해서 아이젠하워가 아칸소 주 리틀록에 군대를 파견했는지, 케네디가 미시시피 주의 옥스퍼드에 군대를 파견하게 되었는지 그리고 어떻게 의회가 시민권 관련법을 제정하게 되었는지를 배웁니다.

그러나 연방정부가 인종문제를 해결하는 데 걸림돌이었던 경우가 너무 많았고, 늘 뒤늦게 문제에 관여했었습니다. 에이브러햄 링컨은 노예제도에 반대하는 운동의 주창자가 아니라 대통령 자리에 오른 1860년 이전 30년 동안 발전해온 그 운동의 추종자 중 하나였습니다. 남북전쟁 이후 노예해방의 주요 요인은 반노예제 운동이었습니다. 그리고 대통령과 의회, 대법원은 자기들이 통과시킨 헌법 제13·14·15 수정 조항을 무시했지요. 1960년대 인종 평등 운동의 지도자나 제창자는 존슨이나 케네디가 아니라 흑인들이었습니다.

마이너 사회운동에 초점을 맞추고 반인종주의 시각에서 관심을 두는 것 외에 역사 교육에서 반드시 다루어야 하는 주제들에는 어떤 것이 있을까요?

진 전통적인 국가주의 역사에서는 무시되었던 계급과 계급 갈등 문제를 정직하게 다루어야 한다고 생각합니다. 이는 미국뿐만 아니라 다른 나라도 마찬가지죠. 나라를 세우고 헌법을 제정한 이래 국민이라는 말은 이 나라, 이 사회에서 벌어지는 극단적

교사는 어떻게 학생들을 가르칠 것인가

인 계급 갈등을 가리기 위한 수단이었습니다. 이런 갈등을 내버려둔 채 국가 정체성을 구축하는 데만 집중하는 경향이 너무 강합니다.

마이너 미국 역사에서 특히 백인 노동계급은 의식하든 의식하지 못하든 용서받을 수 없는 행위에 연루되어 있는 것이 사실입니다. 교사들은 인종, 계급 그리고 성이 서로 엇갈리는 부분에 대해 어떻게 다루어야 할까요?

진 가난한 백인들의 인종차별 가담, 또는 남성의 성차별 공모는 매우 중요한 주제입니다. 그 같은 공모는 희생양을 찾아야 할 만큼 백인 빈민들이 겪어야 했던 극심한 어려움을 살펴보지 않고서는 이해할 수가 없을 것입니다. 백인 노동자들이 인종주의자가 된 까닭을 이해하려면 그들의 문제가 무엇이었는지를 알아야 합니다. 그들이 태어나면서부터 인종주의자들은 아니었으니까요.

남북전쟁을 얘기할 때, 교사들은 남부에 살고 있던 소수의 백인들만이 노예를 부렸다는 점을 지적해야 합니다. 나머지 백인들은 가난했고 노예제를 지지하도록 강요받았습니다. 그리고 흑인들이 더 낮은 위치에 있으면 더 잘 살 것이라는, 그리고 흑인 평등 요구가 평범한 백인들의 삶을 위협한다는 사회 지배 계층의 말에 따라 인종차별주의자가 되었습니다.

노동운동사를 살펴보면 왜 흑인과 백인이 서로 대립하게 되었는지, 왜 백인 노동자들이 파업에 나서면 일자리가 절실했던 흑인들이 백인 노동자들의 자리를 대체하게 되었는지, 왜 모든 백인 직능별 조합이 흑인 노동자들을 배제했는지 그리고 왜 이 모든 일이 지독하게 극심한 인종적 적대감을 조성했는지 알게 됩니다. 따라서 계급과 인종 문제는 성 문제가 그런 것처럼 매우 긴밀하게 얽혀 있습니다.

착취당하는 사람이 만족하는 방법 중 하나는 자기 집에서만큼은 제왕으로 군림하는 것입니다. 그러니까 직장에서는 굴욕감을 느끼지만 집에 돌아와서는 아내와 아이들에게 굴욕감을 느끼게 하는 것이지요. 흑인 작가 앤 페트리Ann Petry의 「수의壽衣처럼Like a Winding Sheet」은 학교 필독 도서로 꼭 선정해야 하는 그런 책입니다. 직장에서 모욕당하고 집에 돌아와 아주 사소한 트집을 잡아 아내를 구타하는 흑인 남자에 대한 이야기로, 바깥세상의 부조리를 가정 안에서 폭발해버리는 응어리진 분노를 사실적으로 묘사했습니다.

이 모든 인종적이고 성적인 학대 사례를 통해 학생들이 그러한 적개심의 근원은 사회와 환경과 상황에 있는 것이지 인간 본성 때문이 아니라는 것을 이해하는 것이 중요합니다. 또한 서로를 갈라놓는 이러한 적대감들이 연대를 통한 공동의 문제를 해결하는 데 어떤 영향을 주는지 아는 것도 중요합니다.

마이너 │ 백인 노동자계급의 인종차별과 성차별 공모를 용서해

교사는 어떻게 학생들을 가르칠 것인가

버리는 함정에 빠지지 않고서 설명할 방법은 없을까요?

진 │ 그것이 늘 문제입니다. 어떻게 하면 어떤 일에 정당성을 부여하지 않으면서 그 일을 설명할 수 있을까요? 그것은 이론적인 차원에서도 흔히 혼동하기 쉬운 문제라서 약간의 설명이 필요합니다. 어떤 일을 이해하려는 것과 그것을 정당화하는 것은 다르다는 점을 강조해야 합니다. 그리고 그 문제와 관련된 구체적인 역사 사례나 혹은 문학 사례들을 제시할 필요가 있습니다.

마이너 │ 백인이 유색인종에게 저지른 과거사에 대한 죄의식에만 기초하지 않는 반인종주의 시각을 어떻게 백인 학생들에게 가르칠 수 있을까요?

진 │ 만약 그런 시각이 단지 죄의식에만 근거하는 것이라면 그것은 취약한 기반이 될 것입니다. 반인종주의 시각은 다른 사람에 대한 이해와 자기의 이익에 바탕을 두고 있어야 합니다. 인종주의의 최대 피해자인 흑인들이 착취를 당한 사실뿐만 아니라 흑백이 힘을 합쳐 모두에게 이익이 되는 사회를 가로막았다는 사실도 이해하고 있어야 합니다. 단지 다른 사람을 불쌍히 여기고, 타인에게 저지른 행위에 죄책감을 느껴서 평등을 허용하는 것이 아니라 그와 같은 시각이 진정으로 자신에게도 이익이 된다는 것을 보여주는 것이 중요합니다. 당장 눈앞에 보이는 이익이 타인에 대한 이해의 중요성을 인식하는데 그 문제를 단순히 자기 이익에서만 접근하는 것은 잘못입니다.

마이너 다문화주의가 여성과 유색인종을 조명하는 데만 신경쓸 뿐 이들에 대한 근본 시각에는 아무런 변화가 없습니다. 진정한 반인종주의와 다문화주의의 관점에서 미국 역사를 들여다본다는 것은 어떤 것입니까?

진 다문화주의를 소개하고 있는 일부 새 교과서에서 이러한 문제점을 볼 수 있습니다. 모든 것에 동일한 비중을 부여하는 온건한 절충주의로 보이더군요. 이전에는 다루지 않았던 사실과 더 많은 대륙과 문화와 사람들을 다루고 있지만, 사실만 나열한 채 역사적 해석은 없습니다. 마치 무슨 맛인지 알 수 없는 차가운 혼합 샐러드가 되어버린 것이지요.

교육 분야에서도 차별철폐가 필요합니다. 차별철폐조치가 하는 일은 '보라, 오랫동안 너무 한쪽으로 치우쳤다'고 말하는 것과 같습니다. 어떤 개인이나 또는 집단에 대해 너무도 오랫동안 무심해왔기 때문에, 우리는 이러한 사람들에게 특별한 관심을 쏟을 것입니다.

사람들은 『미국민중사』에 대해 전통적인 접근법에 몇 가지 사실만 더하지 않았느냐고 묻습니다. 그렇게 했다면, 그들 표현처럼 좀더 균형 잡힌 책이 되지 않았겠느냐고 말합니다. 하지만 이러한 균형은 사람들에게 아무것도 전달하지 못합니다. 도덕적 감수성, 확고한 확신이나 분노, 어느 곳을 향해 나아갈 수 있는 힘, 그 어느 것도 남겨주지 못합니다.

사실을 둘러싼 분위기와 감정을 함께 강조하는 방식으로 흑인과 인디언 그리고 여성의 역사에 특별한 관심을 쏟는 것이 중요하다고 생각합니다.

마이너 역사가 객관적일 수 있다고 보십니까?

진 객관성은 가능하지도 또 바람직하지도 않습니다. 모든 역사는 주관적이며 관점을 지닙니다. 역사는 수많은 사실들에서 선택하는 것이며, 자신이 중요하다고 생각하는 가치에 따라 선택을 하게 됩니다. 따라서 역사는 객관적일 수 없습니다.

객관성이란 바람직하지도 않습니다. 만일 우리가 세상에 어떤 영향을 미치고자 한다면, 우리는 학생들을 더 능동적이고 도덕적인 시민으로 성장하도록 교육해야 합니다.

마이너 고등학교 역사 교사들이 안고 있는 문제 중 하나는 다섯 시간 정도 수업에 약 150여 명의 학생들을 가르쳐야 한다는 것입니다. 교사들은 어떤 교수법을 사용해야 할까요?

진 가장 중요한 것은 학생들로 하여금 독자적으로 읽고 조사하도록 해야 한다는 것입니다. 학생들에게 "자신이 관심 있는 것을 선택하고, 관심 있는 인물을 고르라"고 말해야 합니다. 교사의 임무는 학생들에게 다양한 사건과 인물들을 소개하는 것입니다. 늘 등장하는 역사의 영웅들뿐만 아니라 학생들이 흥미를 느낄 만한 잘 알려지지 않은 인물과 사건들을 소개해보는 것입니다. 학생들은 자신의 연구 계획을 세우는 데에 흥분할 것이고, 특히 경험에 비춰볼 때 여러 복잡한 가능성들 중에서 스스로 선택하도록 하면 더욱 그렇다는 것을 알 수 있습니다.

마이너 | 어떻게 하면 진보적인 교사가 관료적이고 보수적인 학원 내에서 급진적 관점을 장려할 수 있을까요? 교사들은 때때로 동료 교사들로부터 소외되거나 해고될 정도로 극단적으로 나아가거나, 또는 자신들이 진정으로 믿는 것을 스스로 와해시켜버리지는 않을까 몹시 두려워하기도 합니다. 이 같은 곤란한 상황을 교사들이 어떻게 풀 수 있겠습니까?

진 | 대학 차원에서도 그 같은 문제는 분명히 존재합니다. 사람들은 종신 재직권을 바라고, 계속 가르치길 원하며, 승진도 하고 급여도 오르기를 바랍니다. 그러니까 어딘지 이상하고 급진적이고 다르게 보이는 짓을 하면 이 모든 것들이 경제적 징계 수단이 되는 것이지요. 하지만 나는 대학 강단에 서는 사람들의 가장 중요한 문제는 자기 검열이라고 믿어왔습니다. 훨씬 더 억압적인

교사는 어떻게 학생들을 가르칠 것인가

분위기에서 지내고 있는 고등학교 교사들에 대해서는 다소 관대해야 하겠지만, 고등학교에도 똑같은 문제가 있다고 생각합니다. 대학 수업 중에 『미국민중사』를 가르치더라도 별 문제가 안 되지만, 고등학교 교사들에게는 늘 문제가 되었습니다. 교사들은 이 책을 공식적으로 채택할 수가 없고, 학생들에게 책의 일부 내용을 소개하려면 사전 허락을 받아 손수 복사를 해야만 합니다. 거기에다 학부모의 항의와 교과 주임이나 교장 또는 교육감들이 무슨 말을 할까 걱정까지 하면서 말입니다.

하지만 지난 수년간 고등학교 교사들과 만나오면서 느낀 문제점은 교사들의 소심함이라고 생각됩니다. 물론 독단적이거나 타인의 시선에 아랑곳하지 않는다면 위험이 따르겠지요. 교사들은 스스로 움츠려들고 통제 바깥에 있는 현실 때문에 전통 방식대로 가르칠 수밖에 없다고 변명합니다.

교사들은 위험을 감수해야 합니다. 문제는 어떻게 그 위험을 최소화하느냐는 것입니다. 예를 들어 수업 내용을 제시하고 그것이 주관적이고 논란의 여지가 있다는 점, 그리고 학생들을 위해 그 원칙을 포기하지 않겠다는 점을 분명히 밝히는 것입니다. 그리고 교사의 견해에 찬성하지 않는 학생들, 또는 인종주의적이거나 성차별적 의견을 제시하는 학생들에 대해서는 포용력을 발휘해야 합니다. 포용력을 발휘한다는 것은 그런 생각을 반박하지 않는다는 것이 아니라, 그 학생들을 인간으로 대우해야 한다는 것입니다. 교사의 의견에 동의하지 않는다고 해도 형편없는 점수를 주지 않는다는 평판을 얻는 것이 중요합니다.

교사는 교실 내에 자유로운 분위기를 만들어줄 책임이 있습니다. 또한 동료 교사들끼리 지지와 격려를 얻고 조직화하는 일도 중요합니다. 교원노동조합이 있는 학교라면 그곳에서 교사들은 서로 돕고 지켜줄 것입니다. 만약 교원노동조합이 없는 학교라면 교사들은 어떻게 스스로 조직화하고 집단의 힘을 만들어낼 것인지 생각해야 합니다.

마이너 교사들이 언제나 그러한 시각을 얻기는 힘들다고 생각됩니다. 도움이 될 만한 말씀을 해주시겠습니까?

진 전통적 관점은 어디에나 있습니다. 하지만 교사들이 다른 관점을 찾기 시작하고 첫발을 내딛으면 머지않아 새로운 것들을 발견하게 될 것입니다.

마이너 그러니까 사람들이 흔히 생각하는 것만큼 어렵지는 않은가요?

진 그렇습니다. 저기 도서관에 모두 있으니까요.

교사는 어떻게 학생들을 가르칠 것인가

◆ 주 ◆

들어가며 : 거짓을 만들어내는 미국

1. Alexander Cockburn, "Green Lights for Torture," *The Nation*, May 31, 2004, 9.

2. Christopher Hitchens, *The Trial of Henry Kissinger* (London : Verso, 2001), 55.

3. Hitchens, *The Trial of Henry Kissinger*, 56.

4. Noam Chomsky, *Language and Politics*, ed. C. P. Otero (New York: Black Rose Books, 1988), 681.

5. Jonathan Schell, "The Lexicographers," *The Nation*, July 12, 2004, 10.

6. Schell, "The Lexicographers," 10.

7. Chomsky, *Language and Politics*, 673.

8. Cited in Donaldo Macedo, *Literacies of Power: What Americans Are Not Allowed to Know* (Boulder, Colo.: Westview Press, 1994), 9.

9. Chomsky, *Language and Politics*, 671.

10. Joan Vennochi, *Boston Globe*, June 17, 2003, A17.

11. "Private Study Estimates Iraq War Dead at 13,000," AFP, Oct. 28, 2003, 1.

12. Cited in *In These Times*, Dec. 8, 2003, 6.

13. Arundhati Roy, "The New American Century," *The Nation*, Feb. 9, 2004, 12.

14. Kate Holton, "The Father of an American Civilian Bein Iraq Accused President Bush and the U.S. Media Tuesday of Ignoring the 'HorribleFace of War.'" London (Reuters), May 3, 2004.

15. James Carrol, "Millennial War," *Boston Globe*, June 17, 2003, A17.

16. Quoted in Schell, "The Lexicographers," 10.

17. Quoted in Schell, "The Lexicographers," 10.

18. Cockburn, "Green Lights for Torture," 9.

19. David Barsamian, "The Progressive Interview," *The Progressive*, May 2004, 37.

20. Barsamian, "The Progressive Interview," 37.

21. "Pentagon: US Frigate Attacked by Iraq in Gulf Possible Error Cited," *Boston*

Globe, May 18, 1987, 1.

22. "Pentagon: US Frigate Attacked."

23. "Pentagon: US Frigate Attacked."

24. Barsamian, "The Progressive Interview," 36.

25. Robert J. Fields, *The History of the United States*, vol. 2 (New Jersey: Ammanour Corp. Book-Lab, 1987), 135.

26. James W. Gibson, *The Perfect War* (New York: Vintage Books, 1988), 146.

27. Cockburn, "Green Lights for Torture," 9.

28. Gibson, The Perfect War, 158.

29. Paulo Freire, *The Politics of Education* (South Hadley, Mass.: Bergin & Garvey, 1985), 116.

30. Tom Paxton, "What Did You Learn in School Today?" Copyright 1962, Cherry Lane Music Publishing Company, Inc.

31. Barsamian, "The Progressive Interview," 39.

32. Baruch Kimmerling, "The ICJ Ruling and Israel's Fence," *Boston Globe*, July 10, 2004, All.

33. Gibson, *The Perfect War*, 202-3.

34. Cockburn, "Green Lights for Torture," 9.

35. Cockburn, "Green Lights for Torture," 9.

36. As cited in "Quayle, in Boston, Tells of U.S. Relief Effort Iraq Refugees," *Boston Globe*, Apr. 12, 1991, 15.

학교와 대량기만(Mass Deception) 조작

1. Bill Bigelow, "The Human Lives behind the Labels: The Global Sweatshop, Nike, and the Race to the Bottom," RethinkSchools (1997): 1.

2. Bigelow, "The Human Lives behind the Labels," 1.

3. Bigelow, "The Human Lives behind the Labels," 1.

4. Bigelow, "The Human Lives behind the Labels," 12.

부시의 대테러 전쟁의 진실

1. Jean Y. Tussey, ed., *Eugene V. Debs Speaks* (New York: Pathfinder Press, 1970).

◆ 찾아보기 ◆

『하워드 진, 교육을 말하다』는 미국 교육 체제에 대한 하워드 진의 생각을 엮은 책이다. '테러와의 전쟁'과 이라크전쟁을 거치며 다시금 미국 사회에 보수화 바람이 몰아치던 2005년 편찬된 이 책은 미국 교육 체제와 사회에 대한 하워드 진의 생각과 느낌을 소고, 대담, 기고문, 수필 등 다양한 형식의 글로 보여준다.

하워드 진은 미국의 양심으로, 또 진보적 역사학자로 국내에도 잘 알려져 있는 인물이다. 1992년 가난한 이주 노동자의 아들로 태어난 그는 제2차 세계대전 참전 후 '제대군인원호법'의 지원을 받아 컬럼비아 대학에 진학하게 된다. 이후 미국 남부 스펠먼 대학에서 역사학 교수로 재직하게 되고 흑인인권운동에 관여하며 인권운동가로서 활동해오다가, 보스턴 대학 종신교수를 맡게 된다. 베트남전 중에는 노암 촘스키 등과 함께 반전운동을 전개하기도 했다. 특히 그는 『미국민중사』를 통해 언제나 승자의 기록이었던 역사를 민중의 시각에서 호소력 있게 고쳐 쓰며 큰 반향을 일으켰다. 지금 아흔이 가까운 나이에도 그는 여전히 활발한 저술과 강연 활동을 펴고 있다.

하워드 진과 함께 이 책의 구성에 중요한 역할을 담당한 도날도 마세도(Donaldo Macedo) 교수에 대한 소개도 있어야겠다. 그는 보스턴 대학의 저명한 영문학, 인문학 및 교육학 교수이다. 특히 언어학 분야의 권위자로서 미주 지역 프랑스계 이민자 후예들이 사용하는 크리올 언어의 전문가이다. 저술가이기도 한 그는 노암 촘스키와 함께 『실패한 교육과 거짓말 *On Miseducation*』을 공저했다.

이 책은 한마디로 미국 교육 체제의 반민주적 실태를 고발한 책이다. 근자에 우리가 목도한 굵직한 사건들과 역사적 사례를 적절히 곁들여가며 미국의 교육 체제가 어떻게 민주주의의 기본 가치를 훼손하고 있는지를 설득력 있게 보여준다. 하워드 진은 미국에서 경제적 불평등을 영속시키는 사회 계급구조의 모순에 외교정책까지 정면으로 언급하며 교육에 대해 근본적이면서도 실체적인 접근방식을 취했다. 그럼으로써 교육에 대한 비판에서 흔히 발견되는 관념성의 한계를 극복하고 있다.

그는 미국의 교육 체제가 민주주의 실현이라는 본연의 역할을 저버린 채 오히려 체제 유지를 위해 민주주의의 기본 가치들을 억압해왔다고 비판한다. 그에 따르면, 미국의 교육 체제는 학생들에게 이상과 대안을 꿈꿀 것을 권하는 대신 '사회 내 모순과 더불어 살아가도록, 그것을 받아들이도록, 그리고 그것을 그리 나쁘지만은 않은 것으로 여기도록' 가르친다. 사회 내 부조리와 모순에 분노하고 저항할 수단과 방법을 전수하는 대신 변화의 원동력인 창의적 사고와 '마음 깊이 진정으로 느끼는 본질적인 앎'에 도달하는 길을 가로막는다는 것이다.

이런 의식화 과정을 거쳐간 학생들 중 다수는 눈앞에 보이는 사회적 모순에 대해 의문이나 이의도 제기하지 못하는 소위 '착하고 선량한 시민'으로 성장하게 된다. 마세도 교수의 표현처럼 더 많은 교육을 받은 사람일수록 체제의 "거짓말과 모순들을 기꺼이 수용하는" 경향을 갖게 된다.

이와 함께 진은 미국의 교육 체제는 학생들이 다양한 관점과 가치관을 접하거나 평가해볼 수 있는 기회를 제공하지 않는다고 말한다. 교육 체제는 감성과 단절된 암기식 역사교육, 객관성의 탈을 쓴 승자의 논리, 편향된 교과과정, 교원들에게 강요되는 자기검열, 관료주의, 서열화를 통한 보상과 처벌 등 관습화되거나 제도화된 다양한 장치를 바탕으로 사상과 표현의 자유 등 민주주의의 근간을 이루는 가치들이 사실상 폐기된다. 이런 상황 속에서 학생들이 제도화된 교육의 혜택을 받아 역사와 현실을 해석하는 데 필요한 상대적 좌표를 스스로 설정하기는 요원하다.

하워드 진의 비판은 여기서 그치지 않는다. 그는 미국의 교육
체제가 독립적이고 창의적인 사고력을 키울 기회조차 박탈당한
학생들에게 '미국은 완전하고 무결하다'는 신화를 주입한다고 주
장한다. 이 과정에서 은폐와 왜곡, 과장과 선택적 채용으로 오염
된 역사교육은 미국을 '이보다 좋을 수 없는 체제'라는 환상으로
포장하는 데 매우 중요한 역할을 한다. 콜럼버스, 멕시코전쟁, 남
북전쟁, 필리핀 침략 등이, 가까이는 베트남전과 이라크전 등이
수업과 대중문화, 기념일과 언론을 통해 체제의 완전성을 옹호하
는 증거로 각색되어 반복적으로 제시된다. "과거를 지배하는 자
가 현재를 지배한다"는 조지 오웰의 말처럼 역사의 왜곡은 늘 강
자의 이해와 맞닿아 있다.

이렇게 대다수의 학생들은 미국은 완벽하다는 신화—미국은
계급 없는 평등한 사회이다, 미국은 늘 정의의 편에 서 있었다, 열
심히 일하면 누구든 성공할 수 있다 등—를 내면화한다. 그리고
그들 중 많은 이는 정부가 아무리 거짓말을 늘어놓더라도 알아채
지 못하는, 현실을 벗어난 한 치의 꿈조차 꾸지 못하는, 독립된 정
치·경제적 판단력을 갖추지 못하였지만 그래도 참정권 하나는
허락받은 선량한 민주 시민으로 살아가게 된다.

그의 비판을 듣고 있노라면 미국 체제의 변화는 요원한 듯하
다. 이라크 침공을 정당화한 알카에다와의 관계나 대량살상무기
의 위험이 전쟁의 명분을 심각하게 훼손시킬 만큼 과장되고 조작

되었다는 사실이 언론 등을 통해 만천하에 드러난 상황에서도 대학생의 60퍼센트가 여전히 미국 정부의 주장을 그대로 믿고 지지한다는 대목에 이르면, 변화는 없을 것이라는 회의감과 무력감이 밀려든다.

이상(理想)이 상식(常識)이 되어가는 과정을 역사 탐구와 실천을 통해 들여다본 이의 자신감일까. 신념에 대한 체제의 저항에도, 방향성을 잃은 듯 보이는 진보세력의 방황에도 그는 지치거나 초조한 기색을 보이지 않는다. 오히려 그는 정체된 듯 보이는 현실 그 이면에 실낱같은 희망들이 일구어가는 미래에 대한 확신으로 고무되어 있다. 반대로 그는 이처럼 정교한 '시스템' 안에서 오히려 60퍼센트의 대학생만이 정부의 이라크 정책을 지지한다고 생각한다. 변화를 견인할 연대의 가능성이 불러올 희망을 보기 때문이리라.

한국은 어떨까? 변변한 부존자원 하나 없는 처지에서 우리가 살 길은 인재양성밖에 없다는 냉엄한 현실인식 아래, 잘살기 위해, 또 살아남기 위해 교육입국(教育立國)을 부르짖던 시절이 그리 멀리 있지 않다. 세상이 바뀌어도 배운 놈은 살아남는다는 현실을 순사가 경찰이 되는 황당한 경험으로 체득한 탓이었는지 모르겠지만, 교육열풍은 전국을 휩감았고 부모는 자녀교육을 위해 희생을 두려워하지 않았다. 그 덕분인지 이 나라는 세계 15등 안에 드는 경제대국으로 성장했지만, 아직도 교육만큼은 생존의 무게로 느껴지는 주제이다.

못 배우면 행세 못하는 사회 분위기 속에서 광풍으로 진화한 교육열풍은 우리에게 끊임없는 대가를 요구해왔다. 입시지옥과 공교육의 실패, 사교육열풍과 그 폐해, 지연(地緣)과 호흡을 맞추는 학연, 부동산 시세의 주요 변수로 자리한 학군 등이 학부모와 학생 모두에게 부담이 되어 한국을 대표하는 사회문제의 주요한 축을 이루고 있다. 최근에는 그 가르치고 배우는 일 자체가 사회 양극화의 촉매라는 오명까지 얻고 있다.

물론 정부를 비롯한 이해당사자들이 손 놓고만 있었던 것은 아니었다. 정부는 정부대로 한 해가 멀다 하고 입시제도를 '개선'해 왔고, 법을 세워 고액과외를 불법화하면서까지 교육균등의 기회를 회복하려 애쓰기도 했다. 심지어 학력 간 불평등으로 인한 사회적 불안요인을 해소하기 위해 모두가 대학생이 되는 사회를 표방하며 대학설립 요건을 대폭 완화하기도 했다. 안타깝게도 이 같은 노력들은 정작 교육을 '정상화'하는 데에는 실패했다. 대신 우리는 83.8퍼센트라는 경이로운 대학진학률을 기록한 나라의 국민으로 살고 있다. 정부의 대책만으로 불안을 달랠 수 없었던 학부모들은 나름의 방식으로 지극한 자녀사랑을 실천하고 있다. 그 결과 7, 80년대만 하더라도 고학생苦學生의 학비와 생계비 정도를 책임지던 사교육 시장은 세계 굴지의 투자은행들이 주목하는 하나의 거대 산업으로 성장하였고, 다시 그 무게를 지탱하기 위해 학부모들은 스스로의 어깨를 내어주고 있다.

옮긴이의 말

우리가 고민해온 교육문제에 대한 해법은 어쩌면 교육 체제 바깥에 있는지도 모른다. 설령 그렇지 않다고 하더라도, 우리에게 교육이 무엇이어야 하는지에 대해 보다 넓은 시각에서 한 번쯤 되돌아보는 것도 좋은 때라는 생각이 든다. 그런 면에서 미국 교육 체제에 대한 하워드 진의 신랄한 비판은 결코 남의 나라 이야기가 아닐 것이다. 그토록 교육문제로 버거워하면서도 정작 교육감 직선제 도입 원년 첫 선거에 기록된 미미한 투표율은 우리 사회 내 '선량한 시민'의 비율을 시사하는 수치일지도 모른다. 다음 세대를 위해서라도 우리의 교육과 그 의미만은 부실한 역사의식을 조장하며 잘못된 미래를 지향하는 오류로부터 자유롭기를 바란다.

'참교육'의 의미를 되새기는 의미에서 대한민국 〈교육기본법〉 제2조(교육이념)를 인용하며 글을 맺고자 한다.

"교육은 홍익인간弘益人間의 이념 아래 모든 국민으로 하여금 인격을 도야하고 자주적 생활능력과 민주시민으로서 필요한 자질을 갖추게 함으로써 인간다운 삶을 영위하게 하고 민주국가의 발전과 인류공영의 이상을 실현하는 데에 이바지하게 함을 목적으로 한다."

2008년 9월

김종승

하워드 진,
교육을 말하다

1판 1쇄 펴냄 2008년 10월 6일
1판 4쇄 펴냄 2013년 11월 15일

지은이 하워드 진, 도날도 마세도
옮긴이 김종승

책임기획 이민아
주간 김현숙
편집 변효현, 김주희
디자인 이현정, 전미혜
영업 백국현, 도진호
관리 김옥연

펴낸곳 궁리출판
펴낸이 이갑수

등록 1999. 3. 29. 제300-2004-162호
주소 110-043 서울특별시 종로구 통인동 31-4 우남빌딩 2층
전화 02-734-6591~3
팩스 02-734-6554
E-mail kungree@kungree.com
홈페이지 www.kungree.com
트위터 @kungreepress

ⓒ 궁리출판, 2008. Printed in Seoul, Korea.

ISBN 978-89-5820-138-0   03300

값 15,000원